YOUTUBE
김복준·김윤희의
사건의뢰

대한민국
살인사건

3

사형제도를 다시
생각한다

YOUTUBE
김복준·김윤희의
사건의뢰

대한민국 살인사건 3

김복준 · 김윤희 지음

사형제도를 다시
생각한다

우물이 있는 집

범죄에 피해를 당하신 분들과 그 가족분들께 위로의 말을 전합니다.
다시는 그런 일이 없기를 바라는 마음으로 저자의 인세를
(사) 한국피해자지원협회에 기부합니다.

범죄에 희생당하신 모든 분들의 명복을 기원합니다.

1장

자백하지도, 인정하지도, 반성하지도 않는 70대 노인, 오종근

- "'동반 자살'로 끝날 뻔했던 첫 번째 살인사건
- "아따, 너 여기서 무선질이냐?"
- 결정적 증거, 그물에 걸린 디지털카메라
- '자살한 아들을 왜 나한테 묻느냐?'
- 노인성범죄와 노인 성범죄의 특징

김윤희 《대한민국 살인사건》 시간입니다. 오늘 다룰 사건은 범인의 이름인 '오종근' 보다 '보성 어부 살인사건'으로 더 많이 알려져 있어요.

김복준 네, 맞아요. 그리고 그동안 저희가 "대한한국 살인사건"을 매주 업데이트하는 동안에도 댓글을 통해서 이 사건을 다루어줬으면 좋겠다고 요청하시는 분들이 굉장히 많았어요.

김윤희 사실 이 사건은 범죄사적으로도 의미를 부여할 수 있을 것 같은 데요. 저희가 이제까지 여성 연쇄살인범도 다뤘고, 또 여러 '특별한' 강도 살인범들도 다뤘잖아요. 그런데 노인 연쇄살인범은 없었어요. 흔히 '노인범죄'라는 이야기를 할 때면 노인범죄자들만의 특성이 있어요. 일반적으로 노인범죄자들은 자신보다 나이가 많거나, 또는 아주 어린 사람들을 대상을 하거든요. 그런데 오종근이라는 70대 노인이 노렸던 '타깃'이 20대의 젊은 여성과 남성이었다는 사실이 당시에 놀라운 일로 받아들여졌어요.

김복준 그런데 그 부분은 범행 환경과 관련이 있는 것 같아요. 범죄를 저지른 장소가 바다 한가운데였고, 또 배 위에서 이루어진 일이었기 때문이었을 거예요. 그런 조건에 놓이면 일반인인 피해자가 젊고 어느 정도 저항할 수 있는 힘을 가졌다고 하더라도 나이 먹은 어부인 범인에게 제압당할 수밖에 없는 환경이에요. 범죄 환경 자체가 그렇다 치더라도 방송 전에 제가 말씀드렸던 것처럼 심지어 젊은 사람이 분풀이 대상으로 폐지 줍는 노인을 선택할 때도 반격의 가능성을 따지거든요. 원래 70세 정도 되는 노인이라면 아무리 바다라고 하는 장소가 자신에게 유리한 범죄 환경이라고 하더라도 가리는 게 많을 수밖에 없어요. 그런데 이 오종근이라는 인물은 그렇지 않았어요. 이름이 오종근이고 직업은 어부였습니다. 이 사람은 2007년 당시에 나이가 69세로 나와 있는데, 이게 만 나이이기 때문에 흔히 우리가 이야기하는 나이로는 70세에요. 70세 노인이 20대의 남자까지 한 명 포함되어 있는 사람들을 공격했다는 사실만으로도 아주 특이한 케이스로 분류할 수 있는 사건입니다.

김윤희 그리고 사건을 이야기하다보면 자연스럽게 나오겠지만, 피해자가 두 명이었다는 거예요. 사건이 두 번 있었는데, 두 번 모두 두 명의 피해자가 배를 타고 있는 상태였고 똑같은 방법으로 살인을 했던 거죠. 첫 번째 사건부터 하나씩 짚어보면 좋을 것 같아요. 첫 번째 사건은 2007년 8월 31일에 일어났습니다.

김복준 맞습니다. 2007년 8월 31일 오후 다섯 시에요. 전라남도 보성군 회천면 동률리 앞에 우암선착장이라는 곳이 있어요, 어디나 그렇지만, 보성에서도 배를 선착장에 두고 어선으로 작업을 하려면 등록을 해야 해요. 이 사람은 거기서 무등록으로 배를 운영하는 사람이었는데, 어선을 이용해서 주로 주꾸미를 잡았다고 해요.

그런데 그 시간대에 20대 젊은 남녀 대학생 두 명이 오종근에게 다가옵니다. 남학생은 21세의 김 씨이고 여학생은 20세의 추 씨입니다. 두 사람은 사귀는 사이였어요. 오종근은 어로작업을 나가려고 배에서 작업하고 있었겠죠. 남녀 대학생 두 명이 와서 "아저씨, 저희가 배 타고 나가서 바다 구경을 하고 싶은데 좀 태워주실 수 있으세요?"라고 물어봤다고 해요. 그러니까 오종근이 '오케이, 타! 내 배를 타고 20~30분 정도 나가면 바다 한가운데 내 작업장이 있어. 거기 가서 작업장 구경도 하고 배 타고 오가는 길에 바다나 좀 보면 될 거야.'라고 하면서 두 사람을 배에 태웠어요. 두 사람은 신났겠죠. 대학생이니까 아직 어리잖아요. 광주에 있는 대학교에 다녔던 두 사람은 커플이었던 것 같은데 보성에 녹차 밭이 유명하니까 녹차 밭도 구경하고 바닷가에 가서 배도 한번 타고 싶었던 모양이에요.

그렇게 배를 타고 바다로 갔어요. 30분 정도 운행을 했다고 해요. 아마도 오종근 본인의 어로작업장에 도착했던 것 같아요. 그리고 거기서 실제로 작업을 해요. 그 사이에 이 커플은 배에 앉아 바다를 보면서 이런저런 이야기를 나누고 있었던 거죠. 그렇게 한 시간 정도가 지났는데 어느 순간 오종근이 그 여대생에게서 욕정을 느꼈어요. 나이가 있다고 해도 여학생 혼자만 있었다면 용이하게 본인의 목적을 달성했겠지만 옆에 남학생이 있잖아요. 이런 경우에 목적을 달성하는데 방해가 되는 남학생은 제거 대상이 되는 거예요. 오종근은 가차 없이 남학생 제거작업에 들어갑니다. 배 위에는 공구 같은 것들을 담아두는 통이 있는데, 남학생이 거기에 앉아서 바다를 보고 있었던 것 같아요. 오종근이 다가가서 남학생을 바다에 밀어버립니다. 넋 놓고 경치구경을 하고 있는데 순식간에 뒤에서 밀어버리니까 바다에 빠졌죠. 그리고 깜짝 놀라서 배 위로 올라오려고 헤엄을 치면서 버둥거렸겠죠. 그런데 배 위로 올라오려고 하는 그 남학생을 오종근이 삿갓대로 계속해서 때린 거예요. 삿갓대가 뭐냐 하면 배를 타보신 분들은 알고 있으실 거예요. 길이는 2m 정도 되고 단단한 나무로 만든 것인데 끝에는 갈고리가 달려 있어요. 바다에서 부표 같은 것을 끝에 달린 갈고리로 '탁' 찍어서 올리는 용도로 사용하는데 끝에 갈고리가 달린 굉장히 단단한 나무라고 생각하시면 됩니다. 삿갓대의 갈고리로 남학생을 공격하는데, 남학생은 결국 올라오지 못하고 바다에 빠져서 사망하게 되었습니다.

그런 상황이라면 여학생은 엄청 놀랐겠죠. 이제 오종근이 여학생을 성폭행하려고 합니다. 그런데 이 여학생이 정말 격렬하게 저항을 합니다. 붙들고 매달리고 버티면서 실랑이를 벌였겠죠. 여학생의 입장에서는 상대가 나이든 노인이라고 생각해서 덤볐던 것 같아요. 그랬는데 결국 '에이, 너도 같이 죽어버려.' 라는 생각으로 여학생을 밀어버립니다. 격렬하게 덤벼서 욕정을 채울 수 없을 것 같으니까 여학생을 바다에 밀어버린 겁니다. 바다에 빠진 여학생이 헤엄쳐서 올라오려고 하는 걸 삿갓대로 공격해서 결국 사망하게 만듭니다. 이것이 첫 번째 살인사건입니다.

'동반 자살'로 끝날 뻔했던 첫 번째 살인사건

김윤희 그런데 이 첫 번째 살인사건은 나중에 나온 수사 결과를 보면 살인사건으로 증명이 되지 않았습니다.

김복준 맞습니다. 이들을 살해하고 나서 오종근이 배를 타고 아무렇지 않게 다시 돌아오잖아요. 그런데 여학생과 남학생의 가족들 입장에서는 아이들이 여행을 간다고 하면서 나갔는데 안 돌아왔기 때문에 여학생 추 씨의 엄마가 9월 1일에 가출신고를 해요. 그런데 가출 신고가 되어 있는 상태에서 사체가 발견되는 시점이 언제냐 하면 9월 3일이에요. 먼저 오후 5시 50분경 사건현장 근처에 있는 용정리 앞 해상에서 조업을 나가던 어선이 여성 추 씨의 사체를 발견해서 신고를 해요. 그리고 9월 5일, 추 씨의 사체를 발견한 지 이틀 뒤 오후 4시 30분경에 이번에는 청포선착장 부근에서 먼저 살해당했던 남학생의 사체가 발견되었고 경찰에 신고가 됩니다. 그러니까 9월 3일에 여대생이 먼저 발견되고, 9월 5일에 남학생이 발견되었는데 남학생의 사체를 봤더니 양쪽 발목이 모두 골절되어 있었어요. 발목이 모두 부러져 있었고 몸 곳곳에 상처가 많았습니다. 그때 사건을 취급했던 곳은 여수 해양경찰서에요. 바다에서 발생한 사건은 육경, 즉 육지경찰이 아니고 해양경찰이 담당을 해요. 그래서 해양경찰이 수사에 착수해서 1차 부검을 실시합니다. 부검을 실시했는데 정말 답답한 일이 벌어졌어요. 양쪽 발목이 골절된 이유를 추락이라고 했거든요. 그러니까 어디 높은 곳에서 떨어지면서 발목이 부러진 것으로 봤던 거예요. 그래서 단순 추락사, 혹은 두 사람이 극단적인 선택을 했을 가능성이 있다고 해서 이 사건은 그대로 종결됩니다.

그런데 여기서 무지하게 아쉬운 부분이 있습니다. 그 당시에 대학생들이 발견된 지점은 개펄이었습니다. 웬만큼 높은 곳에서 뛰어내렸다고 하더라도 개펄의 진흙 때문에 발목이 부러지는 것은 쉽지 않아요. 잘 아시겠지만 보성은 꼬막이 많이 나오는 곳이에요. 꼬막이나 낙지는 개펄의 진흙 속에서 사는 거예요. 그러니까 그 주변의 바닷가는 거의 '뻘밭'이라는 겁니다. 해양경찰에서는 왜 그 사실에 착안해서 상황을 파악하지 못했는지 이해가 안 돼요.

김윤희 나중에 사건이 확대되었고 피해자의 사체를 정밀하게 살펴보게 되면서 삿갓대의 갈고리에 찔린 상흔도 발견되었어요. 그런데 이 상흔을 수사과정에서는 아마 바닷물에 쓸려 다니면서 생긴 것이라고 판단했겠다는 생각이 들었어요. 그 부분이 아쉽기는 하더라고요.

김복준 저는 부검 자체가 정밀하지 못했다고 봅니다. 갈고리 형태의 도구로 사람을 공격을 해서 이곳저곳에 상처가 많이 났다면 그 정도는 부검을 통해서 발견해줘야 하는 것 아닌가요. 물론 물에 빠져있는 상태에서 2~3일의 시간이 지나면 시신이 불어버리기 때문에 도구에 의해 공격당한 상처와 바닷물에 쓸려 다니면서 생긴 상처를 구분하는 일이 쉽지 않지만, 사실은 그렇기 때문에 부검하는 것 아니겠어요? 그럼에도 불구하고 그 부분을 간과했어요. 그렇게 결정적인 부분을 간과했기 때문에 두 사람은 흔히 말하는 '동반자살'로 처리됩니다. 오종근의 입장에서 보자면 이 사건은 대성공을 거둔 셈인 거죠.

김윤희 첫 번째 살인사건이 있고 나서 채 한 달도 되지 않은 시점인 9월 25일에 두 번째 살인사건이 일어납니다.

김복준 첫 번째 사건에서 남녀 두 학생을 살인했던 날짜가 8월 31일이잖아요. 두 번째 살인사건은 2007년 9월 25일 11시 30분경입니다. 인천에서 24세의 조 씨와 23세의 안 씨 두 여성이 이곳으로 여행을 왔습니다. 이번에도 두 여성이 선착장에서 작업을 하고 있는 오종근에게 다가가서 배를 태워줄 수 있느냐고 이야기를 해요. 역시 첫 번째와 똑같은 방법으로 30분 정도 배를 타고 바다로 나가요. 그리고 거기서 꽤 오랫동안 있었어요. 두 여성은 배에 있고 오종근은 배와 작업장을 왔다갔다 하면서 세 시간 정도 작업을 했던 것 같아요. 세 시간이나 일을 했으면 일을 정리하고 다시 선착장으로 돌아와야 하잖아요.

그런데 오종근은 작업을 하면서도 배 위에 있는 두 명의 여성을 보고 욕정에 사로잡혀서 '어떻게 하면 나의 욕정을 풀 수 있을까?'라는 생각을 계속해서 했나 봐요. 제가 생각하기에는 그래서 그와 같은 상황을 만들었던 것 같아요. 그 상황이 어떤 상황이었냐면 두 명의 여성 가운데 한 사람이 배의 선실로 들어갔는데 오종근이 밖에서 문을 잠가버린 거예요. 밖에서 문을 잠갔으니까 한 사람은 선실에 갇혀 있고 나머지 한 사람은 배 위에 있잖아요. 배 위에 남겨진 여성을 성폭행하려고 오종근이 덤빈 거예요. 그 여성이 저항을 했겠죠. 저항을 하니까 그 여성을 바다로 밀어서 빠뜨리고는 지난번에 했던 방식과 동일하게 삿갓대를 이용해서 헤엄쳐서 배 위로 올라오려는 여성을 계속 내려쳐서 사망하게 만들었어요. 이제 한 사람이 사망했으니까 선실 문을 열어서 두 번째 여성을 성폭행하려고 했겠죠. 두 번째 여성 역시 저항을 했기 때문에 바다에 빠뜨려서 똑같은 방법으로 살해한 거예요. 여기까지가 오종근 사건에 대해 이제껏 알려져 있었던 내용입니다.

그런데 제가 이 사건에 대해 조금 더 깊숙이 알아보려고 여기저기 전화를 해서 취재를 했습니다. 그랬더니 이 여성들이 선착장에 있는 오종근을 먼저 찾아와서 배를 태워달라고 했던 게 아니더라고요. 이 여성들이 인천에서 보성으로 여행을 와서 가장 먼저 들렀던 곳은 읍내에 있는 재래시장이었다고 해요. 그 재래시장에서 오종근을 만났던 거예요. 당시에 오종근은 그 시장에서 자신의 아내와 꼬막과 주꾸미 장사를 했는데, 그곳에서 오종근을 먼저 만났다는 거죠. 그리고 '나중에 내가 배를 태워줄 테니 시간 맞춰서 어디 어디로 오라.'고 유인을 했던 것 같습니다.

김윤희 그런데 이런 사실들이 제대로 알려지지 않고 이렇게 늦게 밝혀진 것은 이유가 있습니다. 오종근은 용의선상에 올랐던 처음부터 "절대 본 적이 없다."며 부인으로 일관했고, 사건이 밝혀지는 과정에서는 물론 사건의 전모가 드러난 상황에서도 "걔네들이 먼저 태워 달라고 했다."면서 마지막까지 자신의 범죄행위를 정당화하려고 했습니다. 그리고 실제로 교도소에 수감된 이후에 기자들이 찾아갔을 때까지도 "난 왜 내가 여기에 있는지 모르겠다. 걔네들이 떨어져서 죽었는데 내가 왜 여기 있는지 모르겠다."라는 식의 뻔뻔한 거짓말로 일관했다고 합니다.

"아따, 너 여기서 무선질이냐?"

김복준 이 두 번째 사건 역시 첫 번째 살인사건처럼 그냥 그렇게 끝날 뻔했어요. 그런데 오종근이라는 인간이 천벌을 받으려니까 사건 해결의 실마리를 제공하는 일이 일어납니다. 선실에 갇혔던 사람이 조 씨입니다. 조 씨를 선실에 가둔 다음, 오종근이 안 씨를 성폭행하려고 했는데 안 씨가 저항을 하면서 선실 밖이 우당탕하면서 시끄러웠을 것 아니겠습니까? 조 씨가 선실 밖으로 나가려고 하는데 문이 안 열리는 거죠. 그래서 그때 조 씨가 119에 대략 세 번 정도 구조요청을 시도해요. 그런데 배가 바다 한가운데에 있었기 때문에 연결 상태가 좋지 않아서 계속 웅웅거리는 소리만 들렸을 거예요. 그 상황에서 조 씨는 119에 구조요청을 할 수 없다고 판단해서 '저희 아까 전화기 빌려드린 사람인데요. 아무래도 배에 갇힌 것 같아요. 빨리 경찰보트 좀 불러주세요.'라는 내용의 문자를 누군가에게 보냅니다. 조 씨가 보낸 그 문자를 받은 사람은 조 씨와 원래부터 알고 지내던 사람이 아니라, 조 씨가 안 씨와 함께 오종근의 배를 타기 직전에 선착장에서 잠시 전화를 빌려줬던 여성이었어요. 이 여성도 남편과 그곳에 놀러 와서 부부가 각자 선착장 주변을 돌아다니다가 남편과 길이 어긋났는데, 아내되시는 분이 남편에게 전화를 하기 위해 조 씨에게 휴대전화를 빌려서 사용했거든요. 그러면 조 씨는 왜 그 휴대전화를 빌려준 여성에게 전화를 했을까요? 아마도 그 부부가 아직 그곳에서 멀지 않은 곳에 있을 것이라고 생각했기 때문일 겁니다. 그 여성에게 연락을 해야 빨리 경찰이 올 수 있겠다고 판단을 한 거예요. 그래서 그 여성에게 문자를 보냈던 것이고, 문자를 받은 여성이 경찰에 신고를 하게 됩니다. 경찰이 신고를 받으면서 수사개시가 되는 거예요.

김윤희 9월 26일에 시체가 발견되면서 신고 내용과 사건이 관련되어 있다고 생각했고 본격적으로 수사를 개시하게 됩니다.

김복준 먼저 몇 가지 설명을 드리자면, 문자를 보낸 시간은 9월 25일 오후 4시 26분이었습니다. 그리고 나중에 경찰에서 밝힌 사실인데요. 119에 세 번이나 전화했던 기록이 있는데 통화연결이 안 됐다고 생각했잖아요. 그런데 그렇지가 않았어요. 112나 119는 전화를 해서 연결된 다음에는 녹음이 되잖아요. 나중에 119에 녹음된 내용을 확인했더니 오종근이 조 씨에게 "아따, 너 여기서 무선질이냐?"라고 하는 이야기가 나왔어요. 그리고 조 씨가 "어, 그게……"라고 하는 것까지 나와 있었어요.

김윤희 제가 추정해봤을 때 조 씨가 배의 선실에 갇혀 있었는데 밀폐된 공간이었기 때문에 휴대전화 수신이 원활하지 않았을 거예요. 아마도 오종근이 선실로 들어오기 위해 문을 열었기 때문에 잠시 동안 휴대전화로 통화가 연결되었던 것 같아요.

김복준 상황을 정리하면 조 씨라는 여성이 휴대전화로 119와 통화를 시도하고 문자도 보내고 했잖아요. 오종근이 밖에서 안 씨를 살해한 다음에 조 씨를 성폭행하려고 선실에 들어갔는데 조 씨가 휴대전화로 119와 통화를 시도하고 있었기 때문에 '아따, 너 어디서 무선질이냐?' 라고 하는 소리가 녹음된 것이고, 또 오종근이 문을 열고 들어오는 것을 보고 놀란 조 씨가 '어, 그게……' 라고 말하는 내용이 녹음되었던 겁니다.

김윤희 '무선'이라고 말한 것은 휴대전화입니다. 오종근의 입장에서는 휴대전화라는 말보다는 무선이라는 말이 먼저 튀어나왔던 거죠. 원래 어부였기 때문에 그 말이 더 익숙했겠죠.

김복준 그 상황에서 바로 조 씨의 휴대전화를 뺏고 전원을 꺼버린 후에 성
폭행을 시도하다가 살해한 것으로 보입니다. 그런데 오종근의 이
야기는 조금 다릅니다. '선실에 가둬놓은 것이 아니라 조 씨와 안
씨, 그리고 오종근 본인까지 셋이 배 위에 같이 있었다. 갑자기 여성
의 가슴을 만지고 싶어서 만지려고 했더니 두 여성이 덤벼 들어서
몸싸움을 하게 되었고, 몸싸움을 하는 와중에 세 사람이 모두 바
다에 빠졌다. 자신은 수영이 익숙해서 배로 올라왔고 그래서 목숨
을 구했지만, 두 여성은 그렇지 않아서 물에 빠진 것일 뿐이다.' 라
고 이야기했지만 실제 상황은 그렇지 않았을 거예요.

김윤희 네, 오종근이 검거된 후에 취했던 전략을 보면 그의 말이 사실이 아
니라는 것을 쉽게 알 수 있습니다. '나는 이 여자들을 전혀 모른
다. 한번도 본 적이 없다.' 고 하던 오종근은 경찰이 증거를 제시하
면 '나는 배만 태워줬을 뿐이다.' 라고 진술을 번복하고, 경찰이 또
다시 증거를 제시하면 '아, 그 여자들은 실족사 했어.' 라는 식으로
진술을 번복했어요. 증거가 나올 때마다 자기에게 유리한 쪽으로
말을 바꾸는 전략을 취했던 거예요. 그런 사람의 말은 신뢰할 수
가 없어요. 심지어 교도소에 가서도 '아니야. 나는 전혀 그런 일을
한 적이 없어. 경찰이 가혹하게 폭력을 행사해서 어쩔 수 없이 그렇
게 증언한 거야.' 라고 말하는 사람이에요.

결정적 증거, 그물에 걸려 올라온 디지털카메라

김복준 시체가 발견된 시간이 조 씨의 경우에는 사건이 일어난 다음 날인
26일 오전 8시 25분이고, 안 씨 같은 경우에는 이틀 뒤인 28일 새

벽 3시경입니다. 두 분 모두 보성 앞바다에서 발견되었어요. 시신이 떠올랐기 때문에 발견할 수 있었어요.

그리고 조 씨의 문자를 받은 여성, 이분은 30대의 여성인데 경찰에 신고를 했습니다. 신고가 접수되면서 경찰은 아마 깜짝 놀랐을 거예요. 그 전에 대학생 두 사람의 시신을 수습하고 동반자살로 처리한 사건이 있었는데 이번에도 물에 빠진 두 사람들의 시체가 발견되고, 또 이런 내용의 문자를 받았다는 신고가 들어왔기 때문에 의심스러웠던 거죠. 바로 선착장으로 가서 CCTV를 분석합니다. 그리고 선착장에 정박되어 있는 350척 가량 되는 배를 모두 살펴봐요. 그런데 오종근의 배가 이상했던 겁니다. 배를 확인했는데 오전과 오후에 정박했던 위치가 유일하게 달랐던 배가 한 척 있었는데 그 배가 바로 오종근의 소유였던 거죠. 오전에는 여기에 정박해 있었는데 없어졌다가 오후에는 선착장의 다른 곳에 정박해 있어서 이상하다고 생각했던 거예요. 그래서 오종근을 타깃, 즉 주요한 용의자라고 생각하게 됩니다.

김윤희 그때가 추석 연휴 기간이라서 유일하게 나갔다 왔던 배가 오종근의 배였죠.

김복준 그렇습니다. 그날 항해를 했던 배가 한 척밖에 없었어요. 오종근 배밖에 없었던 거예요. 그래서 오종근 배를 압수수색 합니다. 경찰은 오종근이 없는 상태에서 바로 배 위로 올라갔고 수색을 했습니다. 그리고 그곳에서 신용카드 한 장을 발견하게 되는데, 그 신용카드가 여대생 추 씨의 것이었습니다. 여학생의 것으로 보이는 볼펜과 여성의 머리카락, 그리고 머리끈도 발견됩니다.

압수수색을 진행한 후에 경찰에서는 100% 이 배에서 살인사건이 발생했다는 판단을 하고 9월 30일에 오종근의 집을 급습합니다. 그 당시에 오종근은 보성 읍내에 살고 있었어요. 오종근은 주꾸미를 잡고, 오종근의 아내는 재래시장에서 주꾸미 장사를 하고 있었으니까 그렇겠죠. 경찰이 보성 읍내에 있는 오종근의 집에 들이닥쳤을 때, 오종근은 아주 여유롭게 앉아서 막걸리 마시면서 텔레비전을 시청하고 있었다고 합니다. 바로 검거했어요. 오종근을 검거해서 추궁을 했더니 조 씨와 안 씨 사건은 순순히 인정을 했는데 앞서 동반자살로 처리된 남녀 대학생에 대해서는 전혀 모른다고 했어요. 경찰 입장에선 가능성은 높은데 직접 증거가 없어서 애를 먹고 있었던 것 같습니다.

제가 이런 사건을 되짚어볼 때마다 느끼는 것이지만, 정말 천운이라는 것이 있고 하늘이 있다는 생각이 듭니다. 안 씨와 조 씨의 사건을 추궁하는 과정에서 기적 같은 일이 하나 벌어집니다. 남녀 대학생의 죽음과 오종근이 분명히 연관이 있는 것으로 판단되는데 증거가 없었잖아요. 그런데 갑자기 증거가 하나 발견됩니다. 한 어부가 꼬막을 건져내기 위해서 쳐 놓은 그물이 있었는데, 그 그물에서 작은 디지털카메라 한 대가 건져 올려진 겁니다. 디지털카메라를 건져 올린 어부가 경찰에 신고했고 그 디지털카메라를 복원했는데 오종근이 찍혀 있었던 거죠. 이 디지털카메라는 여대생 추 씨의 것이었는데 거기에 오종근이 찍혀 있었던 겁니다. 경찰에서 복원한 사진을 보면 오종근이 나온 사진 두 컷이 있었어요. 배타기 직전에 찍은 것으로 보이는 오종근의 뒷모습, 그리고 어로 작업장에서 작업하는 모습이 찍혀 있었어요. 이 사진을 증거물로 제시했더니 오종 근이 대학생 커플을 만났던 것은 어쩔 수 없이 인정을 합니다. 그런데 김윤희 프로파일러가 말씀하신 것처럼 '걔네들은 실족했다. 내가 죽인 건 절대 아니다.'라고 오리발을 내밀었어요. 그럼에도 불구하고 오종근의 행위라는 것이 인정됐습니다. 오종근을 검거한 다음에 신원조회를 했더니 폭력전과가 하나 있었고요, 불법 어로 작업을 한 것 등으로 7건 정도 수산업법 위반으로 벌금을 냈던 기록이 있었다고 합니다.

'자살한 아들을 왜 나한테 묻느냐?'

김윤희 이 사건은 《그것이 알고싶다》라는 프로그램을 비롯해서 많은 TV 프로그램에서 다뤄졌습니다. 이 사건이 사람들의 관심을 끌었던 이유 가운데 하나는 당시에 같은 마을에서 살았던 사람들이 오종근이라는 사람을 하나같이 순하고 착한 사람이라고 말했다는 것 때문이었어요. 절대로 이렇게 끔찍한 행위를 할 사람으로 비쳐지지 않았다는 것이죠. 그리고 범행을 저지르고 나서 너무 태연했던 거예요. 범행을 저지른 후에도 똑같은 일상을 유지하고 있었기 때문에 마을 사람들 입장에서는 '내 옆에 이런 사람이 살고 있었다는 거야?'라는 생각에 더욱 소름끼치는 것이죠. 심지어 오종근의 아내분도 전혀 상상을 못했다고 해요.

김복준 우선 어떻게 처벌됐는지부터 말씀 드릴게요. 2008년 2월 20일 1심에서 사형선고를 받습니다. 오종근은 2심 재판을 진행하는 도중인 2008년 9월에 사형이 인간의 존엄성을 침해한다면서 헌법 재판소에 위헌심판을 청구합니다. 오종근의 뻔뻔한 태도로 인해 이 사건은 다시 한번 사람들의 주목을 받게 됩니다. 간단하게 말해서 '사형선고를 받아서 사형당하기 싫다. 사형은 위헌이다. 인간의 존엄성을 침해하는 제도이기 때문에 사형제는 폐지해야 된다.'고 하면서 위헌심판을 청구합니다. 결국 위헌심판이 들어왔기 때문에 진행하지 않을 수는 없잖아요. 그래서 2년 동안 심리를 진행했고 2010년 2월 헌법재판소에서 합헌 결정이 내려집니다. '사형은 합헌이다. 위헌은 아니다.' 라는 거죠. 그리고 2010년 6월 2심에서 항소를 기각해버리죠. 결국 사형이 확정된 거죠. 그런데 다시 한번 말씀드리지만 우리나라에서는 2007년 12월 30일 이후로 사형을 집행하지 않았습니다. 그래서 현재 사형수의 몸으로 수감 중에 있습니다.

김윤희 지금은 84세 정도 됐을 거예요.

김복준 이 사건은 《실종》이라는 영화의 모티브가 되었던 사건입니다.

김윤희 이 사건과 관련해서 프로파일러인 권일용 선배께서 인터뷰를 했던 내용이 있어요. 제가 그 내용을 조금 읽어드릴게요. 《그것이 알고 싶다》에도 소개된 적이 있었습니다. 제가 앞서 말씀 드린 것처럼 오종근이 왜 사람들에게 많이 회자되었냐면 저는 그 사람의 뻔뻔한 태도 때문일 거라고 생각하거든요. 오종근은 '자기가 잘못했습니다.' 라는 반성의 기미를 단 한번도 보인 적이 없어요. 마지막까지 자신의 행위를 부인하고 거짓말을 했어요. 프로파일러로서 범죄자를 인터뷰하는 현장에 들어가서는 범죄 사실을 확인하는 것보다는 그 사람의 심정을 많이 듣게 됩니다. 인터뷰 현장에서 오종근이 이렇게 말했다고 합니다. "나한테 배를 태워달라고 한 것이 잘못이다. 왜 그 많은 큰 배들 중에 하필 내 배를 태워달라고 했고, 또 돈 안 받고 공짜로 태워준다니까 그게 좋아서 탄 그 사람들에게 문제가 있지 않느냐? 그 사람들보다 지금 내가 더 불행해졌다. 사망한 사람들은 이미 사망했지 않느냐? 그런 일을 저지른 나는 지금 여기에서 사회적 지탄을 받고 있고 몸도 되게 아프다."

김복준 말이 돼요? 소름끼치는 이야기에요.

그럼 '오종근은 도대체 어떤 인간일까?' 하고 궁금해서 찾아봤더니 친인척들이 남긴 이야기가 좀 있어요. "동생이 색시(여자)를 좀 밝혀서 그렇지 착하다." 오종근이 기질적으로 '성적인 집착'을 가지고 있었다는 사실은 친인척들도 이미 알고 있었던 것 같습니다.

그리고 오종근의 성장환경을 살펴봤더니 1938년생입니다. 나이가 많죠. 5남 2녀 중에 다섯째로 태어났는데 친어머니는 오종근이 태어나면서 사망한 것 같습니다. 그리고 오종근의 친어머니는 본처가 아니고 소실이었는데 오종근이 태어나자마자 바로 사망했기 때문에 오종근은 계모 밑에서 자랐어요. 그리고 계모는 오종근을 친자식처럼 돌봤다고 해요. 나중에 계모도 폐병으로 사망하게 되었는데 아버지 역시 계모가 사망하고 나서 5년 정도 후에 노환으로 사망했습니다. 그런 상황에서 오종근의 경우에는 큰형이나 다른 남자 형제들의 이복동생이었기 때문에 차별을 받았다고 합니다. 그래서인지 초등학교 2학년 중퇴가 최종학력입니다. 글도 제대로 쓰지 못했다고 하는데 거의 문맹 수준이었던 것 같습니다. 초등학교 2학년 때 학교를 그만두고 배를 탔는데 아마 배에서 허드렛일을 했던 것 같습니다. 그렇게 살다가 1959년에 자신과 세 살 차이가 나는 현재의 아내를 만나서 슬하에 2남 5녀를 뒀어요. 특이한 것은 막내아들이 1989년에 사망을 했고, 곱창집을 하는 딸만 고향에 남아 있고 나머지 자녀들은 모두 외지로 나갔다고 합니다. 오종근은 지능지수가 73이라고 합니다. 이 정도면 경계선 지능이라면서요?

김윤희 네, 소위 지능이 떨어진다고 말하는 지점과 정상수준이 만나는 지점이 거의 그 정도 수준이에요. 사실 지능이 조금 떨어진다고 해서 사회적인 활동을 할 수 없다거나 그렇지는 않아요. 다만, 사회생활이 조금 서투르다거나 인지능력이 조금 떨어진다는 것뿐이지 실제로 이 정도면 사회생활이나 일상생활을 영위하는 데에는 전혀 문제가 없는 정도입니다.

김복준 사회생활이나 일상생활에 문제가 없는 정도군요. 고령이고 무학이어서 지능이 73 정도로 나오지 않았을까 하는 생각이 듭니다.

김윤희 아마 그럴 수도 있을 겁니다.

김복준 고령이고 무학이라 그 정도지만, 기억 장애라든지 지각 장애 같은 것은 전혀 없었다고 합니다.

김윤희 초등학교 2학년에 중퇴를 했다는 것은 초등학교 과정의 교육도 받지 못한 것이잖아요. 사실 지능이라는 것은 교육의 정도에 따라서 수치가 많이 달라질 수 있거든요. 제가 봤을 때는 지능지수가 73으로 나왔지만 어느 정도 교육을 받았다면 거의 정상수준으로 나왔을 거예요.

그리고 주변 사람들 대부분이 '좋은 사람이야. 착한 사람이야.' 라고 이야기는 했지만 관계를 깊게 가진 사람은 아무도 없었다고 해요. 실제로 친한 사람이 아무도 없었던 거예요. 뱃일이 혼자서 하기에는 정말로 어렵고 힘들잖아요. 그래서 다른 사람들과 같이 일을 하는데 오종근은 그런 뱃일을 혼자 합니다. 정말 사람이 없으면 부부가 같이 하기도 하잖아요. 그런데 오종근은 항상 혼자였어요.

김복준 1톤짜리 배라고 하는데 큰 배는 아니었던 것 같습니다.

김윤희 네, 이 사람은 항상 일상을 혼자 하면서 살아왔던 사람인 거예요. 자식들과의 관계도 원만하지는 않았다고 해요. 자식들이 찾아와도 자기는 일한다면서 배를 타고 바다로 나갔다고 해요. 게다가 배에서 혼자 자는 일도 많았다고 해요. 어떻게 보면 사람과 깊은 관계를 맺은 경험이 전혀 없었던 사람인 거예요. 소외되고 고립되었다는 것인데 그런 부분은 나이가 들면서 분명히 더욱 더 커졌을 것이라는 생각이 들어요. 문제는 그런 사람에게 마지막까지 남는 것이 바로 욕망이나 욕구라는 것이죠.

김복준 그러니까 그 나이에 왜 여성들을 노린 범죄를 저질렀냐는 거죠. 엄밀히 이야기하면 당시 오종근의 나이가 70세였어요. 그리고 오종근은 165cm정도 되는 크지 않은 키에 몸집도 굉장히 왜소했다고 하거든요. 그럼에도 불구하고 그런 범행을 시도했다는 겁니다.

2008년 수사 과정에서 경찰에서도 범행 동기, 살해 동기에 의문을 가지고 있었습니다. 그래서 따지고 물었더니 '나는 가슴을 만지고 싶었다. 내가 요구한 대로 한번만 따랐으면 안 죽였지.' 뭐 이런 식의 이야기를 했다고 합니다.

검거된 후에 오종근에게 불행한 일이 있었어요. 오종근의 큰아들이 살인자의 자식이라는 자괴감 때문에 아파트에서 뛰어내려서 자살합니다. 결국 자기 아버지 사건으로 인해 목숨을 끊은 것인데요. 나중에 심리 상담을 하는 경찰들이 오종근을 찾아가서 큰아들의 자살과 관련된 이야기를 하려고 했을 때, 오종근은 '큰아들을 왜 나한테 와서 물어보느냐?' 라고 했다고 합니다. 아마 가족들이 면회를 오거나 하는 등의 연락도 없었던 것 같아요.

김윤희 제 생각에는 아마 가족들 사이에 특별한 정도 거의 없었을 것이라고 판단이 돼요.

노인성범죄와 노인 성범죄의 특징

김윤희 그리고 이 사건은 노인범죄잖아요. 지금까지 노인들은 거의 피해자였거든요. 그런데 이 사건은 가해자가 노인이라는 점에서 주목을 받았는데 그 이유가 우리나라에서도 인구의 노령화가 진행되면서 노인범죄가 점점 심각해지고 있기 때문입니다. 지금까지 우리나라에서는 노인범죄에 대한 연구가 거의 없었어요. 미국의 경우에는 전체 범죄 중에서 노인범죄가 차지하는 비율이 높아지면서 거기에 대해 연구가 시작됐고 어느 시점에서부터 노인범죄가 급증했기 때문에 이에 대한 연구가 많이 진행되었지만, 아직 우리나라에서는 노인범죄가 많지 않거든요. 그런데 이 사건은 70대 노인의 성범죄잖아요. 지금까지의 연구된 자료들을 보면, 나이가 70대에 이르면서 성에 대한 욕구가 하락하는 것은 사실이지만 흔히 사람들이 생각하는 것처럼 욕구가 완전히 사라지는 것은 아니라는 결과가 지배적입니다.

김복준 그렇죠. 나이든 사람이라도 그 부분을 포기하지는 않더라고요.

김윤희 네, 그렇기 때문에 체력적으로 부족할 수는 있지만 성적 욕구 자체
가 감소하지 않는다는 연구결과가 대부분입니다. 특히 70세를 넘
기기 전까지 성적 욕구는 거의 그대로 유지가 된다는 연구결과도
많기 때문에 이들이 어떻게 욕구를 해소하고 있는가에 대한 연구
가 이뤄져야 한다는 주장이 힘을 얻고 있습니다.

실제로 소아기호증에 대해서 조사를 하면서 저희들이 발견하게 되
는 놀라운 사실 중의 하나는 나이가 들어가면서 소아기호증을 갖
게 된 범죄자들이 굉장히 많다는 것입니다. 아마도 자신의 성적 욕
구를 해결하고 싶지만 젊은 여성을 상대하기에는 성적 능력이 부
족하기 때문에 어린 아이들을 범죄의 대상으로 삼는 것이라고 생
각됩니다. 그렇지 않으면 자기보다 훨씬 더 나이가 많은 사람, 또
는 이성이 아니라 동성을 대상으로 하는 경우도 있습니다. 그래서
성적 취향이나 패턴도 변화하는 경우가 많습니다. 실제로 제가 면
담한 케이스들 중에도 나이가 60세, 또는 70세 이상 되신 분들이
아이들을 성적 대상으로 삼았던 사건이 많았습니다.

김복준 그런 사람들은 소아기호증 성향을 보인다고 할 수 있죠.

그런데 이 노인범죄의 문제는 벌써부터 예견을 했었어요. 이미 일본
같은 경우에는 '폭주노인', 또는 '불량노인'이라고 하는 노인들
의 범죄가 사회문제로 부상해 있었기 때문에 범죄학자들은 조만간
우리 사회에서도 이와 유사한 사건들이 일어날 것이라고 생각하고
있었거든요. 사실 현재 노인들에 의해 발생하는 강력범죄는 2018년
의 통계만 보더라도 이전 5년과 비교해 보면 거의 세 배 이상 늘어
났거든요. 우리 사회의 고령화 속도가 전 세계에서 가장 빠르기 때

문에 노인범죄는 앞으로도 아마 자연스럽게 증가할 것이라고 생각합니다. 그런데 우리 사회에서는 노인범죄의 '장르' 중에서 성범죄와 관련된 범죄들이 너무 급속하게 증가하고 있다는 것은 심각한 문제라고 생각됩니다.

김윤희 연구결과에 나타난 노인 성범죄의 특징을 살펴보면 앞에서 말씀드렸던 것처럼 어린아이들, 또는 본인보다 나이가 많은 사람들을 대상으로 한 범죄가 많다는 것이 있습니다. 그리고 활동범위가 크지 않기 때문에 자신의 집 주변에서 범행을 저지른다는 것, 그리고 범죄의 유형으로는 강간보단 성추행이 많다는 것 등을 특성으로 하고 있습니다.

우리나라의 경우에는 노인범죄에 대한 연구 자료가 너무 적기 때문에 이제부터라도 연구를 진행해 나가면서 자료를 축적할 필요가 있고 이를 바탕으로 노인범죄의 특성을 정확하게 정리할 필요성이 있다고 생각합니다.

그리고 노인들이 사회적으로 활동하던 시기보다는 심리적으로 많이 위축되어 있기 때문에 고립감을 느낄 수 있잖아요. 그렇게 되면 스트레스를 많이 받게 되거든요. 그런데 노인들을 바라보는 우리들의 시각은 '어른이니까.' 또는 '당연히 그런 거잖아.' 라고 생각하고 지나치는데 노인들의 스트레스를 해소할 수 있는 방법으로 상담이나 치료에 대해서도 적극적인 고민이 필요해 보입니다. 그리고 노인들의 성적인 문제를 바라보는 우리 사회의 시각도 어떻게 보면 잘못된 부분들이 많이 있다는 생각이 듭니다. 오종근 사건은 이런 부분들을 다시 한번 생각하게 되는 범죄인 것 같아요.

김복준 그렇습니다. 오종근 사건이 우리 사회에 시사하는 바가 적지 않다는 생각이 들어요. 이 사건이 발생하고 나서 대다수의 사람들이 '노인이 저런 짓을 해?' '노인이 어떻게 저런 범죄를 저지르지?' 라는 식의 반응을 보였고, 또 실제로 그 부분에 주목을 했습니다. 하지만 사실은 오종근 사건에 포함되어 있는 여러 가지 사회적인 현상들을 주목해서 볼 필요가 있다는 겁니다.

김윤희 그리고 이 사건에서 드러난 잔혹한 일면은 오종근이라는 사람에게 내제되어 있었던 범죄적 성향과 관계된 것이라고 생각해요. 물론 노인범죄의 특성이라고 할 수도 있겠지만, 이렇게 잔혹하게 표출된 부분은 오종근의 내면에 있던 어떤 것과 관련이 있다는 생각이 들어요. 흔히들 '악마성' 이라고 표현하는 그런 부분인 것 같아요. 그런 부분에 대해서도 우리가 좀 더 주목해서 살펴볼 필요가 있었던 사건인 것이죠. 그리고 노인 분들이 모두 그런 것은 아니겠지만, 제가 면담을 하면서 만난 노인 피의자들은 대체적으로 반성의 기미를 보이지 않았어요.

김복준 그것도 노인성범죄의 특징이에요. 그럼 말이 나온 김에 이 사건과는 별개로 노인성범죄에 대해 잠깐 이야기를 하겠습니다. 노인성범죄의 가장 기본적인 특징은 초기 조사에서 범행을 인정하지 않으면 끝까지 범행을 인정하지 않는다는 거예요. 사건이 발생한 초기에 자신의 범죄사실에 대해서 '이건 내가 그랬습니다. 잘못했습니다.' 라는 식으로 범행 일체를 인정받지 못하면 송치되고 교도소에 가더라도 인정하지 않는다는 겁니다. 본인이 범인이라는 명백한 증거가 수도 없이 차고 넘치는데도 재판과정에서는 물론 교도소에 수감된 이후에도 끝까지 인정하지 않는 것이 노인성범죄의 가장 기본적인 특징입니다.

김윤희 노인범죄자들은 자기만의 고집과 세계를 자기 자신이라고 생각해요. 그리고 어떻게 보면 '너희들이 잘못했기 때문에 내가 이렇게 행동한 거야.'라고 생각하는 부분이 자신의 내면에 있어요. 그렇기 때문에 '난 끝까지 당당할 거야. 내가 왜 반성을 해야 돼? 너희들이 유발한 거잖아.'라는 식으로 생각하는 거예요. 사실은 뻔뻔한 것이죠. 오종근 사건은 특수한 케이스지만 노인성범죄를 살펴보면 가까운 지인이나 혈연을 대상으로 하는 범죄가 대부분이기 때문에 오히려 피해자를 탓하는 경우가 굉장히 많아요.

피의자 면담 중에 아직도 잊혀지지 않는 노인 한 분이 있습니다. 암 선고를 받은 암 환자였어요. 피의자는 상대를 '꽃뱀'이라고 표현했는데 동네에서 알게 된 여인이었어요. 그 사람이 자기한테 잘 해주다가 나중에 자기를 배신했다는 거예요. 그래서 죽였다는 거죠. 제가 여태까지 봤던 모든 시체 중에 가장 잔인하게 훼손된 시체였어요. 치정이라고 할 수 있을 것 같은데, 흉기를 사용해서 정말로 피해자의 얼굴을 광대처럼 만들어 놓으셨더라고요. 얼굴을 왜 그렇게 했냐고 물었더니 '나에게 했던 일에 대한 보복이야.'라고 이야기를 하셨는데 그렇게 이야기 하는 것이 너무나 낯설었어요. 연령대가 다른 젊은 범죄자들은 절대로 그렇게 말하지 않거든요. 면담하는 과정에서는 자신의 죄에 대해서 '어쨌든 내가 잘못했어요.'라고 말함으로써 어느 정도 반성의 기미를 보인다거나 그렇지 않으면 '그럴 수밖에 없는 상황이었어요.'라는 식의 변명을 만들어내요. 그렇지만 '보복'이라는 단어나 '잘못은 내가 아니라 그 사람이 했어.' 라는 말을 직접적으로 하는 경우는 거의 없었어요. 그런데 제가 면담했던 노인범죄자들의 케이스는 거의 대부분이 자신의 잘못을 인정하지 않았어요.

김복준 제가 봤을 때 노인범죄자들은 사고가 고착화 되어 있고 시각이 굴절되어 있어서 그럴 거예요. '상주 사이다 사건'의 경우에는 사실 증거가 굉장히 많아요. 그런 경우를 차고 넘친다고 해요. 그럼에도 불구하고 초기에서부터 범행을 거부하고 부인하기 시작해서 무기징역이 구형되어서 형기를 살고 있는 현재까지도 범행을 부인하고 있잖아요. 그래서 일선의 형사들은 '노인이 피의자인 경우는 초기에 자백 받지 않으면 끝까지 부인한다.'라는 사실을 누구나 알고 있어요. 그래서 '오로지 증거로 승부할 수밖에 없다. 자백은 불가하다.'라는 것이 노인성범죄의 실무적인 부분에서 나타나는 특징이기도 합니다.

김윤희 노인성범죄 특징 중 하나는 아예 범죄 경력이 없거나 또는 젊었을 때 전과가 있었지만 오랫동안 범죄와 거리를 두었다가 갑자기 툭 튀어나오는 경향, 흔히 '갑툭튀'라고 하는 경향이 있다는 겁니다. 오종근도 폭력전과가 있었잖아요. 거기에 대해서는 《그것이 알고 싶다》에서도 나왔는데 뇌의 기능 약화나 제어 기능이 마비되었기 때문이라고 주장하는 학자들도 다수입니다. 뇌의 전두엽에 대한 통제 기능이 떨어지면서 자신에게 내제되어 있던 분노나 불만이 여과 없이 그대로 표현되기 때문이라는 주장도 있고요. 사회적으로 고립되어 있고 외롭기 때문에 스스로 정서적인 안정을 느끼지 못하는 스트레스 상황이 지속되다가 마침내 폭발한다는 주장까지 여러 가지 설과 주장들이 있어요. 저는 어느 한쪽으로 치우치기보다는 케이스바이케이스로 접근하는 것이 옳다는 쪽입니다. 그리고 이 부분에 대해서는 아직 연구가 많이 진행되지 않았기 때문에 연구가 진행되어야 하는 부분이라고 생각하고 있습니다.

김복준 오종근 사건은 우리나라 범죄사에서 70대의 노인이 젊은 사람들을 대상으로 두 번에 걸쳐서 성적 욕망을 채우려는 목적으로 범행을 했던 최초의 사건입니다. 이 사건이 처음이자 마지막이 되어야겠죠.

김윤희 저 역시 이 사건이 마지막이 되기를 바라겠습니다. 오늘은 오종근의 사건을 들여다보기도 했지만, 노인성범죄에 대한 시각을 다시 한번 점검하고 알아보는 계기도 되었던 것 같아요. 앞으로 저희는 범죄와 사건을 살펴보겠지만, 범죄와 사건의 이면에 깔려 있는 사회현상도 주목해서 바라봐야 할 것 같습니다.

2장

'범행에서 실행하지 못한 환상'을 진술한 사이코패스, 김해선

- 운동화와 족적, 그리고 목격자
- '십자가'에 대한 과도한 해석
- 미진한 수사에 대한 반성과 시대적 한계 사이에서
- 성장환경과 부모의 양육방식, 그리고 폭력성의 발현
- 범행 동기는 배신, 증오, 좌절, 분노. 트리거는?
- '범행 중에 실현하지 못한 환상이 있었다.'
- 사체를 묘지 위에 십자가 형태로 둔 이유
- 정의의 완결이 치유의 시작이다

김윤희 《대한민국 살인사건》입니다. 오늘도 만만치 않은 분노의 아이콘으로 알려진 이름입니다. 고창 연쇄살인사건이라고 알려진 김해선 사건입니다. 일명 '십자가 살인사건'이라고도 알려져 있습니다. 이 사건은 정말 너무 화가 나는 사건인데요. 그래도 하나씩 짚고 넘어가보도록 하겠습니다. 이 사건은 2000년 10월 25일에 첫 번째 사건이 발생됩니다.

김복준 네, 범인은 김해선이에요. 2000년 범행 당시의 나이가 31세, 직업은 무직, 전과는 강간, 특수절도 등 8범이에요. 전형적인 '빵잽이'죠. 그리고 고향도 집도 전라북도 고창입니다. 좀 전에 말씀하신 것처럼 굉장히 유명한 사건입니다. 일반적으로 범죄를 다루는 사람들은 '십자가 살인사건'이라고 이야기를 하죠. 그리고 김원배 범죄수사연구관 같은 경우는 당시의 시각에서 '쾌락성 살인사건'으로 분류를 했더라고요.

첫 번째 사건의 개요를 설명을 드리면 사건의 발생은 처음에 말씀하신 것처럼 2000년 10월 25일 오후 6시 30분이에요. 범행 장소는 전북 고창군 해리면 평지리에 있는 청룡산 일부 능선의 묘지 앞입니다. 범인 김해선이 범행 장소 근처에서 잠복하고 있다가 혼자서 귀가 중이던 11세의 초등학교 5학년 정 양을 낚아채서는 80m나 떨어져 있는 청룡산 일부 능선의 묘지 앞으로 끌고 가는 거예요. 그렇게 정 양을 끌고 가서는 강간한 후에 살해합니다. 범행 후에 는 나체 상태로 있던 아이의 시신을 반듯하게 눕힌 상태에서 묘지에 걸쳐놨는데 양팔을 벌리고 있었기 때문에 십자가 형태로 보였을 거예요. 벌거벗겨진 아이의 시신이 마치 십자가처럼 보였기 때문에 이 사건이 발발했을 때 경찰에서는 무속인이나 종교와 연관된 범 행이라는 생각에서 그 방향으로 수사의 가닥을 잡았다고 합니다. 경찰의 입장에서는 범행 장소, 그리고 시신이 발견된 그 장소가 묘 지이고 범인이 피해자의 사체를 묘지 위에 십자가 형태로 전시했기 때문에 그렇게 생각했을 거예요. 물론 그곳에서 강간을 했기 때문 이기도 했겠죠.

김윤희 묘지의 봉분 위에다 그렇게 했던 거죠?

김복준 봉분이 원형이었는데 봉분의 앞쪽에 나체 상태의 아이를 십자가 형 태로 벌려놓은 상태였어요.

김윤희 셔츠와 점퍼를 아이의 목 부분에 받쳐놨고 바지는 엉덩이 쪽에 받쳐놨죠. 그 외에 신발이나 찢어진 옷가지들은 모두 책가방에 넣어놓은 상태였기 때문에 사건 현장을 처음 봤을 때는 사체가 묘 지 위에 십자가 모양으로 놓여 있었고, 또 주변은 정리된 듯한 느 낌이 들었던 거죠. 그래서 이 사건은 종교적인 부분과의 연관성이 많이 거론됐습니다.

그런데 안타까운 점은 아이의 엄마가 그 전에 이미 아이의 실종신고를 한 상태였습니다. 아이가 학교에서 귀가를 하지 않았기 때문에 실종신고를 했던 것이었는데 나중에 알고 봤더니 아이가 다니는 학교와 집은 굉장히 멀리 떨어져 있었어요. 대략 두 시간 정도 걸리는 거리였다고 합니다.

김복준 네, 맞습니다. 이 아이가 다니는 학교는 집에서 걸어서 두 시간 거리였어요. 그런데 그날따라 그랬어요. 원래 이 아이가 학교를 마치면 '엄마, 학교 끝났어요.' 하고 집에 전화를 해요. 그러면 엄마가 그 전화를 받은 후에 '그래, 그러면 나는 집에서 출발할 테니 너도 학교에서 출발해라.'고 하는 거죠. 그러면 항상 엄마와 아이가 중간지점에서 만나서 같이 귀가하는 형태로 그동안 학교를 다녔어요. 그날도 아이가 분명히 전화를 했어요. 친구들하고 놀고 난 후에 '엄마, 출발해요.'라고 연락을 했는데 엄마가 중간지점에 도착했음에도 아이가 안 왔던 거죠. 그래서 파출소에 신고를 했던 겁니다. 그리고 한참을 찾았는데 앞서 제가 말씀 드린 것과 같은 그런 형태로 아이가 죽은 채 발견이 됐습니다. 사인은 일단 액살입니다. 손으로 목을 졸랐다는 이야기고요. 처녀막이 파열됐고 정액반응이 나왔습니다.

김윤희 사체가 발견된 이후에 사건 현장 주변을 아예 전부 봉쇄를 했고 수사도 엄청 빠르게 진행됐어요. 그때 정액, 체모, 모발 등의 증거물도 나왔다고 하더라고요. 정액, 체모, 모발 등이 다 나왔지만, 당시에는 DNA를 대조해 볼 수 있는 대조군이 없었다고 합니다. 그래도 수사를 하던 중에 목격자들의 증언이 있어서 몽타주를 만들었던 거죠?

김복준 아니요, 1차 사건 때는 목격자가 없었어요.

김윤희 아, 그럼 몽타주는 2차 사건 때 만들어진 것이군요.

배상훈 네, 몽타주는 2차 사건 입니다. 당시에, 즉 1차사건 때는 사건의 앞 뒤로 이동 라인에 있었던 사람들이 있었기 때문에 사실 그 사람들에게 용의점을 뒀어요. 자전거를 끌고 갔던 사람 한 명, 그리고 그 뒤에 그곳을 지나간 사람 한 명 등에 용의점을 두고 수사를 진행했지만 정확히 범행의 동기가 나타나지 않았어요. 그래서 수사에 난항을 겪고 있었던 상황이었죠.

김복준 사실은 첫 번째 범행에서 초등학교 5학년 여학생을 살해하고 난 이후에 바로 두 번째 범행이 있었어요. 이 사건은 김해선이 범행을 하기 위해 어떤 여성을 뒤쫓아 갔는데, 이 19세의 여고생은 수상한 사람이 계속 쫓아오니까 눈치를 채고 도주를 했습니다. 그런데 이 여고생은 도주를 하면서 김해선의 인상착의를 기억해뒀던 겁니다. 그래서 좀 전에 이야기했던 몽타주도 만들 수 있었던 것이고 사건 해결 과정에서 중요한 목격자가 될 수 있었어요. 실제로 나중에 사건을 해결하는 과정에서도 두 번째 범행에서 살해되지 않고 도주했던 이 여고생이 김해선의 얼굴을 기억해뒀기 때문에 쉽게 범행을 입증할 수가 있었어요. 그런 의미에서 김해선의 두 번째 범행은 명백히 실패한 겁니다.

김윤희 그러면 정확히 실패한 사건, 즉 미수까지 합치면 세 건이 되는 거죠.

배상훈 사건은 세 건이고요.

김복준 사건은 세 건이고 희생자는 세 명입니다. 한 건은 미수고요.

운동화와 족적, 그리고 목격자

배상훈 그렇죠. 이 사건은 김해선이 첫 번째 범죄의 대상을 어린 아이로 선택했던 이유가 성인 여성에 가까운 피해자를 선택했지만 범행이 용이하지 않았기 때문이라는 생각을 갖게 했어요. 왜냐하면 범인이 여고생을 공격했다는 것은 어린아이들만 선택해서 공격하는 경우는 아닐 것이기 때문이죠. 물론 한참 뒤의 이야기이지만, 오히려 미수에 그친 두 번째 사건으로 인해서 범인이 소아성애자와는 거리가 있겠다고 판단하게 된 겁니다. 아무튼 그때 당시에는 주로 목격자들을 위주로 수사가 진행되었겠죠.

김복준 1차 사건에 대한 수사를 진행하던 시기에는 일단 소아성애자 이야기는 전혀 나오지 않는 상태였죠. 아이를 강간하고 죽인 후에 벌거벗겨서 십자가 형태로 묘지 위에 올려두었기 때문에 수사의 방향이 거의 종교적인 것과 관련이 있다는 방향으로 진행되고 있었어요. 10월 25일에 발생했다고 했잖아요. 여고생을 노린 두 번째 사건은 바로 직후였어요. 말씀 드린 것처럼 실패했죠.

첫 번째 사건에 대한 수사가 종교적인 것과 관련이 있다는 방향으로 진행되면서 시간이 한참 지났어요. 12월 19일 오후 6시 30분입니다. 그때는 장소가 변경되는데 역시 고창군이고 무장면 만화리라는 곳입니다. 만화리에서 귀가 중인 두 사람이 있었어요. 한 사람은 여고 2학년인 17세의 박 양, 그리고 다른 한 사람은 박 양의 남동생인 중학교 1학년 13세의 박 군입니다. 박 양이 자신의 남동생인 박 군을 데리고 산길을 걸어가는 겁니다. 이들 역시 첫 번째 희생자처럼 학교를 마치고 산길을 통과해서 귀가하던 중이었습니다. 김해선이 귀가하던 두 사람을 발견했어요. 김해선의 범행이 아주 교활합니다. 먼저 아이들을 불러요. 아이들은 둘이었기 때문에 안심하고 갔던 것 같아요. 여학생 혼자였다면 낯선 사람이 부르는데 가지 않았겠죠. 뭔가 물어볼 게 있는 것처럼 아이들을 부른 다음에는 대략 6m정도 높이의 낭떠러지 비슷한 형태의 장소로 두 사람을 유인해요. 그러고는 갑자기 다가가서 아이 둘을 동시에 밀어버려요. 그래서 두 사람이 6m 높이의 낭떠러지에서 아래로 떨어졌습니다.

배상훈 구릉, 또는 둔덕이라고 하죠. 길이 있고 아래에 논이나 수로 같은 것이 있는 곳인데 6m 높이에서 갑작스럽게 밀었기 때문에 상당한 충격을 받은 상황이었을 겁니다.

김복준 6m 높이면 대략 아파트 3층 정도 됩니다. 그 정도의 높이에서 갑자기 아무런 대비가 없는 상태에서 밀어서 떨어지면 의식을 잃게 됩니다. 실제로 두 사람은 떨어져서 의식을 잃었어요. 먼저 두 사람 중에 남자아이를 범행 대상으로 선정해요. 어린 남자아이의 눈을 가리고 양손을 묶은 상태에서 목을 졸라서 살해해요. 그리고 거기에서 500m정도 떨어진 야산에 사체를 유기하죠. 그 다음에 아직 의식을 찾지 못한 여고생인 박 양을 의식을 잃은 장소에서 1.2km 떨어진 곳으로 끌고 갑니다. 미리 준비한 노끈으로 박 양을 묶어요. 그곳에서 박 양의 스타킹을 벗긴 다음에 스타킹을 이용해서 이번에는 소나무에 박 양을 묶어요. 소나무에 묶었는데 묶는 방법이 아주 특이합니다. 박 양의 두 다리를 각각의 나무 두 개에 묶었어요. 그러니까 소나무에 묶인 상태에서 다리가 벌어져 있었는데 김해선은 그 상태의 여고생을 강간합니다. 당시의 현장 상황을 보면 치마는 뒤집혀서 가슴 위까지 올라가 있고 다리는 각각 다른 나무에 결박되어 있었는데 스타킹은 한쪽만 벗겼다고 합니다.

김윤희 아마 노끈이 부족해서 스타킹을 벗겨서 묶는 데 사용했던 것 같아요.

김복준 네, 그렇죠. 범인은 나머지 한쪽 다리의 스타킹은 그대로 두고 입에는 목장갑으로 재갈을 물리고 아래에 교복을 펼쳐놓은 상태에서 흉기인 식도로 목을 두 번 찔러서 여고생을 살해합니다. 그리고 이 부분은 사건의 일부이기 때문에 말하긴 하지만 방송을 보고 계신 구독자 분들께도 죄송하고 저도 불편한데요. 시체가 나무에 묶여있는 채로 발견됐어요. 그리고 사체를 살펴봤더니 가로 15.5cm 세로 20cm의 크기로 오른쪽 허벅지 살을 반듯하게 도려냈어요. 아마 비닐봉투 같은 것에 도려낸 살을 담아서 도주를 한 것으로 보입니다. 그리고 목이나 다리, 음부 등의 부위에서는 칼에 찔리고 베인 다수의 상처가 발견되었습니다.

김윤희 박 양과 박 군의 부모님은 아들과 딸을 한꺼번에 잃으신 거죠. 사건 다음 날에는 고창이 발칵 뒤집어졌습니다. 고창이 그렇게 큰 도시가 아니잖아요. 이 사건이 10월에 일어난 첫 번째 사건과 함께 이슈가 되면서 적극적인 수사가 시작됩니다.

김복준 다음 날 동생의 시신이 먼저 발견됩니다. 09시 20분경에 사건 현장에서 500m 떨어진 지점에서 박 군 본인이 착용하고 있던 목도리로 교살을 했습니다. 눈은 가려져 있었고 자신의 목도리로 목이 졸려 사망한 상태였습니다.

김윤희 그리고 다음 날에 범인이 잡혔습니다. 이유가 족적이죠?

김복준 네, 현장에 족적이 있었습니다. 이후의 과정은 쉽게 짐작할 수 있지 않습니까? 그 동네가 작은 마을이었기 때문에 족적을 발견한 경찰이 족적에 남겨진 운동화 문양을 단서로 집집마다 다니면서 일일이 뒤지는 거예요. 이 사건의 범인은 빨리 검거됐습니다. 12월 20일 오후 두 시경입니다. 제가 앞부분에서 목격자가 있다고 했잖아요. 그 여고생 목격자의 진술과 족적에 남겨진 운동화의 문양 등을 바탕으로 피의자의 집에서 검거하게 됩니다.

검거 이후에 경찰관들은 가장 먼저 도려낸 허벅지 살의 출처를 찾습니다. 그래서 냉장고 등 피의자의 집을 수색했는데 집안에서는 발견되지 않았어요. 그래서 집 주변을 수색했는데 피의자의 집 앞에 있는 도랑에서 범인이 베어간 허벅지 살의 일부를 발견하게 됩니다. 15.5cm, 20cm 정도면 상당히 넓은 부위라고 할 수 있는데 전체가 아니라 일부만 발견됐어요. 그런데 그 부분에 대한 기록은 남아 있지 않습니다.

배상훈 그리고 수색을 하는 과정에서 증거품들이 발견되었습니다. 피 묻은 옷이랑 노끈이 발견되면서 범행에 대한 부분은 이미 입증이 가능해졌기 때문에 범행의 동기나 목적 등을 추정하기 위해서 베어간 신체 일부를 찾으려고 했던 거고요.

'십자가'에 대한 과도한 해석

김윤희 경찰이 범인의 수색영장을 확보해서 범인의 집에 갔을 때, 처음에는 부모인 노부부만 있었어요.

김복준 노부부가 아들은 나무하러 갔다고 했다는 거죠.

김윤희 네, 그렇게 말했다고 하죠. 그런데 수색을 하다 보니 피 묻은 옷가

지와 범행도구가 나왔기 때문에 경찰들이 잠복을 하고 있다가 김
해선을 검거하게 된 겁니다.

배상훈 제가 들었던 이야기는 범인의 부모인 노부부도 어느 정도까지는
예상을 하고 있었다고 하거든요.

김복준 작은 마을이었기 때문에 어느 정도 소문이 나 있었고 자기 아들인
것 같다는 인식을 하고 있었다고 하죠.

배상훈 어떻게 보면 당시 김해선의 부모들도 어느 정도까지는 체념한 상
태였다는 기록을 봤던 기억이 있거든요.

김복준 그리고 범인이 피해자들을 노끈으로 묶었잖아요. 매듭을 짓는 형
태를 보면 상당히 익숙하다는 것을 알 수 있어요. 또 매듭의 형태
를 통해서 대략적인 직업을 유추할 수도 있잖아요. 그리고 앞서
말씀드린 것처럼 칼을 다루는 솜씨, 즉 허벅지살의 일부분을 베어
내는 것 같은 행동을 봤을 때 이 정도면 상당히 칼을 잘 다루는
사람이라는 것도 알 수 있었겠죠. 이를 테면 일식집에서 회 뜨는 일
을 하는 사람이라는 식으로 형사들도 범인의 윤곽을 어느 정도는
짐작하고 있었을 것 같아요.

김윤희 저희가 현장을 봤을 때 많은 것들을 유추하지 않습니까? 방금 말
씀하신 것처럼 숙련도를 유추하고 매듭이나 칼을 사용하는 방식,
또는 새로운 형태의 물건들이 발견됐을 때 그것들을 단서로 이 사
람의 직업이나 나이를 추정하게 되죠. 뿐만 아니라 전과가 얼마나
있는지, 즉 범죄환경에 얼마나 노출되어 있었던 사람이냐는 것들까
지도 유추를 할 수 있거든요.

배상훈 네, 그렇죠. 그리고 기본적으로 이런 유형을 공간 점유형이라고 하

고 세부적으로는 트롤러^{trawler} 유형이라고 할 수 있을 것 같습니다.

김복준 네, 낚아채는 유형이라면 프레데터^{predator}라고 할 수도 있죠.

배상훈 그렇죠. 공간을 점유하고 있으면서 그 공간에 잠복해서 이동하는 먹잇감을 낚아채는 여러 형태 중의 하나로 정의할 수 있을 것 같습니다. 이 사건의 범인은 아주 전형적인 스타일입니다. 그런데 불균형, 즉 범행의 정교함에서 불균형이 생기는 이유는 아무래도 자기가 범죄를 회피하려고 하는 노력이라든가 피해자들을 선정할 때 대단히 즉흥적인 부분들이 있기 때문일 겁니다. 그 불균형으로 인해 오히려 첫 번째 사건에서 범인을 추론할 때 어려움을 겪지 않았는가라는 생각이 듭니다. 왜냐하면 '종교적 광신도의 짓인가?'라는 생각 때문에 수사의 첫 단추가 완전히 엉크러진 면이 있거든요.

김복준 맞습니다. 첫 번째 사건은 초동수사 단계에서 엉겨버린 부분이 있습니다. 저도 수사를 오래 했지만 처음에 수사방향을 어느 쪽으로 잡느냐에 따라서 사건해결의 성공과 실패가 갈리기도 하거든요. 수사의 방향성이 굉장히 중요하지만, 이 문제는 굉장히 어렵습니다. 분명한 사실은 이 사건은 종교나 종교단체라는 방향으로 수사를 집중했기 때문에 결과적으로는 1차 사건이 일어난 후에 석 달이 지나도록 범인을 못 잡았다는 것이죠. 사실 범행 자체는 굉장히 허술합니다. 범행을 저지르고 도주하는 것도 정교하지는 않거든요. 더구나 미수에 그친 여고생 사건이 있었음에도 불구하고 해결의 실마리도 찾지 못했어요. 이것은 첫 번째 사건의 수사방향을 잘못 잡았기 때문에 엉뚱한 방향으로 경찰이 체력을 소비한 거예요.

배상훈 주변을 광범위하게 탐문을 했으면 더 좋은 결과로 이어졌을 것이라는 이야기가 당시에 있었죠.

김복준 그럼요. 그런데 오히려 그 주변 사람들, 즉 동네 사람들을 의심하지 않았던 거예요.

배상훈 이 사건이 일어났을 때에도 '소재지가 달랐다.' 라는 이야기가 나왔어요.

김복준 그렇죠. 면 소재지가 달랐어요.

배상훈 네, 수사가 왜 소재지 기준인가라는 거죠. 범행이 일어난 장소를 중심으로 동심원으로 확장되면서 수사가 진행되어야 하는 것이죠. 행정구역에 따른 경계의 구분은 편의적인 구분일 뿐이고 범인이 행정구역을 따라 움직이는 것은 아니지 않습니까? 저는 그런 생각이 많이 들었습니다.

김복준 맞습니다. 그래서 이 사건 전체를 보면 첫 번째 사건에서 수사방향을 잃어버리고 엉뚱한 곳에서 체력을 소진해버렸기 때문에 결국 두 사람이 더 살해당하는 결과로 이어진 거죠.

김윤희 현장에 갔을 때 느껴지는 '감' 이라든지 '촉' 이라는 것이 있잖아요. 그런 것들이 어떤 경우에는 아주 좋은 결과로 이어지기도 하지만, 선입견으로 작용해서 수사의 방향을 잘못 선택하게 만드는 부분도 있는 것 같아요. 결과론적이지만 저는 이 '십자가' 라는 부분 역시 어떻게 생각해 보면 일반적이지 않기 때문에 그 부분이 도드라지게 눈에 들어온 것일 뿐, 그 형태가 철저하게 계산된 것은 아니었다고 생각해요.

배상훈 저도 십자가를 의도했다고 생각하지 않아요. 그리고 김해선의 진술에서도 십자가 이야기는 전혀 없었어요.

김복준 강간하고 살해한 후에 그냥 눕혀 놨던 것 같아요.

배상훈 그렇죠. 그런데 십자가라는 부분을 과도하게 해석했기 때문에 그런 일이 일어났던 거죠. 물론 이전에 오대양 사건이라든가, 그리고 훨씬 전에 있었던 잔혹한 몇 가지 사건들이 떠올랐을 거예요. 아마 이 사건이 일어나기 바로 전에 정두영 사건이 있었을 겁니다. 그랬기 때문에 '종교적인 문제와 연결되지 않았을까?' 라는 생각을 했을 거예요. 그렇다고 해도 주변에서 누군가는 조언을 했어야 한다고 생각해요. 수사방향을 이렇게 결정한다고 했을 때, '그 방향 외에 다른 방향도 한 번 생각해보는 것이 어떻겠습니까?' 라는 조언을 해줬어야 했다는 거죠. 실제로 그런 부분이 많이 부족했어요.

미진한 수사에 대한 반성과 시대적 한계 사이에서

김복준 배 교수님, 2000년에 고창경찰서에 형사가 몇 명이나 있었을 것이라고 생각하세요? 아마 두 명에서 네 명 정도 있었을 겁니다.

배상훈 그렇죠. 한 팀 정도 있었겠네요.

김복준 형사계장을 포함해서 네댓 명이 전부였을 거예요.

배상훈 그곳이 2급지인가요, 3급지인가요?

김복준 3급지죠. 2000년에 고창은 3급지였어요. 그래서 전문화된 형사가 없었어요. 그리고 솔직히 말씀드리자면 시골지역에서는 살인사건이 10년에 한 번 일어날까 말까합니다. 살인사건이 없다는 거죠.

배상훈 그렇죠. 이런 사건은 더더욱 없었겠죠.

김복준 그럼요. 이런 사건은 없어요. 저에게는 아픈 사건으로 남아있는 "포천 여중생 매니큐어 사건" 때도 마찬가지였어요. 심지어 수도권에서 그 사건이 일어났을 때 포천경찰서에 있는 형사를 모두 합해도 채 10명이 되지 않았어요. 그런 상황에서 막상 사건이 발생했을 때는 자기가 어디에 가서 무슨 일을 해야 하는지도 모르고 우왕좌왕 했을 거예요. 그래서 그 사건이 발생한 뒤에 FTX(모의훈련)이라는 것이 만들어졌어요. 실제와 같은 상황을 가정해서 실제처럼 행동하는 훈련을 했던 것인데 2000년 즈음에는 FTX도 없었어요. 제 생각에 형사 서너 명으로 그것까지 할 수는 없었을 거예요.

배상훈 그럼 왜 지방경찰청에서 이 사건을 이관하지 않았을까요?

김복준 2000년대까지만 해도 일반 살인사건에 대해서는 지방경찰청에서 관심을 갖지 않았어요. 매일같이 일선에 지시만 열심히 했죠. 흔히 하는 말로는 '조인다'고 하죠. 정말 관할 경찰서에 매일같이 빨리 잡으라고 조이기만 했어요.

배상훈 광역수사대는 있지 않았나요?

김복준 그때는 광역수사대도 없었습니다. 그리고 설혹 광역수사대와 비슷한 기구가 있었다고 해도 당시에는 지금의 광역수사대와 같은 기능을 하는 수사기구가 아니었고 다만 차출된 여러 명의 형사들이 모여서 집단적으로 사건을 해결하는 그런 정도의 기구밖에 없었어요.

배상훈 그렇군요. 아무튼 이 사건은 되짚어봐야 하는 부분이 많은 것 같습니다. 실제로 사건 자체만 들여다보면 아주 쉽게 검거했던 것처럼 보입니다. 두 번째 사건이 발생한 바로 다음 날에 범인을 검거했잖아요. 실제로 수사의 방향만 제대로 잡았더라면 하나의 사건으로 끝날 수 있었고, 또 아주 수월하게 검거할 수 있었던 사건이 다음 사건으로 이어지고 피해자도 늘어난 것이잖아요. 지금 말씀하신 것처럼 이 사건은 수사 전반에 대한 면밀한 검토가 필요한 것 같아요. 결과적으로 또 욕을 먹게 되겠네요.

김복준 어차피 과거의 사건을 설명하는 과정이지만, 경찰 출신이기 때문에 본의 아니게 저희 세 사람은 욕먹을 수밖에 없는 것 같아요. 그 당시의 경찰들이 잘못한 부분에 대해서도 차라리 저희가 욕먹는 것이 속이 편해요.

배상훈 뭐, 그렇죠.

김윤희 조금 전까지 저도 담당형사가 두 명에서 네 명 정도밖에 없다는 생각은 못했거든요. 저는 이 부분이 이해가 되는데 사실 서로 다른 관점들이 있어야 수사선도 넓어지는 것이잖아요.

김복준 그렇죠.

김윤희 많은 분들이 프로파일러가 무슨 일을 하는 거냐고 물어보시면서 프로파일러가 거의 모든 사건에 관여를 한다고 생각하시는 것 같아요. 그런데 실제로는 그렇지 않아요. 프로파일러가 관여하는 사건은 전체 사건의 1% 정도밖에 되지 않아요. 전체 사건의 99%는 기존의 수사방법으로 해결을 하고, 또 대부분은 해결이 됩니다. 프로파일러가 하는 중요한 역할 중의 하나는 기존의 수사방법이 아닌 좀 다른 시각으로 사건을 바라볼 수 있도록 시야를 넓혀주는 데 있는 거죠.

배상훈 수사에 조언을 해 주는 거죠.

김복준 어떻게 보면 수사의 나침반 역할이죠.

김윤희 네, 실제로 프로파일러는 드라마에서처럼 '저 사람이 범인이야.' 라는 식의 역할을 하는 사람이 아니에요. 수사선을 확장하고 새로운 접근 방법으로 수사 방향을 제시하는 것은 사건해결을 위해 반드시 필요한 일이거든요. 좀 전에 두 분 모두 지적하셨고 현장에 오래 계셔서 저보다 훨씬 잘 아시겠지만 사건 초기에 수사방향을 설정하고 나면 그쪽으로 수사력이 집중되잖아요. 이 사건에서는 수사방향의 설정이라는 부분이 가장 미흡하지 않았나 싶어요.

배상훈 수사선이 한 번 설정되면 이를 다시 수정하는 것이 어렵죠.

김복준 네, 굉장히 어려워요. 그리고 고참 형사들의 경우에는 자신이 맡은 사건에 대해서 알게 모르게 고압적이고 관행적인 확고함을 가지고 있기 때문에 누가 함부로 말할 수 있는 상황이 아니었어요. 심지어 당시에는 경찰서장들도 그 지역에서 잘 알려진 고참 형사가 있으면 그 사람이 하는 대로 맞춰서 움직일 수밖에 없었어요. 그때는 영화 《살인의 추억》에 나오는 박두만 형사 같이 그 지역의 '논두렁밭두렁 형사'가 왕이었거든요.

김윤희 저도 이 사건을 보면서 예전에 일선에서 근무할 때, 관내에서 일어났던 유아성폭행 사건이 생각났어요. 그때 형사과장님이 '사건 현장 1km 반경 내에 있는 모든 독거남을 수사하라.'고 말씀하셨어요. 지금 다시 생각해 보면 굉장히 황당한 명령이잖아요. 독거남이 아니라 가족들과 같이 거주하고 있는 사람이 범인일 수도 있는 것인데, 그분은 기존에 갖고 있는 생각대로 그냥 '독거남'이라고 말씀하신 거예요.

김복준 그 부분은 그 사람이 가지고 있었던 선입견이에요.

김윤희 그런데 일단 현장에서 지휘관이 그렇게 수사지휘를 했기 때문에 1차 수사는 그 방향으로 진행되는 것이잖아요.

배상훈 그 부분에 대해서도 누구도 간섭할 수 없는 거예요. 경찰서장은 물론 경찰청장이라도 그 상황에서 개입할 수는 없을 거예요. 그 방향으로 대략 2~3주, 또는 3~4주 정도는 진행을 한 뒤에 '이렇게 하는 것은 정말 아닌데요.' 라고 할 수는 있을 것 같습니다. 물론 그렇게 이야기하는 경우도 거의 없거나 아주 드물어요.

성장환경과 부모의 양육방식, 그리고 폭력성의 발현

김복준 사건의 개요는 이 정도로 하면 될 것 같습니다. 그리고 우리 프로그램의 특징이라고 할 수 있는 범인의 속성에 대해서 알아보시죠. '김해선은 도대체 누구인가?'를 말하지 않고 지나갈 수는 없죠.

김윤희 네, 사건도 사건이지만 도대체 어떤 인물이기에 이런 범죄를 저질렀는지, 그리고 지금 이 사람은 어떻게 지내고 있는지에 대해서 많은 구독자 분들이 관심을 가지고 계실 것이라는 생각이 들어요. 그런데 검거됐을 때부터 이 사람은 거짓말을 늘어놓기 시작했다고 합니다. 그리고 뻔뻔한 범죄자의 면모가 드러납니다.

김복준 네, 모든 것을 내려놓고 포기한 사람인 척을 했다가도 갑자기 절대 자기가 한 일이 아니라고 부인을 하는 등 담당 수사관들을 힘들게 만들었던 것 같아요. 우선 겉으로 드러나는 부분만 봐도 키가 175cm이고 몸무게가 90kg이었는데 엄청나게 완력이 세고 덩치도 상당했어요.

그리고 이 사람의 어린 시절을 살펴봐야 할 것 같은데 가정환경도 함께 살펴보겠습니다. 농사를 짓는 부모님 사이에서 태어났어요. 아버지는 굉장히 강압적인 성격이었다고 하고 어머니는 그 시대의 일반적인 여성들처럼 순종적인 성격이었다고 합니다. 전형적인 농촌 가정이라고 할 수 있는 가정에서 2남 2녀 중에 장남으로 태어났어요. 어린 시절부터 공부에는 별로 관심을 보이지 않았고 중학교 2학년 때 가출을 해서 서울로 옵니다. 가출한 중학교 2학년 남자 아이가 서울에 와서 할 일이 있었겠습니까? 식당 종업원 같은 일을 하며 전전했던 것 같아요.

초등학교 때의 일화가 하나 남아 있었어요. 아마 성격적으로 난폭한 부분이 있었던 것 같아요. 조금 뒤에 프로파일러 분들이 분석을 해주셔야 할 것 같습니다. 김해선이 초등학교 때의 일입니다. 아버지에게 폭행을 많이 당하다보니 본인에게 분노 같은 것이 쌓여 있었던 모양입니다. 그래서 아버지에 대한 화풀이를 집에서 기르던 개에게 했었던 것 같아요. 초등학생 시절인데 집에서 기르던 개를 때려서 죽입니다. 그리고 강아지 같은 경우에는 방으로 끌고 들어가서는 이불 속에 가둬놓은 다음 밖으로 나옵니다. 그리고는 방에 불을 때서 이불 속에 있는 강아지를 질식사시킵니다. 뿐만 아니라, 사람들의 눈을 피해서 이웃집 소를 낫으로 찌르는 등의 방법으로 학대했던 사실도 있다고 합니다. 어렸을 때부터 김해선에게는 기본적인 폭력성이 내제되어 있었던 것 같아요.

다만 아버지의 강압적인 행태가 어떤 영향을 미쳤는지에 대해서 판단을 해주시면 좋을 것 같아요. 초등학교 1학년 때부터 아버지가 김해선에게 폭력을 행사했다고 합니다. 주로 자기 자신의 분풀이로 김해선에게 폭력을 행사했는데 옷을 홀딱 벗겨서 집밖으로 내쫓거나 아이가 학교에 가지 못하게 했답니다. 그러니까 술을 마신 다음에 툭하면 아이에게 화풀이하고 폭력을 행사했다는 것인데 이런 부분이 김해선이라는 괴물을 만드는데 기여했는지가 궁금합니다. 그 부분에 대해서 어떻게 생각하세요.

배상훈 제가 보기에 동물을 조금은 함부로 대하는 환경이었던 시골임을 감안하더라도 폭력성 부분은 다른 아이들보다 높았던 것 같습니다. 폭력성이 높았던 것은 사실인데, 이것을 잠재화시켜서 숨기느냐, 아니면 김해선처럼 발현하느냐의 차이는 그 다음에 양육방식이나 성장환경과 연결이 될 겁니다. 말하자면, 부모의 양육방식이 폭력성의 발현에 분명하게 영향을 미쳤다고 볼 수밖에 없죠.

김윤희 저도 어느 정도 폭력적인 기질이 있었다고 생각해요. 말씀 하셨듯이 그것을 컨트롤 하는 능력, 즉 표현을 하거나 잠재화시켜서 통제할 수 있는 능력은 교육을 통해서 키워질 수 있고, 또 교육을 통해서 형성되는 부분이라고 생각해요. 어쨌든 가정폭력이나 학대를 당했다고 하더라도 그 폭력과 학대에 대한 반향이 너무 극적인 거예요. 어렸을 때부터 동물을 죽이고, 동물을 죽이는데 죽이는 것도 칼로 찌르는 형태만이 아니고 새로운 형태로 나타나는 것이죠. 방에다 불을 떼서 질식하게 만드는 행동은 단지 한순간에 고통을 주는 것이 아니라, 일정 정도의 시간동안 괴롭힌 다음에 죽인다는 것이에요. 그렇기 때문에 저는 김해선의 행동에서 보이는 잔혹성이라는 부분은 분명히 기질적인 면이 더해진 결과라는 생각이 들어요.

김복준 만약에 아버지가 자신을 학대하고 폭행해서 아버지에 대한 원망이 있다면 남성을 범행 대상으로 삼을 수도 있잖아요. 그럼에도 불구하고 여성들을 상대로 범행을 했거든요. 그래서 이 부분은 아버지가 자신을 학대하고 폭행했을 때 아버지를 말리지 않았던 어머니에 대한 반감이라는 측면도 고려해봐야 하는 것은 아닐까요?

배상훈 일반적으로 미국의 연쇄살인범에 대한 연구를 보면, 아버지가 '넘사벽'일 경우에는 자신을 도와주지 않았던 사람들을 공격하는 경향이 있습니다. 특히 자신을 도와주지 않았던 사람들 중에서도 여성이나 어린아이와 같은 '약자'나 '소수자'들을 공격함으로써 자신을 학대했던 아버지와 자기를 동일시하는 심리 기재가 있다고 설명을 하더라고요. 자신을 학대했던 아버지와 자신을 치환하여 자신이 약자와 소수자들을 지배하려는 것이죠. 그렇기 때문에 아버지가 자신을 심각하게 학대했다고 하더라도 아버지 같은 성인 남성을 공격하는 것이 아니라 매춘 여성이나 거리의 노숙자와 같은 여성들을 공격하는 것입니다.

김윤희 그 사람의 특성이라고 이야기할 수도 있는 것 같아요. 어떤 사람들은 자신의 그런 상황을 이겨내기 위해서 자신을 학대한 사람을 향해 나아가잖아요. 그런데 김해선은 그렇지 않았어요. 가장 먼저 타깃이 된 대상은 동물이었다는 거죠. 가장 약하고 자신의 힘으로 괴롭힐 수 있는 대상을 선택한 거예요. 저는 이것 자체가 김해선의 특성이라고 생각해요. 우선은 약자, 즉 나보다 못한 존재를 향해 나아가는 거죠. 그리고 어느 정도 힘이 길러졌고 자신이 뭔가를 할 수 있다고 판단했기 때문에 그 다음의 타깃은 인간, 그 중에서 여성 이런 방향으로 움직였다는 생각이 들어요.

범행 동기는 배신, 증오, 좌절, 분노. 트리거는?

김복준 여성을 공격했다는 사실에 대해서는 이해에 도움이 될 수 있는 부분이 지금부터 나올 것 같은데요. 중학교 2학년 때 가출했잖아요? 무작정 상경해서 식당종업원으로 일을 했어요. 그러다가 1994년 6월부터 약 5년 동안은 외항선을 탔다고 합니다. 외항선에서는 주방 보조를 했어요. 주방 보조로 일하면서 칼을 다루는 방법, 그리고 배에서 일하면서 매듭 묶는 방법을 배운 것 같아요. 그리고 1999년 11월에 외항선 주방 보조를 그만 두고 부산 지역을 전전했어요. 일거리가 없었기 때문에 이곳저곳을 전전하다가 2000년 7월에 고향인 고창으로 돌아오게 되었고 2000년 10월에 범행을 하게 되는 겁니다. 2000년 7월에 고창으로 돌아왔잖아요. 고창군 무장면 송계리에 김해선의 집이 있었는데 그 당시에는 부모만 살고 있었어요. 그곳으로 돌아올 때 '삶을 비관했고 누구든지 죽이고 싶다.'는 생각을 했다고 합니다. 그래서 '늘 회칼을 몸에 지니고 있었고 대상을 물색하고 있었다. 그 과정에서 아이들이 희생자로 나한테 걸려든 것일 뿐이다.'라는 생각을 했다고 나중에 김해선이 자신의 입으로 말하는데 이것이 범행동기인 것 같습니다. 지금부터는 이 사람의 여성 관계를 살펴봐야 할 것 같아요. 1994년부터 1999년까지 외항선을 탔다고 했잖아요. 그 기간 중에 서울에서 20대 여성과 동거를 했던 적이 있습니다. 대략 6개월 정도 동거를 했다고 합니다. 그 기간 중에 김해선이 열심히 돈을 벌어다 줬는데 돈도 꽤 벌었던 모양이에요. 당시에 5,000만 원이라는 거액의 돈을 벌어줬는데 동거녀가 탕진해버린 거예요. 김해선과 동거했던 여성이 다방 종업원이었는데 그 여성에게는 다른 애인이 있었다고 해요. 그래서 김해선은 두 사람이 같이 있는 방에 가스를 터뜨려서 동시에 살해를 하려고 마음먹었다고 합니다. 그런데 어떤 이유인지는 모르지만 자신의 계획을 포기하고 고향으로 돌아오게 되었어요. 빈털터리가 되어서 누군가를 죽이겠다는 마음으로 돌아온 것이 하필이면 고향인 거예요.

배상훈　맥락적으로는 사랑하는 여성에게 배신당하고 나는 삶의 희망이 없다는 생각을 했던 것으로 보입니다. 그런데 저는 외항선을 타는 동안 김해선이라는 사람이 어떤 특정한 형태의 경험을 했을 것이라고 봅니다. 물론 당연히 칼 쓰는 방법이나 매듭을 묶는 방법 등 여러 가지를 배우기도 했겠지만, 당시에는 외항선원들이 굉장히 많이 맞잖아요.

김복준　그렇죠. 내부의 군기가 엄청나죠.

배상훈　군기도 아주 엄하고 실제로 남자들, 특히 나이가 어린 남성들의 경우에는 강간을 당하는 경우도 있었다고 합니다. 물론 아주 예외적인 경우이기는 합니다만, 저는 김해선에게 이와 유사한 경험이 있었을 것 같아요. 이 사람의 범행 수법에서 성기에 대한 훼손, 또는 성기 근처의 신체 훼손이 있었다면 그 부분을 의심해 볼 수 있다는 것이죠.

김복준　실제로 성기 훼손이 있었어요.

배상훈　네, 그렇기 때문에 외항선에서 어떤 경험이 있었다고 볼 수 있죠.

김복준　두 번째 사건의 피해자인 여고생의 경우에는 성기 부분과 복부에 찔린 자국과 베인 자국이 있었거든요.

배상훈 그런 방식의 범행 수법이 그냥 나올 수는 없거든요. 일반적으로 독특한 범행 수법을 가진 범죄자들이 군대 내에서 강간을 당하거나 교도소에서 강간을 당했던 경험치를 많이 이야기해요. 자기들이 겪었던 경험에 복수를 한다는 생각으로 여성의 성기를 훼손하거나 여성의 성기와 관련된 부분을 상하게 한다고 하거든요. 이 부분에 대해서는 거의 완전하게 신뢰할 수 있습니다. 왜냐하면 미국에서 많은 사례가 있었고 실제로 인터뷰를 통해서 그와 같은 경험치가 분명히 존재한다는 것을 확인했기 때문입니다. 김해선의 경우에도 그와 같은 경험치가 존재했고, 그 부분을 폭발시킨 것은 동거녀라고 보는 것이죠. 동거녀가 자기를 이용했던 것이잖아요.

김복준 그런데 중요한 사실이 몇 가지 있어요. 김해선이 수감생활을 하고, 또 여기저기 전전하던 시기에 펜팔을 통해서 여성을 사귀었어요. 그리고 펜팔 했던 여성을 자신의 집으로 유인한 다음 강간을 해서 처벌받은 일이 있었어요. 게다가 짝사랑하던 여성을 자신의 주거지로 데려와서 강간을 시도한 일로 처벌 받은 일도 있었고요. 김해선이 강간이나 성범죄 등을 반복적으로 저질렀던 사람인 것은 분명해 보입니다.

김윤희 만일 성기라든지 주요한 신체 부위를 훼손한 것에 대해서 '어떤 심리에서 그런 행동을 하죠?'라고 물어보는 경우가 많거든요. 그런데 범인들이 대체로 이 부분에 대해서는 거의 이야기를 하지 않아요. 저도 면담을 했을 때 이 부분에 대해서 질문을 했지만 자신의 이야기를 하지 않았어요. 대부분은 그냥 '기억이 나지 않는데요?' '제가 그랬나요?'라고 하면서 그 부분에 대해서는 부인을 하거나 이야기를 하지 않았어요. 김해선 역시 그 부분에 대해서는 부인을 하면서 이야기를 하지 않았습니다. 어떻게 보면 범인들에게는 가장 숨기고 싶은 부분이고, 트라우마이고 상처로 남은 부분일 뿐만 아니라, 자신의 모든 상처와 아픔 같은 것들이 응집되어 있는 부분이기 때문에 이에 대해서는 절대로 이야기하지 않는다는 생각이 들었어요. 그렇기 때문에 '이런 저런 이유로 사체를 훼손을 했어요.' 라고 이야기하는 범인을 저는 아직 만난 적이 없어요. 저는 이런 케이스를 읽어보지 못했던 것 같아요.

배상훈 MTC. 즉 메사추세츠 주 치료 센터Massachusettes Treatment Center에서 이와 관련된 부분들에 대한 연구를 진행하고 있습니다. 그 과정에서 남성 심문관이 물었을 때는 관련된 이야기를 하지 않는데, 여성 심문관이 물었을 때에는 일부를 이야기하는 경우도 있다고 합니다. 저는 이 부분도 심리적으로는 거의 유사하다고 생각합니다. 심문관이라고 하더라도 자신이 남성에게 강간당했다는 사실을 같은 남성 앞에서 이야기한다는 것은 훨씬 더 치욕적인 느낌을 가질 수 있기 때문이겠죠. 그래서 심문관들을 교체해 가면서 인터뷰를 진행하는 방법 등을 통해 자료를 얻는 것이죠.

우리나라의 경우에도 김해선 사건이 일어났을 때에는 이에 대한 체계적인 연구가 진행되지 않았을 겁니다. 사실은 이후에도 이에 대한 연구가 체계적으로 진행됐어야 한다고 생각은 하지만, 현실적으로 쉽지 않습니다. 그래서 개인적으로는 많이 아쉽습니다.

김복준 김해선 사건에 대한 것들도 제가 조사한 내용은 공식적인 기록이거든요. 그 외에는 자료가 거의 없는 것과 마찬가지이고 그나마 제가 조사한 공식적인 기록도 김원배 범죄수사연구관께서 나름대로 소급해서 기록을 남겨둔 것이에요. 그 기록에서도 이 사건에 대해서는 '동거녀의 행동으로 인해 갖게 된 배신감과 증오심, 그리고 사회부적응 상태에서 외톨이로 살아오면서 쌓였던 좌절감이나 분노 등이 약자를 향해 표출된 사건이다.'라고 판단을 내리고 있습니다.

배상훈 배신감과 증오심, 좌절감이나 분노 등이 사건의 동기가 될 수는 있지만, 저는 실제로 '베리어Barrier'를 넘어서 범죄를 실행하는 데까지 가기 위해서는 폭력이나 위력에 의한 직접적인 피해가 있어야 된다고 생각하는 거죠. 사회적 소외감이나 좌절로 인한 분노를 느끼는 사람들은 많지만, 그런 사람들의 99% 이상이 살인을 하지는 않거든요. 1%도 안 되는 극소수의 사람들이 김해선처럼 직접적으로 행동한다는 사실은 그들을 행동하게 만드는 어떤 계기가 반드시 필요하다는 것입니다. 이른바 트리거Trigger가 있어야 한다는 것이죠. 그래서 저는 외항선을 탔던 시기에 '폭력적인 경험'이 분명히 있었을 것이라고 생각하는 것입니다.

김복준 그러니까 외항선에서의 폭력을 당했던 경험에 동거녀에 대한 배신감, 선천적으로 타고난 기질, 성장과정에서 겪었던 아버지의 폭력과 학대와 그런 아버지로부터 자신을 방어해 주지 못한 어머니에 대한 반감 등이 복합적으로 작용했다고 봐야하지 않을까요.

김윤희 저도 이 모든 상황과 경험들이 복합적으로 작용했다고 보는 것이 옳다는 생각을 해요. 연쇄살인범들의 특징 중에 하나가 동물 학대라고 이야기하거든요. 연쇄살인범들의 상당수가 어린 시절에 동물 학대의 특징을 보입니다. 또 배뇨활동, 즉 대소변을 잘 가리지 못해서 오줌싸개가 많다는 이야기도 하고, 부모의 학대로 인해 사회나 사람들에 대한 증오로 표출되었다는 이야기도 하거든요. 실제로 이 모든 것들 역시 연쇄살인범들에 대한 인터뷰를 통해 발견하게 된 사실이거든요. 연구를 통해 데이터가 축적되면서 발견된 사실이라는 측면에서 본다면 이에 대한 연구가 체계적으로 진행되지 못한 부분은 굉장히 안타깝습니다. 그리고 우리나라의 상황에서 제가 가장 안타깝다고 여기는 부분이 있습니다. 지금은 프로파일러들이 재판을 하기 전에 범인들을 면담하고 있습니다. 그런데 재판이 끝난 후에 교도소에 수감되어 있는 범인을 찾아가서 면담하면 모든 법적 절차가 끝났기 때문에 그들로부터 들을 수 있는 사건의 이야기가 있거든요. 재판을 하기 전과 후의 진술이 다르다는 것이죠. 그런데 우리나라에는 이에 관한 데이터를 거의 축적할 수 없게 되어 있어요. 재판 받기 전의 면담에서는 범인들이 거의 변명으로 일관해요. 범행과 관련해서 자세한 내용은 절대로 말하지 않고 자신에게 불리한 내용도 절대로 말하려고 하지 않아요. 하지만, 재판이 끝나고 나서 면담을 하면 분명히 달라질 수 있거든요.

배상훈 자신의 형량과 관계가 있기 때문이죠. 형을 확정 받은 후에 '이제는 되돌릴 수 없다.'라는 것을 분명히 알고 있는데 그 상태에서 면담이 이루어진다면 사건에 대해 얻을 수 있는 정보가 달라질 수 있겠죠.

김복준 말씀을 들어보니 정말로 그렇겠네요. 수감생활을 시작한 다음에 범인과 프로파일러의 면담을 통해 그들로부터 자료를 수집하는 것은 정말 중요할 것 같습니다.

김윤희 그런 면담이 한 번이 아니라 계속해서 여러 번 이루어졌을 때 신뢰, 즉 라포 형성Rapport building이 아주 깊어질 수 있거든요. 그 상태에서는 범인들이 더 많은 이야기를 하게 되고, 당연히 더 많은 데이터를 축적할 수 있는데 그런 활동에 제약이 많아서 할 수 없다는 것을 저는 개인적으로 안타깝게 생각하고 있습니다.

김복준 '라포 형성'에 대해 설명해주셔야 할 것 같아요. 잘 모르시는 분들도 있을 것 같으니까요.

김윤희 라포Rapport라는 것은 상담이나 교육을 진행하기 위한 전제로 신뢰와 친근감으로 이루어진 인간관계를 말합니다. 간단하게 정리하자면 면담자와 피면담자 사이의 신뢰도라고 할 수 있어요. 그래서 프로파일러들이 면담에 들어갔을 때 처음부터 범죄에 대한 이야기를 꺼내지는 않아요. '기분이 어떠세요? 오늘은 편안하세요? 식사는 하셨어요?'처럼 약간은 소프트한 이야기로 신뢰관계나 공감 같은 것들을 형성한 후에 본론으로 들어가거든요. 그런데 연쇄살인범이나 일반적인 범죄자들은 마음을 굳게 닫고 있는 경우가 많다는 것이죠. 그 부분을 해결하기 위해서는 굉장한 노력이 필요해요. 끊임없이 찾아가서 만나고 대화를 통해 라포, 즉 신뢰를 형성할 수 있다면 실제로 얻어낼 수 있는 정보들이 아주 많을 거예요. 그런데 그런 프로세스가 거의 없다는 것이죠.

배상훈 우리나라에서는 경찰과 검찰, 그리고 프로파일러들이 각각 분리되어 있다는 거예요. 실제로 검찰에도 행동분석가들이 있거든요. 그런데 이분들은 수사할 때는 참여할 수가 없고, 경찰 프로파일러들은 수사과정에서는 면담에 참여하지만 이후의 과정에서는 배제되기 때문에 실제로 사건을 처리하는 과정에서 전체 사건을 하나로 연결할 수 있는 방법이 없는 거예요. 이 사람에게 했던 이야기를 똑같이 저 사람에게 반복하는 일이 면담을 받아들이는 입장에서는 사실 힘들고 짜증나는 일이거든요. 그 부분은 법적인 뒷받침을 통해 일관성 있게 연구할 수 있는 조건이 갖추어진다면 지금보다 훨씬 좋은 환경에서 범죄예방에 관한 연구를 진행할 수 있겠죠.

김복준 그래서 제 생각에는 경찰 소속도 아니고 검찰 소속도 아닌 독자적인 프로파일러들의 활동 영역을 구축하는 것도 앞으로 우리에게 남겨진 중요한 과제일 것 같아요.

'범행 중에 실현하지 못한 환상이 있었다.'

김윤희 FBI가 지금처럼 방대한 자료를 모을 수 있었던 이유는 바로 직접 교도소에 가서 인터뷰를 했기 때문이에요. 김해선 같은 경우에도 아직 생존해 있잖아요. 그래서 저는 이런 사람들에 대한 인터뷰가 필요하다고 생각해요. 앞에서 김해선에 대한 자료가 거의 없다는 말씀을 하셨잖아요. 저는 기사에서 봤기 때문에 그 내용이 진실인지 아닌지를 확인할 수는 없지만 김해선이 검거 이후의 조사과정에서 범행을 부인하고 거짓말도 했는데 '지금은 자신의 행동에 대해 죄책감도 느끼고 있으며 자신의 행동을 반성한다.'는 이야기를 했다고 합니다. 또 '내가 범행 도중에 실행해보지 못한 환상이 있었다.'는 이야기도 했다고 하더라고요.

김복준 네, 맞습니다. 김해선이 그 이야기를 했어요.

김윤희 그렇다면 김해선은 자신이 가지고 있는 성적 판타지 같은 것을 피해자들에게 실행했다는 것이잖아요. 그런데 사건의 결정적인 부분에 대해서는 어떤 구체적인 이야기도 하지 않은 채로 함구했다는 것이잖아요.

배상훈 그 부분은 형량과 직접적인 연관이 있기 때문에 함구했던 것이겠죠.

김복준 그 부분이 문제였겠죠. 조사과정에서 몇 개의 에피소드가 있어요. DNA 검사나 혈액형 등을 확인하기 위해서 피를 뽑아야 하는 상황이었을 것 아닙니까. 그런데 김해선이 자기 몸에 주사바늘 꽂는 것은 절대로 할 수 없다면서 버텼다는 거예요. 그러면서 '머리카락을 뽑아서 가져가라. 나는 주사 맞는 것이 너무 무섭다.'라고 말했다고 합니다. 자기는 다른 사람들을 그렇게 잔인하게 살해했으면서 작은 주사기로 자기 몸에서 혈액을 뽑는 것조차도 결사반대를 했다는 겁니다.

그리고 검거하고 조사 과정에서 거짓말을 하면서 자신의 알리바이를 댔잖아요. 그 당시에 《서세원 쇼》라는 TV 프로그램이 굉장히 인기 있었는데, 그 TV 프로그램까지도 자신의 알리바이로 이용했다고 합니다.

마지막으로는 피해자 박 양을 살해한 이유를 묻는 수사관의 질문에 자기가 예전에 동거했던 여자는 있었는데 처녀인 줄 알고 동거를 시작했지만 그렇지 않아서 헤어졌다. 박 양은 처녀라고 생각해서 접근했다. 그런데 그 아이도 역시 처녀가 아니어서 화가 났고 그래서 박 양을 살해했다는 식의 도무지 말도 되지 않는 변명을 했다고 합니다.

배상훈 처녀와 관련된 이야기는 이렇게 볼 수 있습니다. 김해선에게는 망상이 형성되는 과정에서 처녀가 아닌 여자의 성기는 '어떠어떠하다' 라는 것이 있었을 거예요. 그런데 그것을 확인하는 과정에서 일종의 망상이 되어버린 것이죠. 그래서 공격한 것이라고 할 수 있어요. 저는 김해선의 그 말이 반은 맞고 반은 틀리다고 봐요. 왜냐하면 이런 사람들이 하는 거짓말에는 '100% 거짓말' 은 있을 수 없고, 자신이 이 부분을 설명할 때는 책임을 전가하는 방식으로 진술을 하기 때문입니다. 그래서 '그 여성이 처녀가 아니었기 때문에 내가 그 여성을 죽인 것이다.' 라는 진술이 반은 맞고 반은 틀리다고 말하는 겁니다. 범인 김해선이 말하는 것은 간단합니다. '내가 왜 죽였냐?' '처녀가 아니기 때문에' '아니, 그렇다고 죽여?' '뭐, 그것에 대해서는 알아서 생각해.' 그 사람의 생각이 이런 방식으로 진행됐다는 것이죠.

김윤희 그런데 저렇게 말하는 것도 100% 변명일 뿐이에요. 노끈, 칼 등을 다 가지고 갔잖아요. 그리고 이미 그곳에 가기 전에 남동생을 살해한 상황이었잖아요. 결국 이 피해자를 죽일 생각이었던 거예요.

배상훈 네, 그것은 그렇죠. 저는 이 사건이 성적 판타지에서 비롯된 살인이고, 환상 또는 판타지가 있었다고 하면 분명히 기록이 있었을 것이라고 생각합니다. 메모라도 남겼을 거예요. 그런데 어떤 기록도 나오지 않았거든요.

김복준 기록이나 메모와 관련해서 말씀을 드리자면 그 사람이 쓰던 메모지, 수첩, 일기장 등을 전부 압수하는 것이 현재의 추세입니다. 하지만 당시에는 그렇지 않았어요. 그 당시에는 수사관들도 사건과 직접적인 관련이 없는 것은 가져올 필요가 없다는 인식을 가지고 있었을 뿐만 아니라, 사건에 대한 분석이라는 체계 자체가 없었어요.

김윤희 무엇보다 범인 김해선은 교육을 받은 사람이 아니잖아요. 초등학교 정도밖에 다니지 않았기 때문에 저는 김해선이 기록을 남기기보다는 단지 그것을 상상하고 판타지로 즐겼을 것 같아요.

배상훈 그림을 그렸을 수도 있다는 것이죠. 그런 것들을 찾았어야 한다는 겁니다.

김복준 그렇죠. 범행에 대한 그림이나 계획이 있었을 것 같아요.

배상훈 문제는 증거물들을 압수할 때 '뭐야, 이건 애들 장난이야?' 라는 식으로 증거물을 방치하거나 지나쳐버렸을 수도 있다는 거예요. 사실 그런 것들이 굉장히 중요한 증거물인데 말입니다.

김복준 증거물 수집이 전혀 안 됐어요.

사체를 묘지 위에 십자가 형태로 둔 이유

김윤희 저도 그렇지만 많은 구독자 분들이 궁금해 하실 부분이 있어요, 방송 앞부분에서 이야기를 하다가 살짝 건너뛰게 됐는데 도대체 왜 사체를 묘지 위에 십자가 형태로 뒀을까요? 왜 그렇게 했던 거죠?

김복준 말하자면 이것도 성적 판타지인가요?

배상훈 그렇죠. 말하자면 아주 밝은 곳에서 강간을 하는 판타지, 누군가 자신을 보고 있다는 것을 즐기는 판타지인데 일반적으로 '연극성 인격 장애' 라고 하죠. 지나치게 과장된 행동이나 감정을 표현함으로써 다른 사람들의 주목과 박수를 받고 싶어 하고 그것을 즐기는 행동 방식이라고 할 수 있습니다. 김해선처럼 자존감이 아주 낮은 사람들의 경우에는 그렇게 행동을 하면서 마치 누군가가 자신을 보면서 박수치는 것처럼 느끼기 때문에 아주 넓은 개활지 같은 곳에서 여성을 대(大)자로 묶어놓고 강간하는 형태가 나타난 거죠.

김복준 저는 제가 실무상에서 접했던 사건이 문득 생각이 납니다. 사건 자체는 거의 똑같아요. 여성을 성폭행하고 살해한 이후에 시신이 십자가 형태로 방치되어 있었어요. 이 사건에서처럼 벌려 놓은 것은 아니고 팔만 양쪽으로 펼쳐 놓고 양쪽 다리를 묶어서 십자가 형태로 사체를 방치했던 사건을 제가 담당했던 적이 있었어요. 그때 제가 범인에게 '왜 그런 형태로 사체를 뒀냐?'고 물었더니 그는 '회개하는 마음이었다.'고 그랬어요. 자기는 회개하는 마음에서 사체를 예수처럼 만들어놨다고 대답했는데, 수사를 하는 우리 입장에서는 말도 안 되는 소리를 한다고 생각해서 범인을 조금 거칠게 몰아붙였던 기억이 있습니다.

배상훈 그런데 범인이 실제로 그렇게 생각했을 수 있습니다.

김윤희 저는 그 부분을 조금 다르게 보는 돼요. 질문 자체를 '왜 십자가처럼 했냐?'라고 던지면 범인이 질문을 모티브로 해서 답할 수도 있었을 것 같아요. 사체를 묘지의 봉분에 올려놨잖아요. 저는 그 상황은 단지 범인이 피해자를 강간하기 편한 형태로 만들어놨을 뿐이라고 생각해요. 그래서 사체의 목을 받쳐놓은 상태로 만들어 놨을 뿐이라는 것이죠.

김복준 엉덩이에도 받쳐놨거든요.

김윤희 저는 범인이 피해자에 대한 예우나 반성의 의도 같은 것은 전혀 없었다고 생각해요.

김복준 그렇다면 왜 사체를 감추거나 은폐하지 않고 그대로 두고 갔을까요?

김윤희 저는 그냥 그 사람의 성향이라고 봐요.

김복준 전시의 목적이 아니라고 보시는 건가요?

김윤희 네, 저는 전시의 목적이라고 생각하지 않습니다.

배상훈 저는 이것을 전시가 아닌 모욕이라고 생각합니다. 김해선의 진술에서 보면 '처녀가 아니기 때문에 죽였다.'고 말하면서 자신을 배신했던 여자에 대한 이야기를 하고 있습니다. 이를 통해 범인의 심리를 유추해 본다면 자신이 강간한 여자는 더러운 여자이기 때문에 그냥 그렇게 방치했다고 생각할 수 있을 것 같습니다.

김윤희 앞서 제가 했던 말 중에서 정정하고 싶은 부분이 있습니다. 저는 '의도적 전시'의 목적은 아니었다는 거예요. 다만 '무의식적 전시'라는 부분은 있었을 것이라고 생각해요. 왜냐하면 일반적인 범죄자들은 사건 현장에서 사체를 은폐하려고 하기 때문이에요. 무의식적으로 '이렇게 둬도 돼.'라는 생각이 발현된 것이 분명하다는 것이죠. 사건을 바라보는 시각에 따라 모욕으로 해석할 수도 있고, 또 범인 스스로가 만든 하나의 '작품'이라고 해석할 수도 있겠지만, 저는 십자가 형태의 사체가 '내가 어떤 형태를 만들어야 되겠다.'라는 생각이나 '내가 무엇을 해야 되겠다.'라는 의도에서 나오지는 않았다고 생각합니다.

김복준 사전에 계획했던 것이 아니라는 말씀이시죠?

김윤희 네, 저는 그렇게 생각을 해요.

배상훈 머릿속에 프로그램 된 어떤 것은 있었을 겁니다. 그것을 무의식이라고 말할 수 있을 것 같습니다. 그리고 앞에서 범인이 회개하는 마음으로 그렇게 했다고 교수님께서 말씀하신 부분은 교과서적으로는 언두잉Undoing이라고 말합니다. 마치 하지 않은 것처럼 원래 상태로 돌려놓는 여러 가지 행동을 뜻하는 말인데 우리말로는 '되돌려놓기'라고 해석을 합니다. 그 부분은 말씀하신 것처럼 질문에 십자가라는 말이 등장했기 때문에 답변이 회개라는 식으로 나온 것일 가능성이 큽니다. 만약 다른 식으로 질문을 했더라면……

김복준 다른 형태로 질문을 했으면 답변이 달라질 수 있었다는 것이죠?

배상훈 네, 그렇습니다. 그 부분이 실제로 언두잉인지 아니면 다른 방식인지를 확인하기 위해서는 몇 차례에 걸쳐 질문을 바꿔가면서 해 보면 됩니다. 하지만, 지금은 그 부분을 확인할 수 없는 것이죠.

김윤희 저는 제가 담당했던 사건이나 면담 기록들을 가끔 되짚어 보거든요. 면담 과정에서 제가 했던 질문들에 문제가 있는 경우를 꽤 많이 발견해요. 이미 제가 어떤 틀 안에서 생각하고 결론을 내린 다음에 상대방을 향해 질문을 했던 적이 많더라고요. 지금 말씀하신 십자가 질문 역시 어떻게 보면 그와 관련된 이야기가 상당히 퍼져 있는 상태에서 범인에게 그렇게 질문을 했기 때문에 범인이 회개라는 식의 대답을 했을 것이라는 생각이 들었어요.

배상훈 한번 잘못된 질문을 한 후에는 범인의 머릿속에 '아, 이게 중요한 거구나.'라는 생각이 자리 잡아서 다른 사람들이 취조할 때에도 똑같은 답변을 반복하게 되는 것이죠.

김복준 그런데 수사관들 입장에서는 심문을 하는 것이지 심리기법을 사용하는 것은 아니잖아요. 그런 차이는 있는 것 같습니다.

배상훈 그럼요, 그렇죠.

김복준 제가 봤을 때 이 사건은 아쉬운 부분도 있지만, 범인은 빨리 검거했어요. 두 번째 사건 직후에, 엄밀하게 말하면 세 번째 사건이 일어난 직후에 검거했어요. 만약 그 시점에 검거하지 못했다면, 자신감을 가진 범인이 자아도취에 빠져서 계속해서 동일한 방식으로 유사한 범죄를 저질렀을 가능성이 농후했어요.

배상훈 공간적인 이동이 나타났을 수도 있습니다.

김복준 그럼, 지금까지 나눈 이야기를 바탕으로 김해선이라는 사람에 대해 평가해 본다면 이 사람은 사이코패스라고 말할 수 있습니까?

배상훈 저는 사이코패스 영역에 들어가는 사람이라고 봅니다. 왜냐하면 전면적인 형태로 폭력성이 발현된다든가, 또는 폭력성이 내재된 부분들, 그리고 내재된 폭력성이 폭발적으로 발현되는 것 같은 행동을 보였기 때문입니다. 물론 처음부터 계획되지 않은 범죄라는 부분이 있지만, 치밀하게 계획되지 않았다고 해서 사이코패스가 아니라고 할 수는 없거든요. 그래서 저는 김해선이 사이코패스 영역에 들어간다고 봅니다.

김복준 김윤희 프로파일러께서는 어떻게 생각하세요?

김윤희 저는 PCL-R 20가지 항목을 떠올리면서 머릿속으로 대략적인 생각을 해봤는데 공감능력이라든지 양심이 없는 부분은 당연히 포함되는 것이고요. 피상적인 매력이라는 부분은 차치하더라도 성 생활이라든지 거짓말에 대한 능숙함이라든지 사건 이후에 알리바이 조작을 시도하는 것 등으로 미루어봤을 때 저 역시 김해선은 사이코패스일 가능성이 높다고 봐요.

김복준 네, 그럼 이 사람은 사이코패스로 보는 것에 큰 이견은 없으신 것 같네요. 표창원 교수의 경우에도 김해선을 사이코패스로 분류했어요.

정의의 완결이 치유의 시작이다

김복준 검거 이후에 김해선은 어떻게 됐냐면 2001년 7월 10일에 전주지방법원에서 성폭력범죄의 처벌 및 강간, 살인 등의 혐의로 사형선고가 내려졌죠. 항소를 했지만, 2001년 12월 4일에 대법원에서 사형이 확정됐습니다. 아시다시피 1997년 12월 30일 이후로 우리나라에서는 사형집행을 하지 않고 있잖아요. 1997년 12월 30일에 이루어진 사형집행이 마지막입니다.

배상훈 김영삼 대통령 재직 시에 이루어진 겁니다.

김복준 그것이 마지막 사형집행입니다. 저는 이 날을 잊어버릴 수 없는 이유가 제가 '김준영 순경 총기살해사건'의 담당형사였는데 이 사건의 당사자는 대구교도소에서 사형이 집행됐습니다. 사형집행 직전에 제가 면회를 가서 만났습니다. 1997년 12월 30일이 맞습니다. 그래서 김해선은 지금도 사형수로 살아가고 있는 겁니다.

배상훈 과거에는 사형수가 미결수로 분류되어 있었습니다. 그런데 지금은 사형수라고 하는 별도의 분류가 생겼습니다.

김복준 그러니까 기결수라는 것인데, 사실 사형수는 기결수라고 할 수도 없어요.

배상훈 과거에는 그랬습니다. 과거에는 기결수와 미결수를 나눌 때, 사형수를 미결수라고 했습니다. 그런데 사형수를 별도로 분류하게 된 지가 얼마 되지 않습니다. 저도 교정과목을 강의하다가 알게 된 사실입니다. 제 수업을 듣고 있던 현직 교도관 분이 나중에 저에게 와서 '교수님, 얼마 전부터 사형수라고 하는 분류가 별도로 만들어졌습니다.'라고 말씀을 해주시더라고요. 그래서 저도 알게 되었습니다.

김복준　그러니까 미결수, 기결수, 사형수 이렇게 분류가 된다는 말씀이신 거죠.

배상훈　네, 그렇게 별도로 만들었다고 합니다.

김복준　제가 알기로는 사형수가 지금 현재까지 61, 62명 정도라고 합니다. 그런데 사형집행은 안 되고 있어요.

배상훈　네, 그렇죠. 그런데 어차피 사형집행을 안 할 것이기 때문에 사형수라는 별도의 분류를 만들었다고 하더라고요. 교도행정상 그렇게 된 것이죠. 그러면 '사형수는 뭐냐?'고 물었더니 그분은 '결국 종신형 아니겠습니까?'라고 말씀하시더라고요.

김복준　법률적인 용어는 아니잖아요?

배상훈　네, 법률적인 것은 아니고 행형적인 측면에서 그렇게 분류를 한 것이죠.

김윤희　김해선이 첫 번째 사건을 저지르고 나서 'TV를 통해서 내가 죽인 사람이 누군지 알았다.'라는 이야기를 했더라고요. 저는 '어떤 생각을 했을까?'라는 생각이 들었어요. 사실 제가 김해선을 만난다면 그 부분에 대해서 '당신이 죽인 피해자에 대한 사실들을 알게 되었을 때, 당신은 어떤 느낌이 들었냐?'라고 묻고 싶었어요. 대답은 뻔한 것일지도 모르겠지만, 그래도 그 사람의 입을 통해 듣고 싶었고요. 두 번째 사건의 피해자들은 어머니 한 분만 있었더라고요. 아버지를 여의고 어머니가 혼자서 생계를 꾸려가는 데 피해자인

15세의 박 양이 남동생을 돌봤다고 합니다.

김복준 그래서 동생을 데리고 그곳을 지났던 거예요.

김윤희 네, 저는 이렇게 다수의 사건들을 다루면서 범죄자, 또는 가해자들의 잔혹성에 대해서도 생각해 보지만, 한편으로 이 사건들로 인해서 유족들이라든지 관련된 사람들은 또 어떤 마음으로 살고 계실까라는 생각이 들어요. 제가 드리는 위로의 말로 상처가 치유될수 없고, 또 제 말이 그분들께 전해질 수 있을지도 모르겠지만 힘내고 사셨으면 좋겠습니다.

배상훈 미국에서는 사형집행을 할 때 피해자의 가족들이 그 장면을 볼 수있게 하는 이유가 있어요.

김복준 본인이 원하면 볼 수 있죠.

배상훈 네, 본인이 원하면 보는 거죠. 무조건 강제로 하는 것은 아닙니다. 그 이유는 응보(應報)가 아니라 '국가가 정의를 실현하는 일에 이 정도로 최선을 다했다.' 라는 것을 보여주는 겁니다.

김복준 어떤 심리학자는 자신의 가족을 가해한 사람이 전기의자에 앉아서사망하는 장면을 지켜보는 것에는 치유의 효과가 있다고 주장하기도 하더라고요.

배상훈 네, 치유의 시작이라고 하죠. 정의의 완결이 치유의 시작이라는 것은 미국 사법의 핵심이죠.

김복준 우리나라에서는 아마 사형을 집행하는 장면이 공개되지는 않을 겁니다. 우리나라에서는 사형집행의 방법이 기본적으로 교수형이지않습니까? 미국의 경우에는 독극물주사나 전기의자, 가스실, 총살등의 방법도 있지만, 우리나라는 기본적으로 교수형입니다. 전시에 준하는 경우, 그리고 군인의 경우에는 사형집행을 총살로 합니다. 아무튼 우리나라에서는 아마도 사형집행을 볼 수 있도록 했을 때, 보러 올 사람도 없을 뿐만 아니라, 아마 그와 같은 생각을 착안한 사람이 어마어마한 비난에 시달리게 될 거예요.

배상훈 저는 정확하게 판단하기 힘든 부분이 있습니다.

김복준 찬성하시는 건가요?

배상훈 꼭 그렇지는 않습니다. 하지만 예외적인 경우는 있을 수 있다고 생각합니다. 전에도 다루었지만, 강호순에게 피해를 당했던 분의 동생이 경찰이 되었잖아요. 그 경우에는 한번 물어보고 싶어요. 제가 결정하는 것이 아니라 '직접 보고 싶은가요? 원하면 해 주겠다.'라는 정도까지는 물어봐야 한다고 생각해요.

김윤희 이런 문제가 근본적으로 제기되었던 이유는 간단합니다. '범인이 잡히느냐 잡히지 않느냐' 그리고 '범인이 정당한 처벌을 받느냐 그렇지 않느냐'의 문제가 피해자나 피해자 주변의 사람들에 대한 치유의 효과와 관련이 있기 때문입니다. 성폭행 피해자 분들에 대한 연구결과를 보면, 일단 처음에 신고하기까지는 굉장히 힘들고 어렵지만 신고한 이후에는 '범인이 잡히느냐'에 따라, 그리고 '범인이 어떤 처벌을 받느냐'에 따라 피해자 분들이 스스로 살아갈 수 있는 힘을 다시 얻기도 한다고 이야기 합니다. 실제로 미제사건의 범인을 반드시 잡아야 하고 미제사건을 반드시 해결해야 하는 이유는 그것이 유가족과 피해자 분들에게는 다시 시작할 수 있는 발판이 되기 때문이거든요. 저희와 같은 경찰관, 수사관 분들이 현장에서 사명감을 가지고 일해야 하는 이유도 마찬가지입니다. 범인을 검거하는 자체로 끝나는 것이 아니라, 그것이 피해자와 유가족들의 아픔을 치유하는 첫 단계이기 때문이라는 생각이 들어요.

김복준 지금 말씀하신 내용이 굉장히 중요한 내용입니다. 그렇게 멋있게 이야기하지는 못했지만, 제가 선배님들께 항상 들었던 이야기가 있어요. "형사가 포기하는 순간 범인은 발 뻗고 잠들게 된다."는 이야기였는데 저도 후배들에게 그 이야기를 많이 해줬어요. 형사가 포기하지 않으면 그 범인은 어디를 가더라도 두 발 뻗고 잠들 수 없어요. 그래서 형사는 미제사건을 절대로 포기하면 안 되는 겁니다. 포기하는 순간 범인은 사람을 죽여 놓고도 성폭행을 하고도 두 발 뻗고 편하게 잠들 것이기 때문입니다. 그래서 어떤 이유가 있어도 형사는 절대로 포기하면 안 됩니다. 저는 형사가 미제사건을 포기할 수 없는 이유가 이것이라고 생각해요. 저는 그것이 형사의 의무이자 숙명이라고 생각해요. 그리고 '치유의 시작'이라는 배상훈 교수님이나 김윤희 프로파일러의 말씀은 형사들이 새겨 들어야 하는 정말 중요한 이야기인 것 같습니다.

김윤희 네, 이 방송을 보고 계시는 수사관 분들께 한 마디 드리고 싶습니다. 저희가 많은 사건을 다루면서 수사가 미흡했다는 부분들을 지적하기도 하지만, 저희는 수사관 분들이 대단한 일을 하고 있다고 생각하고 항상 존경하며 응원합니다. 대한민국 수사관 분들 "화이팅!" 하십시오.

3장

'사람의 아들'이기를 포기한
패륜범죄의 대명사,
박한상

- '설마 자식이 부모를 살해했을까?'
- 혈흔, 감청, 그리고 치열의 대조
- 범행 동기는 아버지에 대한 보복과 유산 상속
- 도피 유학, 도박, 그리고 가족으로부터의 소외
- 충격! 부모를 살해한 후에 몸에 묻은 피를 씻는 아들
- 누락되어버린 피해자, 12세 어린아이
- 죄의식 없는 진술, '그동안 힘들었다. 잡혀서 속 시원하다.'
- 유산과 상속, 그리고 존속살인의 비율

김윤희 《대한민국 살인사건》에서 오늘 다룰 사건의 주인공은 박한상이라는 인물인데 '사람의 아들이기를 포기한 패륜아'라는 수식어가 붙었던 사람입니다. 제가 어렸을 때부터 '너무 못된 놈'이라거나 '어떻게 이런 애가 있나?'라는 이야기를 들었던 기억이 납니다. 제가 나중에 경찰이 된 후에 이 사건을 자세하게 들여다보면서 왜 박한상이 수십 년 동안 패륜아의 대명사가 되었는지를 이해할 수 있었습니다.

김복준 죄명을 붙이자면 '존속살인'인데, 이 사건은 우리나라에서 존속살인이 가진 문제점을 전면적으로 부각시킨 사건이에요. 어떻게 보면 존속살인이라는 범죄 장르에서는 획기적인 이정표를 그은 사건이라고 할 수 있습니다. 박한상은 범인의 이름이죠. 우리나라에서 존속살인하면 바로 떠오르는 이름이 박한상일 거예요. 자신의 부모를 토막살해한 이은석도 있지만, 박한상이 대표적인 존속살인의 범죄자로 인식되고 있습니다.

김윤희 저는 그 이름이 너무 귀에 익었어요. 1994년이었는데, 이 시기에 우리 사회에서 문제로 떠올랐던 것이 '오렌지 족'이었어요. 그런데 박한상이 오렌지 족이라고 알려지면서 신문기사에 부각되었어요. 박한상과 오렌지 족이 연결되면서부터 오렌지 족이 '버릇없는 아이들', '안하무인의 성격 파탄자'라는 이미지를 갖게 됐던 것 같아요.

김복준 1994년이니 제가 현직에 있을 때입니다. 5월 19일 서울 강남구 삼성동의 고급주택에서 화재가 발생합니다. 그리고 한 남성이 119에 전화를 해서 아주 다급한 목소리로 집에 불났다는 신고를 합니다. 전화를 했던 남성이 바로 그 집의 장남이었던 당시 23세의 박한상이었어요. 신고를 받은 후에 소방차가 출동했고 화재를 진압했어요. 발화지점은 지하 1층이었는데, 1층은 완전히 전소된 상태였어요. 불이 난 집은 원래 지하 1층에 지상 2층으로 지어진 3층 건축물이었던 것 같습니다. 당시에 2층은 내부수리 중이었어요. 그래서 가족들이 지하 1층을 임시거처로 삼았는데 그곳에서 화재가 발생했던 거예요.

김윤희 화재가 발생했던 지역이 강남의 삼성동이잖아요. 삼성동에 있는 주택가라면 엄청나게 부유한 지역이잖아요. 그곳에서 화재가 났는데 경찰관들이 어떤 생각으로 출동했을까요?

김복준 화재는 어디서나 일어날 수 있는 것이니까요. 경찰이 출동해서 현장을 살펴봤는데 화재 현장에서 시체 세 구가 발견되었어요. 박한상의 아버지인 박순태 씨, 이분은 고려한약주식회사를 운영했는데 우리나라에서 한약재 상으로 아주 유명한 사람입니다. 그리고 어

오렌지 족

1970년대에 경제적 혜택을 받고 태어나 서울의 강남 지역에서 자유롭고 개방적으로 성을 즐기던 소비 지향적인 20대 청년들을 지칭하는 말이다.

머니인 조순희 씨, 그리고 어머니의 여자 형제니까 박한상 입장에서
는 이모의 12세 아들까지 그렇게 세 구의 시체가 발견됐습니다.

'설마 자식이 부모를 살해했을까?'

김윤희 저는 이 사건과 유사한 사건을 봤던 기억이 있어요. 정남규가 저질
렀던 사건이었어요.

김복준 정남규가 수유리에서 저질렀던 사건이죠.

김윤희 네, 화재가 발생하고 가족들이 미처 빠져나오지 못한 상태에서 아
버지만 탈출을 해서 아버지가 범인으로 의심을 받았던 사건이었어
요. 아버지를 범인으로 의심했던 이유 중의 하나가 박한상 사건이
유사한 케이스였기 때문이었어요. 그리고 대부분 화재 현장에서 혼
자 빠져나왔을 경우에는 탈출해서 생존한 사람이 첫 번째 용의자
로 지목되기 때문에 아버지가 범인으로 의심을 받았던 사건이었거
든요. 그런데 이 사건에서도 박한상만 빠져나온 것이잖아요. 이때
화재 현장에서 부모와 어린 사촌동생이 빠져나오지 못했기 때문에
박한상이 첫 번째 용의자로 지목됐을 것 같은데요.

김복준 그것은 당연한 일입니다. 그리고 제가 설명하는 중에 끊어졌는데
세 구의 시체가 발견됐다고 했잖아요. 이런 이야기는 조금 불편하
지만 이어가겠습니다. 부부의 사체 상태를 살펴봤습니다. 화재가
발생한 다음, 화재에 의해 소실된 사체의 피부에서 혈흔이 발견되
는 경우는 굉장히 드물어요. 그런데 이 사건의 경우에는 사체가 불
에 탄 상태임에도 불구하고 신체의 여러 부위에서 상당한 양의 피
가 흘러나온 형태였다는 겁니다. 이런 모습은 일반적인 화재사고에

서 확인할 수 있는 사체의 모습은 아니었어요. 그래서 경찰이 정밀하게 사체를 살펴봤는데 부부 모두 각각의 몸에서 대략 40~50개 정도의 자창이 발견됩니다. 40~50개 정도의 자창이니까 아마 흉기에 참혹하게 찔린 흔적이 나타났을 것으로 생각됩니다. 그렇다면 이것은 명백한 살인일 가능성이 있거든요. 게다가 국과수에서 부검을 했는데 기도와 폐 등의 호흡기에서 그을음이나 일산화탄소를 흡입한 흔적을 찾을 수 없는 거예요. 화재 현장에서 발견된 사체를 부검할 때에는 일반적으로 목이나 폐를 절개해서 숨을 쉬었는지 여부를 확인합니다. 화재 현장에서 숨을 쉬었다면 목구멍이나 폐에 그을음이 남아 있을 것이기 때문이죠.

김윤희 숨을 쉬었다는 것은 살아 있었다는 것이기 때문이죠.

김복준 그런데 이 사람들의 경우에는 이미 흉기에 의해서 사망한 이후에 불이 났기 때문에 목이나 기도, 그리고 폐에서 숨을 쉬었던 흔적, 즉 그을음이 발견되지 않았던 것이죠. 이것은 명백히 누군가가 이들을 살해한 후에 증거를 인멸하기 위해서 방화를 했다고 볼 수밖에 없는 증거입니다.

김윤희 그래서 수사가 진행됩니다. 당시에 경찰에서는 박한상에 대해 의심을 가지고 있었지만 제대로 수사를 할 수는 없었다고 합니다. 친척들이 수사를 못하게 막았기 때문이었다고 합니다. 그리고 '부모를 잃은 것만으로도 슬픈데 어떻게 자식을 범인으로 몰아가느냐?' 라는 시각이 지배적이었기 때문에 수사를 진행하기 어려웠다는 겁니다. 무엇보다 119에 박한상이 직접 전화를 걸었고 현장에서도 울면서 오열을 했다고 합니다.

염건령 이 부분에서는 조금 차이가 있는 것 같습니다. 당시의 기록을 보면 수사를 방해했던 것은 친가 쪽이었어요. 외가 쪽에서는 오히려 수사에 대해서 적극적인 입장이었다고 합니다. 왜냐하면 친가 쪽 입장에서 보면 애지중지하며 키운 아들이잖아요. 삼촌이나 친가 쪽의 친척들은 뭔가 좋지 않은 느낌이 있었던 것 같아요.

김복준 아마도 '감'이 있었을 거예요.

염건령 이 사건에 대한 수사를 진행했을 때 부모님들은 이미 돌아가신 상황이었기 때문에 남겨진 아들 박한상의 미래에 대한 걱정이 있었을 거예요. 걱정과 염려를 가지고 있었던 친가 쪽 친척들은 경찰들의 접근을 맨투맨 식으로 방어했다는 이야기가 있습니다. 반대로 외가 쪽의 입장에서는 어쨌든 부모님이 모두 돌아가셨는데 일의 앞뒤가 맞지 않는다는 생각을 가지고 있었던 것 같습니다. 친가와 외가의 입장 차이가 너무 컸기 때문에 경찰의 입장에서도 굉장히 어려웠을 것 같습니다. 저는 결과적으로는 외가 쪽에서 강력하게 수사를 주장했던 것이 당시 수사에 영향을 미쳤을 것이라는 생각이 듭니다.

김복준 그 당시에 신고를 박한상 본인이 했잖아요. 그때 박한상이 경찰의 질문에 뭐라고 답했냐면 '자다가 소변이 마려워서 깼는데 이미 집 전체에 불이 붙어 있었다. 그래서 미처 부모님을 구하지 못했고 나 혼자 나올 수밖에 없었다.'라고 했어요. 그리고 그 자리에서 통곡을 하면서 울었다는 거예요.

김윤희 실제로 화상도 조금 입었다고 하더라고요.

김복준 네, 본인도 화상을 입었습니다. 제 생각에 처음에는 경찰에서도 '설마 자식이 부모를 살해했겠나?'라는 생각이 들어서 일단 용의자

군에서 배제를 했던 것 같아요.

혈흔, 감청, 그리고 치열의 대조

김윤희 그런데 결정적인 증거가 발견되기 시작합니다. 증언이라고 하는 것
이 정확한 표현일 것 같습니다. 박한상이 화상을 입어서 병원에 후
송됐잖아요. 그때 박한상을 치료했던 간호사 분이 박한상의 머리
에서 혈흔이 있었다는 이야기를 합니다.

김복준 간호사 분의 증언에 따르면 병원에서 박한상을 치료하는 과정에서
보니 머리에 많은 양의 피가 묻어 있었다는 거예요. 당연히 머리 부
위를 다쳤을 것이라고 판단을 했겠죠. 그래서 머리를 살펴봤는데
정작 박한상의 머리에는 상처가 하나도 없었어요. 머리에 묻어 있
었던 그 피는 박한상의 머리에서 나온 피가 아니라는 것이고 결국
그 피는 타인의 피라는 것이죠. 그 부분을 굉장히 의심스러워했던
간호사 분이 경찰에 제보를 하게 됩니다.

김윤희 사실 그 제보는 박한상의 많은 혐의점에 결정적인 힌트를 주었던
것이죠. 제가 조사한 바로는 경찰에서 감청도 했었다고 하던데요.

염건령 감청을 하긴 했었어요.

김복준 사건 접수 후에 바로 감청을 했어요.

김윤희 그때 너무 태연하게 아무 일 없었던 것처럼 행동했다는데…….

김복준 박한상이 애인하고 낄낄거리면서 아무 일도 없었다는 듯이 행동했
다는 감청 결과가 남아 있어요.

김윤희 의심은 했지만 뚜렷한 증거가 나오지는 않고, 또 직접 대면할 수
도 없는 상황이었기 때문에 감청이라는 방법으로 주시하고 있었던

것 아닌가요?

김복준 꼭 그렇지는 않았어요. 경찰 입장에서는 아들인 박한상도 피해자일 수도 있다는 생각을 가지고 있었던 거예요. 박한상의 아버지인 박순태 씨가 앞에서 말씀 드린 것처럼 100억대의 재산을 가진 부자였잖아요. 경찰에서는 일단 아들인 박한상을 배제하고 개인적인 원한이나 치정, 채권 채무관계 때문에 누군가가 침입해서 박순태 씨를 살해하고 불을 지른 것이 아닌가에 대해서도 조사가 필요했던 거예요. 아마도 박한상에 대해서는 소변이 마려워서 잠에서 깨어난 바람에 운 좋게 살아남은 사람이라고 인식을 했을 수도 있었을 것 같아요.

경찰에서 박순태 씨의 주변을 조사했는데, 이분은 사업을 하면서도 다른 사람들과 특별한 갈등이나 원한관계가 전혀 없었을 뿐만 아니라, 치정 관련 부분도 깨끗했는데 독실한 기독교 신자로서 신앙생활만 굉장히 열심히 했다고 합니다. 그랬기 때문에 수사가 난항에 빠질 수밖에 없었는데 그 와중에 조금 전에 말씀하신 것처럼 간호사 분이 결정적인 제보를 했던 거예요.

김윤희 처음에는 방화사건이라고 생각했는데 시체를 살펴보면서 타살이라는 의심을 갖게 되었어요. 그리고 피해자 주변을 조사하는 과정에서 원한이나 치정, 채권 채무와 관련된 혐의점을 전혀 발견하지 못했던 것이죠. 그렇게 타살을 당할 이유를 찾지 못했기 때문에 수사에 어려움을 겪고 있었던 순간에 박한상에 대한 결정적인 증거들이 나오기 시작했던 것이네요.

김복준 머리에 혈흔이 있었다는 간호사 분의 제보와 함께 한 발 더 나아가서 박한상의 종아리에 인교상(人咬傷)이 있다는 사실이 경찰에 제보됩니다. 사람에게 물려서 생긴 상처를 인교상이라고 해요. 그런데 염 교수님, 그 제보는 어떻게 된 것인가요? 사람이 물어서 생긴 '잇자국'을 간호사가 제보했다는 이야기도 있고 친척 중에서 누군가가 제보했다는 이야기도 있거든요.

염건령 저는 친척이 제보한 것으로 알고 있는데, 아마 그 이야기가 맞을 겁니다.

김복준 그렇죠. 간호사 분은 머리의 혈흔만 제보한 것으로 알고 있습니다.

염건령 나중에 그 상처가 아버지의 치열에 의해 생긴 것으로 밝혀져서 빼도 박도 못하는 증거가 됐어요.

김복준 그것도 두 가지의 설이 있었어요. 어머니를 먼저 살해하는 과정에서 어머니가 물어서 생긴 상처라는 설이 있었고, 어머니가 아니라 아버지가 물어서 생긴 상처라는 설이 있었어요. 제가 최종적으로 확인해 봤는데 아버지의 치열에 의해 생긴 상처가 맞더라고요.

염건령 네, 아버지가 맞습니다. 당시에 이 사건의 수사관이 했던 인터뷰에도 나와 있는데요. 인터뷰한 내용을 살펴보면 혈흔을 조사해봤더니 아버지와 어머니의 혈흔으로 밝혀졌고요. 그 다음으로 물린 자국을 부모님의 치열과 대조했다고 합니다. 치열대조를 했는데 아버지의 치열과 일치하는 것으로 결과가 나왔습니다. 이 결과를 바탕으로 5일 동안 추궁을 했고 결국 박한상이 모두 실토를 했다고 나와 있거든요. 인터뷰 내용이 정확한 기록인 것으로 보입니다.

김윤희 구독자 분들은 잘 모르실 수도 있겠는데 치열도 지문처럼 사람마다 다르기 때문에 그것을 대조하면 누구의 것인지가 명확하게 드러나게 되거든요. 그래서 치아만 남아 있다고 하더라도 누구인지 신원을 확인할 수 있어요. 병원기록을 바탕으로 치열을 대조하면, 그 사람의 신원을 밝힐 수 있는 단서가 되기도 하고 때로는 결정적인 증거물이 되기도 합니다.

김복준 오른쪽 종아리를 물었던 것 같아요. 그 상처가 아버지의 치열이었던 것이죠. 미국의 연쇄살인마 테드 번디 같은 경우에도 결국 여성의 가슴부위를 물어뜯었는데 그 상처와 치열을 대조해서 검거했거든요. 앞에서 말씀드린 것처럼 이렇게 사람이 물어서 생긴 상처를 인교상이라고 하는데, 인교상은 기본이 전치 4주입니다.

범행 동기는 아버지에 대한 보복과 유산 상속

김윤희 저희가 사건의 앞부분을 생략한 것 같은데요. 박한상은 어떻게 범행을 준비한 건가요?

김복준 이 사건이 아주 복잡합니다. 염 교수님 말씀대로 물어서 생긴 상처와 머리에 묻어 있던 혈흔을 근거로 경찰이 강력하게 추궁을 해서 사건 발생 7일 만인 5월 26일에 자백을 합니다. 그리고 자백한 다음 날 언론에 대서특필이 됩니다. 여기까지가 검거와 자백의 과정입니다.

살해하는 과정을 알아보기 전에 살해의 원인부터 살펴봐야할 것 같습니다. 박한상이 부모를 살해한 이유는 크게 두 가지로 보입니다. 첫째는 자기 아버지에 대한 보복, 앙갚음과 같은 감정이라고 할 수 있습니다. 그리고 두 번째는 유산 상속의 목적이라고 할 수 있습니다. 재산이 100억대에 이른다고 했으니까요.

김윤희 그때 당시에 100억대라면 지금으로 환산하면 1,000억에 가까울 것 같고, 적어도 500억 정도는 거뜬히 넘지 않을까요? 그리고 대한한약협회 서울지부장이었다고 합니다.

김복준 네, 대한한약협회 서울지부장이었고 '덕인당'이라는 한의원도 운영하고 있었어요.

김윤희 나름 업계에서는 영향력도 있고 재력도 있는 집안이었다는 것이죠.

김복준 네, 맞습니다. 한약제상인데 업계에서는 거물이라고 할 수 있죠.

염건령 네, 거물입니다. 이분이 아주 큰 한약제상을 운영하셨는데 당시에는 한약거래에 어음이나 수표를 사용하지 않았어요. 한약이라는 현물을 거래하는데 이분 역시 흔히 '현금박치기'라고 하는 현금거래만 했다고 합니다. 이분은 시기를 잘 만나셨던 것 같은데, 1994년 무렵은 대형 한방병원과 한의대가 상종가를 향해 치달을 때였고 《허준》이라는 드라마까지 선풍적인 인기를 구가하고 있었어요. 그 과정에서 이분은 엄청나게 많은 돈을 벌었어요. 그런데도 자기에게는 소원이 하나 있다는 이야기를 늘상 했다고 합니다. 한약재상으로도 자리를 잡았고 업계에서는 거물의 위치에 올랐지만, 그것만으로는 부족했던지 주변 사람들에게 '지금은 번듯하게 한방병원을 세울 만큼의 재력이 있고 자식도 둘이나 있으니 둘 중에 한 사람만이라도 한의사가 되면 내가 이사장하고 아들이 원장하면 되지 않냐.'라는 식으로 이야기를 하고 다니셨다고 합니다. 그리고 그것이 기도 제목이었다고도 하더라고요. 아들이 장남이었기 때문에 장남에 대한 기대가 컸던 것 같아요. 그리고 아버님, 어머님이 모두 명석하셨기 때문에 자신들을 닮았으면 아이들이 공부를 잘

할 수 있을 것이라고 생각했고요.

그런데 문제는 아버님이 아들에 대한 사랑이 과도해서 '용돈은 네가 필요한 만큼 써라.'라는 식으로 접근했던 것이 화근이 됐다고 생각합니다. 중고등학교 때부터 '오렌지 족' 활동을 했다는 다수의 증거들이 나왔어요, 특히 교회활동 부분에서 두 사람의 관계가 어긋나기 시작합니다. 아버님이 장로님이시잖아요. 아버님이 담임 부장교사를 하면서 아들인 박한상을 교회에 열심히 나오도록 만들었고 교회의 중고등부 활동에도 참여하게 했던 것으로 보입니다. 박한상의 폭력성이나 비행 행동을 바로 잡기 위해서 여러 가지 노력하셨던 것 같아요. 문제는 아들을 한의대에 보내는 것이 아버님의 가장 중요한 목표였기 때문에 교회보다는 공부를 해야 한다고 생각하셨던 것 같아요. 지금도 그렇지만 1990년대 초에는 한의대를 들어가는 것이 굉장히 어려웠어요. 그러니까 한의대를 가려면 공부를 열심히 하고 잘 해야 하잖아요. 박한상 친구의 진술을 보면 박한상이 '나는 고등학교 2학년 때 철이 들었다. 내가 주님을 영접해서 사람이 되어 간다.'는 식의 이야기를 자주 했다고 합니다. 박한상은 실제로 고등학교 2학년 때까지는 교회에서 중고등부 회장으로 활동했어요. 아버님은 장로이고 아들은 중고등부 회장을 하면서 열심히 교회에 다니는 모습은 누가 봐도 괜찮거든요. 그런데 여기서 아버님이 욕심을 부리셨던 것 같아요. 교회에 열심히 다니면서 공부도 열심히 할 수 있는 방법을 찾았으면 좋았을 텐데 아버지가 '공부는 안 하고 매일 교회만 나가냐.'고 호통을 치면서 교회를 못 나가게 했다고 합니다.

김복준 본인은 독실한 기독교 신자인데도 그렇게 했다는 건가요?

염건령 네, '고3 때까지만 교회를 나가지 말아라.'라고 했답니다. 아버지의 말을 듣고 박한상이 반항하기 시작한 것이죠. 아무튼 박한상은 계속해서 교회를 나가려고 했답니다. 친구들과 연락을 하고 만나기도 했는데 아버님이 최후의 방법으로 박한상을 강제로 전학을 보내 버립니다. 그곳에서는 방법이 없다고 생각했던 것이죠. 박한상의 이력을 보면 강남의 유명 고등학교를 졸업한 것으로 나오잖아요. 강북에서 살다가 강남으로 물리적인 이동을 시켜버린 거죠. 그렇게 해서 삼성동으로 넘어간 것이죠.

김복준 압구정 H 고등학교죠. 아들 때문에 삼성동으로 이사를 했다는 것이네요.

염건령 네, 뭐 거의 맹자 어머니 수준이라고 할 수도 있습니다. 교회를 다니지 못하게 하기 위해서 옮긴 것이니까요. 하지만, 그렇게 강남으로 옮긴 직후에 부자의 관계가 아주 심하게 어긋나버린 겁니다. 게다가 H고등학교는 공부를 아주 잘하거나 그렇지 않으면 아주 망가지거나 둘 중의 하나가 되는 것으로 유명했거든요. 아주 잘하는 학생들은 똑똑하기도 하고 집안 환경이나 분위기도 좋았을 것이기 때문에 더할 수 없는 조건이었겠죠. 그런데 반대로 놀려고 들면 환경이 놀기에도 너무 좋았거든요. 박한상은 그렇게 소위 '노는 아이'들 사이에 끼어들었던 겁니다. 그때부터 아버지와 엄청난 갈등이 있었으리라고 추정이 되는데 실제 진술도 그렇게 했습니다.

김복준 박한상은 1971년생이더라고요. 서울 출신입니다. 아버지가 갑부였기 때문에 말 그대로 금 수저를 물고 태어난 것이죠.

김윤희 아버님이 실수하신 것 같아요. 당시에 오렌지 족들이 한창 활보하던 곳이 H고등학교 근처에 있는 압구정동이잖아요. 한의대라는 목표를 달성하기 위해서 일부러 이사를 하신 것 같은데, 오히려 더욱 놀기 좋은 환경들이 널려 있는 곳으로 옮겨준 것이라는 생각이 들어요.

김복준 그곳에 가서는 반에서 40등 정도 했다고 합니다. 공부에는 관심이 없었던 것 같아요. 그런데 아버지는 교사들을 찾아다니면서까지 신경을 쓰고 교육열이 엄청났던 것 같아요. 조금 전에 염 교수님이 말씀하셨던 것처럼 아버지의 교육열이 엄청났던 것은 오직 아들을 한의사로 만들기 위한 것 아니겠어요?

염건령 네, 그 부분에 대해서는 당시 친척 분들이나 지인 분들 모두 일관된 진술을 했어요. 담당 수사관 역시 박한상을 조사하는 과정에서 '아버지가 한의대에 보내려고 했던 것이 나에게는 큰 부담이었다.'는 진술을 했다고 기록하고 있습니다. 그런데 제가 봤을 때는 박한상이 꼭 아버지 때문에 망가졌다고 할 수는 없을 것 같아요. 함께 교회에 다니면서 활동했던 친구들이 언론과의 인터뷰에서 밝힌 내용을 살펴보면 교회 활동을 열심히 했지만, 밖에 나가서는 담배를 피우고 술도 마시고 그랬다고 하거든요. 교회에 나가고 했던 것은 아버지께 잘 보일 수 있는 마지막 기회였기 때문인 것 같아요. 결국 아버지를 위해서 교회를 열심히 출석하지만, 고2 때도 술과 담배 등의 일탈을 했다는 것이잖아요.

김복준 김윤희 프로파일러가 말씀하신 것처럼 부모님의 바람과는 달리 오렌지·족의 본거지와 같은 동네에 가서 술과 담배를 하면서 본격적인 탈선을 시작했다는 것이네요.

염건령 지방대에 진학을 했어요. 그 대학의 한의대는 경희대 다음으로 손꼽히는 곳이었어요. 서울에서도 성적이 최상위권에 속하는 학생들만 그 대학의 한의대에 진학할 수 있었어요. 박한상이 그 대학에 진학했던 이유는 아마도 학교 내에서 편입이 가능했기 때문일 것이라고 추정할 수 있을 것 같습니다. 편입을 노리고 지방대에 진학했지만, 적성에 맞지 않는다는 이유로 중간에 그만 뒀어요.

개인적인 생각일 수도 있지만, 저는 박한상이 결정적으로 망가진 것은 군대에서였던 것 같아요. 방위병이었는데 제 생각에는 몸무게 초과로 방위병이 되었을 것 같아요. 그리고 진술 내용을 보면 소나타를 타고 다녔다는 부분이 나와 있어요.

김복준 네, 흰색 소나타를 타고 다녔다고 합니다.

염건령 당시에는 그랜저와 브로엄이라는 차가 있었습니다. 그랜저와 브로엄은 최고급 승용차였고 소나타는 그에는 미치지 못했지만 아주 고가에 속하는 승용차였거든요. 방위병 신분으로 소나타를 타고 다니면서 군 생활도 극히 불성실해서 아버님이 백방으로 손을 썼다는 진술도 있습니다.

김복준 Y대학교에 진학했고 토목과라는 이야기도 있어서 조금 알아 봤는데 경영학과가 맞는 것 같습니다. 그리고 제가 봤을 때에도 Y대학교 경영학과에 진학을 했던 것은 Y대학교에 한의대가 있었기 때문에 전과를 시킬 목적이 있었던 것으로 보입니다.

김윤희 과거에는 의대나 한의대도 전과가 가능했었다고 해요. 물론 지금은 의대는 불가능하고 한의대는 가능한 학교가 있지만 학교마다 다르다고 합니다. 결국에는 아버님의 욕심으로 Y대학교에 진학했던 것 같습니다.

염건령 이렇게 이야기가 전개되면 박한상의 아버지가 나쁜 분이 될 수도 있는데 사실 전혀 그렇지 않아요.

김복준, 김윤희 그럼요!

염건령 박한상의 아버지는 지금은 '한약사'라고 해서 한약과 생약 등을 제조, 조제와 관련된 분야에서는 자신의 노력으로 일가를 이루었던 분이에요. 관련 분야의 법인을 만들어서 주식가치만 해도 당시 시가로 100억대의 기업을 일구셨다는 것만으로도 대단한 분입니다. 그런데 그렇게 일군 성과로 병원을 설립해서 비록 내 혈육이 아니어도 좋은 한의사라면 내가 아들같이 키우겠다는 생각을 했으면 좋았겠지만 그렇지 않았던 것이죠. 내가 세운 병원은 반드시 내 핏줄이 이어야 한다는 생각이 문제였을 수는 있습니다. 아버지의 이런 생각이 결과적으로는 패착이었고 비극적인 상황으로 이어졌지만, 그렇다고 해서 이 모든 상황이 아버지의 잘못이라고는 말할 수 없다는 생각이 듭니다.

김윤희 이 사건이 처음 보도되었을 때에는 패륜아라는 이야기가 많이 나왔어요. 하지만 당시의 기사를 보면 부모들의 잘못에 대해서도 지적을 하면서부터는 이 사건을 바라보는 사람들의 생각이 갈렸던 것 같아요. 극단적으로는 이 사건이 전적으로 아들의 문제냐 부모의 문제냐는 것으로 갈렸던 것 같아요.

도피 유학, 도박, 그리고 가족으로부터의 소외

염건령 저는 개인적으로 이 정도 부모를 만났다면 미국으로 유학을 갔을 것 같아요. 이렇게 행동하는 것은 말이 안 되는 이야기에요. 아버지가 학교에 찾아다니고 교회에도 열심히 나가고 이 정도면 제가 봤을 때에는 아주 괜찮은 아버지라고 생각해요. 자식에게 한의대를 강요했던 부분만 아니었다면 최고의 아버지라고 할 수 있었겠지만, 그렇지는 않았죠. 아무튼 이 정도면 금 수저 물고 태어났다고 할 수 있는 정도 아닙니까?

김복준 금 수저를 물고 태어난 것은 맞죠.

김윤희 박한상이 다른 존속살인범보다 더 많이 기억되고 더 많이 거론되는 이유가 바로 거기에 있다고 생각해요. 대부분의 존속살인범의 경우에는 아버지로부터 학대를 받았다거나 극심한 폭행에 시달렸다는 부분이 있지만 박한상은 그렇지는 않았기 때문입니다. 그리고 뒤에는 염 교수님 말씀대로 유학을 갔더라고요.

김복준 네, 유학을 갔어요. 방위병으로 복무를 마친 다음에 복학을 포기했어요. 1991년에 대학을 휴학했고 1993년 7월에 군대 제대를 하거든요. 부모님께 미국 유학을 보내달라고 했는데 본인의 진술에 따르면 아버지의 잔소리로부터 도피하겠다는 목적이었다고 합니다. 박한상이 미국으로 유학을 보내달라고 하는데 아버지 입장에서는 결정을 내리기가 어려웠던 것 같아요. 그래서 다니고 있던 교회의 목사님과 미국 유학 문제를 상의했는데 목사님이 유학을 보내는 방향으로 조언을 했던 것 같아요. 박한상은 1993년 8월에 미국 유학길에 올랐는데 LA 근교에 있는 어학원에 등록을 해서 8개월

과정의 영어 연수 프로그램에 참가합니다. 8평 규모의 아파트라고 하는데 보증금 3,000달러에 월세 530달러였다고 합니다. 혼자서 생활하는데 미국에서 8평 아파트면 굉장히 좋은 조건이죠.

염건령 부자들만 갈 수 있는, 그리고 최고의 시설을 갖춘 아파트였을 거 예요.

김복준 굉장히 부유한 사람들만 이용할 수 있는 아파트였을 것 같아요. 아무튼 8개월 영어 연수 프로그램을 이수해야 하는데 유학을 가기 전부터 공부에는 흥미가 없었잖아요. 유학을 갔으면 공부를 해야 하는데 어학원에도 제대로 나가지 않았던 것 같아요. 아파트에 혼자 있으면서 폭력성이 짙은 미국 비디오를 탐닉했다고 합니다. 그렇게 시간을 보내다가 두 달 정도 지난 시점에 자기와 비슷한 유형의 유학생들을 만나게 됩니다. 그들로부터 도박을 배우는 것이죠. 그때부터는 도박에 몰입하기 시작합니다. 라스베이거스에까지 진출을 했다고 합니다.

김윤희 하루에 500~800달러 정도의 돈을 거의 매일같이 탕진했다고 합니다.

김복준 어떤 날에는 5,000달러까지 탕진합니다.

김윤희 현재의 화폐가치로 따지면 거의 몇 천 만 원에 이르는 금액입니다.

김복준 당시의 화폐가치나 물가를 짐작해 보자면, 1994년 대졸자 대기업 신입사원의 연봉이 4,000만 원 정도였습니다.

염건령 4년제 사립대학의 등록금이 250만 원이었어요.

김복준 부모님으로 매달 2,000달러 정도를 생활비로 받았더라고요. 그 돈을 도박으로 탕진한 후에는 승용차가 필요하다고 아버지를 졸라서 18,000달러를 다시 송금 받습니다. 지금도 18,000달러면 적은 돈이 아닙니다. 당시에는 상당한 액수라고 할 수 있을 정도일 겁니다. 자동차를 사겠다고 아버지로부터 받은 용돈과 매달 보내준 생활비까지 수중에 있는 돈을 전부 도박으로 탕진한 후에 아버지 몰래 한국으로 귀국합니다. 유학을 떠난 지 8개월 만의 일입니다.

김윤희 귀국해서도 별의별 방법으로 돈을 구했더라고요. 카드를 발급하고 사채업자에게서 돈을 빌리기도 했어요.

김복준 그 시기가 1994년 4월인데요. 돈을 구할 수 있는 방법이 없었기 때문에 일단 은행에서 신용카드를 발급 받아요. 그 신용카드를 담보로 사채업자를 찾아가서 돈을 빌리는 거예요. 당시에는 흔히 사용되었던 방법입니다.

염건령 그랬죠. 박한상을 특별히 대우한 것이 아니라 아무나 그렇게 할 수 있었어요.

김복준 그런데 집에서는 박한상이 귀국한 사실을 몰랐기 때문에 박한상은 호텔과 나이트클럽 같은 곳들을 전전했던 것 같습니다. 그렇게 지내고 있었는데 술을 먹다가 친척과 맞닥뜨렸던 모양이에요. 우연이었던 것 같아요. 그래서 박한상은 귀국한 지 삼 일만에 다시 미국으로 돌아가게 되었습니다. 그렇게 미국으로 돌아갔지만 여전히 도박을 하면서 지냈기 때문에 당시에 3,700만 원 정도의 빚이 있었다고 합니다.

김윤희 지금으로는 거의 억대에 가까운 금액이죠.

염건령 계속 돈 이야기를 하게 되는데, 상당한 금액이라고 생각하시면 될 것 같아요.

김복준 결국 그 빚을 견디지 못하고 아버지께 빚을 갚아 달라고 사정을 하다가 귀국을 하게 됩니다. 사채를 빌려 쓰면 미국에서는 굉장히 위험해요. 특히 도박 빚은 어떻게 감당할 수가 없거든요. 그렇게 돌아왔는데 아버지 박순태 씨의 입장에서는 얼마나 화가 나겠어요. '너 같은 놈이 자식이냐. 너는 살 가치도 없고 아무짝에도 쓸모가 없는 놈이다. 호적을 파버리겠다. 당장 호적 파서 집에서 나가라.' 는 등의 험한 이야기를 했던 것 같아요.

김윤희 당시 집안 분위기가 박한상에게 우호적이지 않았어요. 박한상의 동생, 즉 작은아들이 있었는데 그 아들이 한의대에 입학을 하게 되었던 것이죠. 아버지의 입장에서는 장남이 아니라 작은아들을 통해 자신의 소원과 가업을 이을 수 있게 되었던 거예요.

염건령 박한상이 범죄를 저지른 직접적인 원인이 도박으로 나오는 것이잖아요. 박한상은 당시에 '아메리칸 놀새'라고 표현되었던 도피성 유학생들과 어울렸는데, 이 도피성 유학생들 중에서도 라스베이거스에 가서 마구잡이로 돈을 쓸 수 있을 정도의 재력이 뒷받침되는 오렌지 족은 많지 않았어요. 저는 박한상이 일종의 '설계'에 걸려들었을 것이라는 생각이 들어요.

김복준 아, '작업'에 걸렸다는 것인가요?

염건령 네, 그렇죠. 쉽게 이야기하면 설계에 걸렸기 때문에 처음에는 아마 상당한 액수의 돈을 땄을 거예요. '내가 이런 방법으로 큰돈을 벌 수 있겠네. 그러면 아버지께 손을 벌리지 않아도 되는 것이잖아.'라는 생각으로 도박을 시작했다가 설계에 걸려 들어서 결과적으로는 자신이 가진 돈을 전부 잃게 되었을 거예요. 이 단계의 다음 과정에 대해서는 잘 아실 것 같아요. 도박과 관련된 범죄자들도 많이 검거해 보셔서 잘 아시잖아요. 이후에 도박 중독으로까지 전이가 되면, 그때부터는 아무것도 안 보이거든요. 가족이고 뭐고 수단과 방법을 가리지 않잖아요.

김복준 그렇죠. 도박에 빠지면 물불을 가리지 않아요.

염건령 저는 박한상이 그와 같은 상황에 이르렀기 때문에 이런 불행한 사건을 일으켰다고 생각하고 있습니다.

김복준 그러니까 도박에 완전히 중독되어 있었고, 더 이상 기댈 데도 없는 상태에서 귀국을 했는데 아버지는 호적을 파라고 하면서 심하게 꾸중을 하는 상황이었다는 것이네요.

그런데 박한상 아버지의 마음이 돌아섰던 것 같아요. 조금 전에 말씀하신 것처럼 작은아들이 한의대에 입학을 했단 말이에요. 그래서 아버지 박순태 씨의 모든 기대가 작은아들에게로 집중되어 버렸던 것이죠. 큰아들인 박한상은 아버지의 마음속에서 배제되기 시작했던 것 같아요.

김윤희 저는 그 정도의 상황이라면 아들의 버르장머리를 고쳐 주기 위해서라도 돈을 주지 않았을 것 같아요. 오히려 박한상이 혼자서 독립할 수 있도록 '너의 인생은 네가 책임져라.' 라고 할 수도 있었을 것 같거든요.

염건령 저는 조금 생각을 달리 하는 게 아버지가 끝까지 끈을 놓지 않았다는 생각이 들어요. 작은아들이 한의대에 진학한 것과는 별개로 작은아들은 조용히 공부만 열심히 하는 스타일이고 안팎에서 사고를 치고 다니는 것은 박한상이었어요. 그런데 10년 이상의 기간 동안 박한상이 사고를 칠 때마다 아버지가 나서서 뒤처리를 했다는 것이잖아요. 저는 아마도 박한상의 아버지가 큰아들이 바로 서야 집안이 바로 선다는 생각으로 박한상을 계속해서 밀어주었기 때문에 이런 상황에 이르렀던 것 같거든요.

이전까지 박한상에게 건넨 생활비만 해도 상당한 금액이에요. 그런데 승용차 사겠다고 했을 때 18,000달러를 줬잖아요. 제가 봤을 때 아들이 요구한다고 해서 이 정도의 금액을 송금할 정도면 아주 최소한의 기대 심리는 가지고 있었을 것이라는 생각이 듭니다.

김복준 아무튼 저는 아버지 입장에서는 장남에 대한 관심이나 생각이 변해가는 시점이었다는 생각이 들었어요. 작은아들이 그토록 원하던 한의대에 입학을 했고 장래에는 한의사가 될 것이잖아요. 그러면 상대적으로 박한상의 입장에서는 동생이 한의대 입학하는 순간 불안감이 조성되었을 거예요.

염건령 네, 자신의 자리가 없다는 생각을 했겠죠.

김복준 저는 어머니와 아버지를 살해하는데 있어서 동생의 한의대 합격이 상당부분 영향을 미쳤다는 생각이 들어요.

염건령 마약중독자와 도박중독자들을 연구하는 해부학자들이 있잖아요. 범죄 생물학자들에 따르면 마약중독자들의 대부분은 전두엽이 망가져 있다고 하거든요. 우리 뇌의 전두엽은 생각, 감정, 행동을 조절하고 통제하는 기능을 하기 때문에 박한상이 이 정도의 금액을 도박에 탕진할 정도라면 자신의 손에 닿는 것은 무엇이든 퍼붓는 상황이었을 것 같아요. 그래서 아주 극단적으로 부모님을 살해하는 상황까지도 벌였을 것이라고 생각합니다.

김복준 그리고 박한상이 어려서부터 정신질환으로 치료를 받은 기록은 있더라고요.

김윤희 중독에 잘 빠지는 사람들이 갖고 있는 특징이 불안과 긴장, 그리고 충동성이거든요. 그런데 다시 생각해 보면 그런 부분들을 배경으로 갖고 있기 때문에 쉽게 중독에 빠지는 것이고, 다시 중독으로 인해서 더욱더 충동적이 되거나 통제적인 면이 약해지는 것이죠. 그렇기 때문에 어떻게 보면 그런 요소들이 살해라는 극단적인 행위로 나아갈 수 있는 원인이 되는 것 같아요. 그런 부분에 여러 가지 요소들이 함께 작용할 수도 있었겠죠. 도박이나 빚, 그리고 동생으로 인한 불안감이나 가족으로부터의 소외감 등 여러 가지 요소들의 작용이 있었을 것이라는 생각이 듭니다.

충격! 부모를 살해한 후에 몸에 묻은 피를 씻는 아들

김복준 박한상이 범행에 착수하기 위한 준비를 시작하는 시점을 살펴보면 정말로 철저하게 준비를 했다는 생각이 듭니다. 박한상이 5월 13일에 귀국을 합니다. 그리고 바로 종로의 세운상가에 가서 25cm 정도의 등산용 칼 두 개를 구입하고 신사동에 있는 주유소에 가서 휘발유 8리터를 구입해 둡니다. 그리고 사건 당일인 5월 19일에 부모가 잠드는 것을 확인한 다음, 준비한 흉기를 들고 침실에 침입해서 부모를 살해를 하는 겁니다.

김윤희 나중에 박한상이 그 이야기를 했다고 하더라고요. '어떻게 범행을 계획하게 됐냐?'고 물었을 때 '폭력 비디오를 보고 범행을 계획했다.'는 이야기를 했다고 하더라고요.

김복준 아, 미국에서 접했던 비디오 말이죠.

김윤희 저는 비디오나 게임이라는 매체가 모든 사람에게 영향을 준다고 생각하지는 않거든요. 하지만 박한상처럼 충동성이 내재되어 있는 사람에게는 폭력적인 영상이 영향을 줄 수 있다고 생각해요. 그래서 미국에서 지속적으로 접했던 폭력비디오가 박한상의 충동성을 자극했을 수도 있고, 또 범행을 계획하고 구체화하는 과정에서 하나의 단초를 제공하지 않았나 하는 생각이 들었어요.

염건령 저는 그 부분에 대해서도 입장이 다른데요. 제 개인적으로는 박한상의 그런 진술은 핑계일 뿐이라고 생각해요. 박한상은 애초에 아버지를 미워했던 것으로 보이거든요. 흉기로 수십 번을 찌를 정도로 아버지를 미워했던 것이죠.

김복준 지나치게 많이 찔렀는데, 우리가 말하는 오버킬overkill이죠.

염건령 박한상 입장에서는 지나치게 찌를 만큼 미웠던 것이겠죠. 박한상은 아버지를 '장애물'이라고 생각했을 것 같아요. 자신은 아버지 때문에 뭔가를 스스로 결정할 수 없었고, 사고를 치거나 문제를 일으켰을 때에도 해결해주면서 항상 '너 그렇게 살면 안 된다.'고 꾸중을 했기 때문에 미웠던 것이죠.

김복준 그럼, 어머니는 왜 그랬을까요?

염건령 어머니는 어쩔 수 없는 상황이었겠죠. 아버지를 살해하는 과정에서 어머니는 목격자가 됐잖아요. 박한상이 가장 우선으로 했던 범행의 목적이 돈이었기 때문에 어머니가 살인범인 자신을 알고 있는 것은 문제가 되었겠죠. 그래서 어머니까지 살해한 것으로 보입니다. 물론 이것은 저의 개인적인 견해입니다만, 현장의 증거를 인멸하는 방법으로 살해 현장에 불을 질러서 사체를 훼손하는 것 정도의 이야기는 당시에 잡지에도 흔히 등장하는 이야기였어요. 그래서 폭력 비디오를 보고 따라 했다는 진술은 제가 봤을 때는 자신이 저지른 범행을 회피하는 수단이었을 것이라는 생각이 들어요. 박한상이 한의대에 진학하지 못한 것은 공부를 하지 않았기 때문이지 머리가 나빠서는 아니었어요. 사업을 크게 일으킨 부모님이나 한의대에 진학한 동생만 보더라도 짐작할 수 있는 일이에요. 사건이 발생한 후에 바로 검거된 것이 아니었는데, 그 좋은 머리로 자신이 빠져나갈 수 있는 방법을 궁리한 끝에 내놓은 대답이 '폭력성이 짙은 비디오의 영향이다.'는 것이었을 뿐이라고 생각해요. 자신이 그런 비디오에 영향을 받았고, 너무 많이 접했기 때문에 당시에 제정신이 아니었다는 것을 말하기 위해서 등장시킨 소재가 범죄 비디오라는 것입니다. 그래서 저는 박한상의 진술은 자기가 저지른 극단적인 범죄에서 비롯된 엄청난 비난으로부터 탈출하기 위한 목적, 즉 자신의 행위에 대한 변명이나 합리화라는 생각이 듭니다.

김복준 그런데 경찰 입장에서는 '어떻게 이런 방법으로 사람을 죽일 생각을 했어?'라고 물어볼 수밖에 없어요. 그 질문은 당연히 했어야 한다고 생각해요.

염건령 당연하죠. 모두 그 질문을 하겠죠.

김복준 그 질문에 대한 답으로 '내가 미국에서 영화를 하나 봤다. 아들이 살인범이었는데 그 아들이 아버지를 죽이는 영화였다. 나는 그 영화에 나오는 수법을 모방했다.'라고 이야기했다고 해요. 저는 그 진술이 사실일 수도 있다고 생각합니다.

김윤희 저도 박한상이 근본적으로는 아버지에 대한 원한이라든가 불만이 있었다고 생각해요. 그런 상황에서 박한상이 계획을 구체화하고 환상을 갖게 되는 과정에서는 폭력 비디오가 큰 몫을 했다고 생각해요. 하지만 저도 결과적으로는 변명이고 합리화일 뿐이라고 생각합니다.

염건령 제가 앞서 했던 이야기는 제가 쓴 책 때문에 일어난 해프닝과 관련이 있습니다. 언젠가 검거되었던 어떤 범인 한 명이 TV에 나왔는데 증거라고 하면서 제 책이 화면에 나오는 거예요. 범인이 그 책에서 범행 수법을 배웠다고 하는 말도 안 되는 이야기를 해서 상당히 곤란했던 경험을 했습니다. 봉변을 당한 것이죠.

김복준 왜 곤란하죠?

염건령 곤란했어요. 저는 범죄 수법에 대해서 분석만 했고 그 이야기는 제가 쓴 책 말고 다른 책에도 많이 나왔던 것이었어요. 그런데 하필이면 TV에 제 책이 나왔던 거예요. 나중에 담당형사를 통해 들은 말은 실제로 범인이 그 책을 보고 범죄 수법을 배웠던 것은 아니었고, 그 사람이 특이하게 범죄학 매니아였다는 겁니다. 범죄를 저지르면서 범죄 심리학을 독학으로 공부했는데 너무 좋아하게 되었고 그래서 그와 관련된 책을 수집했다는 거예요. 그런데 검거 이후에 '어떻게 범행을 저질렀냐?'고 물었더니 '책에 나와 있는 것을 보고 배웠어요.'라고 했다는 거예요. 자신의 악질적인 범행에 대한 핑계였던 거예요. 그런데 그 책의 내용에는 그 범죄와 관련된 내용이 전혀 없었다는 것이죠.

박한상 사건에 대해서는 언론에서도 그렇고 비디오가 영향을 미쳤다.'고 말씀하시는 분들도 있습니다. 하지만 제 경험치를 바탕으로 말씀드리자면, 개인적인 의견은 그렇지 않다는 것입니다. 박한상은 애초에 부모님을 살해하려는 작정을 했고 언젠가 기회가 되면 실행을 해서 끝장을 보겠다는 생각을 갖고 있었어요. 그리고 실행을 했는데 검거된 것이죠. 수사과정에서 수법에 대해서 물어보니까 비디오에서 봤다는 이야기를 했던 거예요. 저는 박한상이 자신의 극악한 범죄로부터 벗어나기 위해 적당히 핑계를 댔다고 생각한다는 것입니다.

김복준 폭력적인 비디오 때문에 범죄를 저지른 것이 아니라는 말씀이죠. 그럼에도 한 가지 부정할 수 없는 사실은 폭력성이 있는 매체를 자주 접하는 사람은 어떤 식으로든 영향을 받을 수밖에 없다는 것입니다.

염건령 네, 맞습니다. 영향은 있습니다.

김복준 그 부분은 명백한 것 같아요. 그런데 제가 박한상의 범행 수법을 봤을 때 연구를 많이 했던 것 같아요. 옷을 입은 상태에서 어머니와 아버지를 흉기로 살해했다면 당연히 자신의 옷에 피가 묻지 않았겠습니까? 그래서 박한상은 그 문제를 해결하기 위해서 팬티까지 벗고 방으로 들어갔습니다. 알몸으로 양손에 흉기를 들고 들어가서 어머니와 아버지를 공격했습니다. 모두 30~40회 정도를 공격하는 과정에서 아버지에게 종아리를 물리게 되었는데 옷을 벗고 범행했기 때문에 상처가 남았던 것 같아요. 살해를 하고 방화를 한 다음에 본인은 태연하게 샤워를 했다고 합니다. 그런데 머리를 감지 않았던 겁니다. 박한상이 머리까지 감았다면 이 사건은 해결하는데 상당한 어려움을 겪었을 가능성이 있어요.

김윤희 담당형사 분이 인터뷰 한 내용을 보면 박한상을 의심을 했던 요소가 하나 더 있습니다. 발이 너무 깨끗했다고 하죠.

김복준 그렇죠. 불이 난 것을 보고 현장에서 바로 몸을 피했다면 발바닥에 그을음이 묻어 있어야 하는데 샤워를 했기 때문에 깨끗할 수밖에 없었던 겁니다.

김윤희 저 같은 경우에는 상상, 즉 범인들의 모습을 머릿속에 그려보게 되거든요. 알몸으로 들어가서 부모님을 살해를 하고 자신의 몸에 묻은 피를 씻어내는 내는 것은 정말 충격적입니다. 범행 자체에 대한 잔혹함은 물론이고 범행 수법이나 과정에서 보이는 치밀함이 저희는 물론이고 사람들에게 너무나 충격적이었기 때문에 박한상이라는 사람을 오랫동안 기억하게 되고, 또 많이 거론하게 되었을 것이라고 생각해요.

누락되어버린 피해자, 12세 어린아이

김복준 그리고 첫 부분에 말씀드렸지만, 사촌동생인 12세의 어린아이가 있었잖아요.

염건령 이 아이는 얼마나 억울하겠어요.

김복준 이모의 아들이니까 박한상의 입장에서는 이종사촌 동생이에요. 그때가 부처님 오신 날 즈음이었는데, 이모 부부가 수안보로 여행을 가면서 아이를 언니 집에 맡겨뒀던 것 같아요. 그 아이가 박한상의 집에 있었던 것은 그것 때문이었어요. 그 아이도 박한상의 부모 곁에 있다가 죽었던 것 같아요. 그리고 경찰에서 '부모님은 유감이 있어서 살해했다고 하더라도 아이는 구했어야 하는 것이 아니냐?'고 물어봤던 것 같습니다. 박한상은 '그때는 미처 그것까지 생각할 겨를이 없었다.'고 이야기를 했습니다.

염건령   저는 이 부분도 말이 안 되는 것 같아요. 일반적으로 아이의 증언은 증거로 인정되지 않습니다. 인적 증거가 되지 않는다는 것입니다. 게다가 아이는 자고 있었기 때문에 무슨 일이 일어났는지를 모르잖아요. 그 상황에서 아이가 소사, 즉 불에 타 죽었다는 것이잖아요. 증거가 발견되지 않았기 때문에 질식사한 것으로 정리되었지만, 제가 봤을 때 방화를 하는 상황이라고 하더라도 잠든 아이까지도 구하지 않았다는 것은 아이가 탈출하지 못하도록 막았을 가능성이 충분하다고 봅니다.

김복준   아이가 도주하지 못하도록 했다는 것인가요?

염건령   네, 질식사한 것으로 정리하고 있지만, 수사관의 입장에서도 이런 상황에서 '아이를 왜 구하지 않았냐?'고 물었을 때에는 입증을 할 수 없었기 때문에 공소사실에 포함시키지 않았던 것으로 보입니다. 저는 박한상이 아이도 죽였다는 생각이 들어요.

김복준   왜 죽였어야 했을까요?

염건령   모두 다 죽고 자신만 살아야 깔끔하다는 생각을 했을 것 같습니다. 그 아이가 어떤 이야기를 들었는지 모르는 것이잖아요. 아버지가 그냥 칼을 맞았겠어요? 시끄럽게 하지 않았겠어요?

김복준   그렇죠. 제 생각에는 어마어마한 소동이 있었을 것 같습니다. 그러면 아이도 그 장면을 봤을 수 있습니다. 보지 못했더라도 비명 같은 소리는 들었을 겁니다.

염건령 아이가 그 장면을 봤거나, 또는 밖이 소란스럽고 겁이 나기도 해서 문을 잠근 상태에서 듣고 있었을 수도 있어요. 냉철하게 보면 이 아이도 살해당한 것일 수 있어요. 밖에서 못나오도록 막기만 해도 아이는 방 안에서 탈출할 수 없었을 거예요. 그래서 제가 봤을 때는 뚜렷한 증거가 없어서 입증이 어려운 상황이었고, 또 당시에 이 사건으로 여론이 들끓었기 때문에 검찰에서 사건을 빨리 넘기라는 독촉이 있었을 것 아니겠어요. 어차피 모두 살해했다는 것이 분명해 보였기 때문이었을 거예요. 저는 수사관들이 수사를 안 했다고 말하는 것이 아닙니다. 당시에 이런 용의점이 있었지만 부모님을 살해했다고 자백을 했기 때문에 그 부분은 가볍게 넘어갔다는 겁니다. 제가 조사를 해봐도 아이에 대한 방화치사 혐의는 없었어요. 불을 질렀고 아이가 죽었기 때문에 공소제기에 방화치사가 있어야 하는 것이잖아요. 어쨌든 어떤 자료에도 방화치사를 찾을 수 없었어요.

김복준 맞아요. '살인, 존속살인, 방화.' 그렇게 나와 있죠.

염건령 방화치사가 있어야 하거든요.

김복준 그렇죠. 아이를 피해자로 봤다면 결과적으로 방화치사가 있어야 해요. 그런데 판결문에 그 부분은 없어요. 그렇다면 그 부분은 수사를 하지 않았다는 의미입니다.

염건령 제가 3년 전에 인터뷰를 할 때도 박한상이 모두 셋을 살해했는데 '왜 방화치사가 없냐?' 는 이야기를 했어요.

김복준 맞아요!

염건령 제가 굉장히 화가 나는 부분은 박한상이 다시는 사회로 복귀할 수 없는 상태로 형을 살고는 있지만, 죄책에 대해서만큼은 풀리지 않는 원한이 하나 남아 있다는 것입니다.

김복준 어머니와 아버지를 미리 준비한 흉기로 공격해서 살해한 것은 존속살인, 그리고 이후에 불을 질렀기 때문에 방화입니다. 그런데 아이의 입장에서 보면 박한상이 공격해서 살해한 것은 아니기 때문에 살인은 아닙니다. 그렇다면 방화로 인해서 결과적으로 살해에 이르렀다면 방화치사가 맞습니다. 그 부분에 대한 죄명이 의율되지 않은 것은 명백해요. 수사과정에서 간과했다는 이야기를 할 수밖에 없을 것 같네요.

죄의식 없는 진술, '그동안 힘들었다. 잡혀서 속 시원하다.'

김윤희 저도 박한상을 보면서 화나는 부분이 있어요. 경찰에서는 자백을 했어요. 그런데 검찰에 가서는 부인을 하기 시작했어요.

김복준 네, 부인을 합니다.

김윤희 검거 당시 인터뷰에서는 '잡혀서 속 시원하다. 후련하다.'라고 이야기했어요. 그리고 '자수하려고 했는데 일이 너무 커지다 보니까 못했다.'는 식의 이야기를 했더라고요.

김복준 네, 경찰에서는 '왜 어머니와 아버지를 살해했냐?'고 했더니 '유산을 받은 다음에 미국으로 가서 다시 잘 살아보려고 했다. 사업을 시작하려고 했다.'라고 이야기를 했어요. 그리고 아버지가 운영하던 한약재상은 너무 복잡해서 이어 받을 생각이 없었다는 부분도 분명히 이야기를 했고요. '다만 모든 게 후련하다. 잠도 못자고 그동안 굉장히 괴로웠다. 그리고 자수도 생각은 해봤는데 일이 너무 커지다 보니까 내가 엄두를 못 냈다.' 이렇게 경찰에서 자백을 했던 거예요. 그런데 나중에 검찰에서는 부인을 하죠.

김윤희 저는 바로 그 지점이 너무 싫은 거예요. 범죄자들 중에는 '내가 굉장히 힘들었다. 지금은 오히려 후련하다.' 라는 식으로 이야기하는 경우가 많거든요.

김복준 '나도 사람이다.' 라고 말하는 거예요.

김윤희 네, 나도 죄책감을 느꼈고 나도 힘들다는 것인데, 저는 그런 말들이 너무 변명같이 느껴졌고 그런 말을 의도적으로 한다는 것이 너무 싫었어요. 저는 살인을 한 것도 용서받기 힘든 일이지만, 그에 더해서 잘못을 뉘우치지 않고 마지막까지 자기변명을 하는 것을 보면서 정말 이 사람들은 용서받을 수 없겠다는 생각이 들더라고요.

김복준 그렇죠. 재판 결과는 앞에서 잠깐 말씀 드린 것 같습니다. 존속살인, 방화로 해서 1심과 2심 전부 사형을 선고를 했어요. 재판부에서는 "피고인은 돈 많은 부모를 없애고 자신이 그 재산을 상속해서 자유롭게 살려고 이 같은 범죄를 저질렀다. 물질에 대한 숭배와 애착 때문에 인간생활의 가장 근본이라고 할 수 있는 부모자식 간의 관계를 파멸시킨 행위"라고 하면서 사형을 선고했어요. 그리고 1995년 8월 25일 대법원에서 사형이 확정됩니다. 물론 재판 과정에서 정신 감정을 했는데 결과는 정상으로 나왔고요. 그래서 사형을 선고 받아서 형을 살고 있는데 저는 박한상이 지금 대구 교도소에 있는 것으로 알고 있습니다.

김윤희 저는 이 사건에서 정말 황당했던 것이 재판과정에 박한상이 공범에 대해서 거론을 했습니다.

김복준 공범이 나왔었습니다. 이 씨라는 자신의 친구를 공범으로 지목해서 그 사람도 강도 높은 조사를 받았어요.

김윤희 저는 어렸을 때인데도 그 뉴스를 들었던 기억이 나거든요.

김복준 공범을 검거했던 것도 대서특필 됐었어요.

김윤희 네, 맞아요. 박한상의 진술이 부각이 되면서 공범과 관련된 내용을 뉴스에서 한참 동안 이야기를 했어요. 그런데 공범이 아닌 것으로 결론이 내려졌어요.

김복준 네, 단독범이었어요.

염건령 박한상은 죄의식이 없는 거예요. 이런 범죄자들이 겪게 되는 심리적인 단계가 있어요. 그 첫 번째 단계를 악마기라고 해요. 범죄를 저질렀을 때 사탄 같이 행동하는데 어느 정도 지나면 재미가 없어져요. 이 단계를 침체기라고 하고요. 그러다가 다시 재격앙기의 단계가 생기고요. 재격앙기의 마지막 부분에 이르러서는 '이렇게 하면 안 될 거 같은데……'라고 하면서 겁이 나는 겁쟁이의 시기가 있어요. 그러다 검거되면 재수가 없어서 걸렸다고 생각하는 원망이 섞인 상황으로 진행되었다가 마지막 단계에 도달하면 이제 모든 것을 놔 버려요. 이 단계를 천상^{Angel Stage}이라고 하는데 여기까지 오면 자초지종을 모두 이야기를 하게 됩니다. 어차피 사형이라는 것을 들었을 것 아닙니까?

김복준 그곳에 들어가면 미리 재판을 다 합니다. 거의 오차도 없어요.

염건령 네, 그곳에 가면 '움직이는 형법사전들'이 있어서 다 들어요. 그 사람들이 내린 형량과 판사님들 형량이 거의 비슷하다고 해요. 쉽게 이야기해서 이미 다 알고 있는 내용인데 갑자기 공범을 이야기했다는 것은 혼선을 주기 위한 거예요. 장난치는 것이죠. 제가 봤을 때 박한상은 그 당시까지도 죄의식도 없고 잘못한 것에 대한 생각도 없었을 거예요. '후련하다. 시원하다.'고 했잖아요. 저는 '이 세상에서 아버지가 사라져서 시원하다.'라는 말처럼 들렸어요. 김복준 교수님처럼 현장에서 수사하는 분들은 범인들의 진술과 상황을 중요하게 보시지만, 저 같은 이론 범죄학자들은 가설 설정을 많이 합니다. 아직 보지 못한 부분까지 이야기를 하기 때문에 저희가 범인들을 훨씬 나쁜 사람으로 만드는 경우도 있거든요. 그럼에도 불구하고 제가 봤을 때, 박한상은 아버지라는 존재 자체를 넘어야 하는 벽이 아니라 부서서 없애야 할 벽이라고 생각했다는 것이죠.

김복준 김윤희 프로파일러께서도 그렇게 생각하시나요?

김윤희 네, 저도 비슷하게 생각해요. 저도 전에 오버킬 했던 분을 면담했던 적이 있어요. 박한상 사건과 똑같은 사례는 아니었어요. 제가 면담했던 사건은 자기 남편의 내연녀를 살해한 사건이었는데 인터뷰 과정에서 형식적으로는 '내가 잘못했다. 그때 왜 그랬는지 모르겠다. 악마가 씌었나보다.'라는 이야기를 많이 했거든요. 여성분이었는데 저는 아직도 그 눈빛이 기억나요. 저를 바로 쳐다보면서 '나는 이 사람을 죽여서 내 인생의 가장 큰 업적을 세운 것 같다.'라고 말하는 것 같은 그 눈빛이 잊혀지지 않는데 그때까지 제가 봤던 범죄자의 눈빛과는 판이하게 달랐어요. 정말로 진실을 말하고 있는 것 같더라고요. 저는 그 순간에 범죄자가 진짜 자신의 속마음을 이야기하는 것을 처음으로 들었다는 생각을 했었거든요. 그때 눈에서 광기를 봤던 것 같아요. '살인할 때 눈이 바로 저런 눈이겠구나.'라는 생각을 했어요.

염건령 범죄자들도 프로파일러를 만나면 '저 사람도 눈이 이상하다.'고 말해요.

김복준 프로파일러가 그들의 천적이니까요.

염건령 서로가 상대의 눈이 '맛이 갔다.'는 식의 이야기를 하는 것 같아요.

김윤희 그럴 수도 있을 것 같아요.

염건령 마음 속의 진실을 끄집어내는 분들이니까 그렇겠죠.

김윤희 그때는 그 생각이 들더라고요. 저는 지금도 말씀하신 부분에 공감을 하는 것이 사람들이 박한상이 어떤 인물인지에 대해 많은 이야기를 하잖아요. 그리고 '연쇄살인범들은 태어날 때부터 연쇄살인범인가요? 아니면 성장하면서 연쇄살인범이 되는 것인가요?'라는 것을 자주 물어보시거든요. 저는 반반이라고 이야기를 하지만 기질 자체는 어느 정도 타고 나는 측면이 있다고 생각하는 사람이에요. 개인적인 의견이지만, 제가 만나봤던 범죄자들 중에는 환경적으로 도저히 이해가 안 되는 부분이 너무 많은 사람들이 있었어요. 저는 자기에게 주어진 환경 속에서 통제력이나 사회에서 더불어 살아갈 수 있는 방법들을 배우는 것이라고 생각해요. 그런데 박한상 같은 경우에는 기질이라는 것이 분명히 존재했을 것이라고 생각해요. 왜냐하면 사실 이런 부모를 만난다고 해서 모두 다 박한상처럼 된다고는 생각하지 않기 때문이에요. 솔직하게 좋은 부모, 또는 훌륭한 부모라고 말할 수는 없지만, 이 정도면 괜찮은 부모, 또는 나쁘지 않은 부모라고 생각해요. 그런 환경을 고려했을 때 박한상이 저지른 범죄는 너무나 극악하다는 것이죠.

염건령 참고로 하나 더 말씀 드리면, 박한상이 미국에 유학을 갔을 때 미국을 떠들썩하게 했던 엽기적인 존속살인 사건을 접했을 가능성이 있어요. 라일 메넨데즈와 에릭 메넨데즈 형제가 미국에서 내노라하는 갑부였던 부모님의 재산을 노리고 아버지와 어머니를 총으로 살해했던 사건인데 사건 당시에 형은 스물한 살 동생은 열여덟 살이었어요. 부모님을 살해한 다음에 유산을 가로채려고 했다가 경찰에 검거되었는데 이후에 5년 동안 재판을 했던 사건이에요. 박한상이 미국에 유학을 가 있는 시기와 미국 언론에서 이 사건이 톱기사로 다루었던 시기가 겹쳐집니다. 재판을 하는 5년 내내 계속해서 다뤄졌거든요. 심지어 이 사건을 소재로 해서 CBS에서 《Law & Order: True Crime》이라는 미니시리즈 드라마를 만들었을 정도로 유명한 사건이었어요. 미국 내에서는 이 사건이 우리에게 널리 알려진 연쇄살인범들보다 훨씬 유명한 사건이에요.

김윤희 게다가 이 친구들이 부모로부터 학대를 당했다고 해서 유명해진 사건이죠.

염건령 네, 미국에서는 유무죄의 판단을 배심원들이 하잖아요. 그런데 배심원들이 모두 사임을 했어요. 메넨데즈 형제가 부모를 살해한 것은 명백하지만, 증인으로 나온 친척들이 학대당한 사실에 대한 진술을 계속해서 했던 거예요. 실제로 엄청난 학대에 시달렸어요. '자식들이 그럴 만해요.' 라고 진술을 했기 때문에 배심원들이 '나는 이 사건에 대해서 유죄판결을 할 수 없다.' 고 해서 사임을 했던 것이었어요. 그래서 배심원을 교체하느라 5년 동안 재판을 했는데, 저는 이 사건이 박한상의 범행에 영향을 끼쳤을 것이라고 생각하는 거죠.

김복준 가능성이 있는 이야기 같은데요.

염건령 이 사건에 대해서 알고 있었을 거예요. 뉴스나 시사 프로그램에 항상 나왔거든요. 박한상이 계속해서 이야기했던 것처럼 부모님으로부터 비난을 받았고 그래서 자신의 삶이 피폐해졌다는 진술은 메넨데즈 형제의 영향이 있었을 것이라는 생각을 하고 있습니다.

김복준 박한상의 유학과 사건이 보도됐던 시기가 정확하게 겹치나요?

염건령 1989년에 일어난 사건이고 재판이 1994년에 끝난 사건이니까 시기가 겹치죠.

김복준 그렇군요.

유산과 상속, 그리고 존속살인의 비율

김복준 저는 박한상이 지금 대구교도소에 있는 것으로 확인을 했습니다. 최근 박한상의 동향을 살펴보면 1997년에도 그렇고 2002년에도 그렇고 동료 수감자와 싸우는 등 문제를 일으켜서 독방을 들락거렸다고 합니다. 박한상의 경우에는 1995년 8월 25일에 사형이 확정됐고 우리나라에서 마지막으로 사형이 집행된 날이 1997년 12월 30일이었어요. 그러면 사형이 집행되었을 것도 같은데 1997년 사형집행에 박한상이 포함되지 않았어요. 이 부분에 대한 논란도 있긴 했는데, 그 부분은 구체적으로 말씀드리기 불편한 점이 있습니다. 어쨌든 박한상이 구속되었기 때문에 100억대의 유산은 한의대에 입학했던 동생이 모두 물려 받았어요. 이유는 민법 1004조에 나와 있어요. '고의로 직계존속이나 피상속인 이런 사람들, 동순위나 선순위에 있는 사람들을 살해하거나 살해하려고 한 자는 상속에서 배제된다.' 라는 아주 유명한 조항이죠. 그래서 박한상의 상속권이 박탈되면서 동생이 혼자 상속받은 것이죠. 동생도 재판과정에서 면회를 갔었다고 합니다. 그래도 자기의 형이기 때문에 갔겠죠. 그랬는데 박한상이 동생 앞에서 눈물을 흘리면서 자기는 무죄라고 말했다는 겁니다. 그 이후로는 동생이 한번도 면회를 가지 않았다고 합니다.

김윤희 이 사건 이후에 가장 많이 나왔던 말이 '오렌지 족'과 '유산', '상속'이었어요. 이런 말들이 나오면서 '자식에게 유산을 상속하지 말아야 한다.' '딸에게도 상속권이 돌아가야 이런 일들이 생기지 않는다.'는 등의 말이 많았어요. 이 사건 이후에 유산이라는 말들이 많이 나왔던 이유는 우리나라의 경우에 전체 살인사건 중에서 존속살해가 차지하는 비율이 거의 5%정도로 높기 때문이라고 하더라고요.

김복준 네, 존속살해의 비율이 5%정도 됩니다.

김윤희 그런데 일반적으로 미국이나 서양의 다른 국가에서는 존속살해의 비율이 1% 정도라고 해요. 그렇다면 우리나라에서 존속살해가 차지하는 비율이 지나치게 높거든요. 그 원인으로 유산이라는 부분을 많이 꼽게 되는 것 같아요.

염건령 저는 이 부분에 대해서도 생각이 좀 다른데요. 존속살인에서 말하는 '존속'이라는 개념은 우리나라만 있는 거예요. 전 세계의 형법을 찾아봐도 존속이라는 말이 없어요. 외국에서는 오히려 '비속'이 있죠. 자신의 자녀를 공격하는 것은 가중처벌을 받지만 반대의 경우인 존속은 없거든요. 미국의 경우에는 2018년을 기준으로 했을 때 손자에 해당하는 자손 한 명이 갖게 되는 친조부모와 외조부모의 숫자는 모두 살아계신다면 우리의 경우와 같은 4명이 아니라 평균 6.5명이라는 통계가 있습니다. 쉽게 말하자면 이혼과 재혼 등으로 평균 6.5명의 할아버지 할머니가 계신다는 겁니다. 그렇기 때문에 우리 기준의 5%와 그들의 1%라는 통계결과를 단순 비교하는 것은 말이 안 되는 부분이 있다고 생각하는 겁니다.

김윤희 단순히 비율만을 비교하는 것이 아니더라도 우리나라에서 존속살해가 많은 것 아닌가요?

염건령 네, 숫자가 많은 것은 맞습니다. 그런데 1%와 5%의 차이는 아니라는 것이죠.

김윤희 제가 프로파일러 출신이잖아요. 스카스SCAS:Scientific Crime Analysis라는 프로그램이 있는데 범죄분석 팀에서 그것을 분석을 해서 자료를 내놓은 적이 있어요. 그 자료에서 제가 조금 특별하게 봤던 부분이 있는데, 존속살해의 이유 가운데 하나가 정신병에 의한 살인이 굉장히 많다는 것이었어요. 그리고 가족갈등, 재산이라는 세 가지 요소가 가장 주요한 원인이었다는 것이죠. 그리고 연령은 20~30대의 비율이 가장 많다고 나왔어요. 아마도 20대, 30대까지 부모와 함께 살면서 가족갈등이나 재산 같은 부분이 해결되지 않았기 때문에 일어나는 일이라고 생각하거든요. 어떻게 보면 존속살인이 일어나는 배경에는 문화적 차이도 분명히 있다고 생각해요.

김복준 거기에 굳이 하나를 더 붙인다면 법적인 부분이 있어요. 미국 같은 나라에서는 재산을 관리하는 부분에서 내가 죽기 전에 '나는 내 재산을 누구에게 주겠다.'라는 유언을 남기면 그것으로 모든 문제가 끝이에요. 하지만 우리나라는 그렇지가 않거든요. 유류분이라는 것이 있어요. 원래 받을 수 있는 것의 2분의 1은 무슨 일이 있어도 반드시 내가 받게 되는 거예요. 우리의 경우에는 상속도 혈연으로 연결되어 있기 때문에 이 유언이라는 것도 실제로는 존속살해에 영향을 미친다고 봅니다. 유언을 통해서 자신이 주고 싶은 사람에게 재산을 남기는 법이 우리나라에는 없기 때문에 생기는 일이겠죠.

김윤희 게다가 최근에 재산으로 인해 빚어지는 존속살인이 늘어나고 있다는 통계가 있어요. 그렇기 때문에 문제를 해결하기 위해서는 법적인 부분을 개선해야 한다는 여론이 일어나고 있어요. 물론 박한상 사건 역시 유산이라는 문제가 개입되어 있는 것은 사실이지만, 저 개인적으로는 박한상이라는 사람이 가지고 있는 기질의 영향이 크다고 봅니다.

염건령 첨언을 하면 20년 전에 평균 수명이 70세 정도였어요. 그러니까 당시에는 60세가 되는 해에 환갑잔치를 하면 잔여 수명이 10년 정도밖에 안 남은 셈이 되거든요. 따라서 30세를 한 세대로 놓고 본다면 30세 전후에 자녀들이 결혼을 하고 아이를 낳을 것이기 때문에 그 아이들이 기어 다닐 때쯤 부모님의 환갑잔치를 하게 되었어요. 그러면 이 시점에 '내가 10년밖에 안 남았으니까 차곡차곡 하나씩 물려줘야겠다.'라는 생각을 했고 실제로 그렇게 정리가 되었어요. 그러면 상속이나 유산 관련 문제가 그렇게 심각해지지 않아요.

최근에 유산관련 범죄가 늘어나는 원인은 간단합니다. 1960년대 생 어르신들 기준으로 했을 때 1961년에 태어나신 분들이 올해 만 60이 되시겠죠. 이 분들은 대략 90만 명 정도 태어났고 대략 90세 정도를 기대 수명으로 보고 있어요. 암이나 당뇨 등의 지병이 없다고 했을 때, 예를 들어 이분들이 80세가 됐다고 하면 자식이 50세 정도 되는 것이잖아요. 물론 정상적인 사람들은 이런 생각을 하지 않겠지만, 박한상 같은 인간일 경우에는 아버지 어머니는 돌아가실 기미가 없고 부모님이 돌아가시기 전에는 유산을 받을 수도 없는데 지금 자기가 너무 힘든 거예요. 무슨 일이 일어나겠어요? 일본에서는 이미 10년 전에 이와 유사한 일들이 있었거든요. 그래서 이 부분은 복지 체계와 범죄예방이 하나로 연결되어 있어요. 젊은 세대가 집을 구하는데 부모로부터 손을 벌리지 않아도 되는 주거복지 정책만 어느 정도 해결된다고 하더라도 부모 자식 사이의 상속문제는 해결될 수 있지 않을까라는 제 생각을 조심스럽게 말해 봅니다. 물론 박한상 같은 경우는 예외입니다.

김복준 여러 가지 부분에서 바꾸어야겠죠. 민법이 만들어진 지도 오래되었기 때문에 민법도 많이 바꿔야 할 것 같아요.

다시 사건으로 돌아가겠습니다. 이 사건에서 굉장히 큰 파장을 불러일으킨 부분이 변호인 문제였어요. 나중에 환경부장관을 했고 인권변호사 출신의 황○○ 변호사입니다. 다른 사람들은 패륜범죄자를 변호하지 않으려고 했지만, 이분은 본인이 변호를 자처했어요. 그런데 삼 개월 만에 그만두죠. 처음에 의도했던 것과 달리 범인이 반성의 기미도 없고 도저히 갱생의 여지가 없는 사람이어서 포기하겠다고 말하면서 그만뒀습니다. 황○○ 변호사 때문에 그 당시에 수사를 담당했던 조 경감이라는 분이 굉장히 상처를 많이 받았어요.

왜냐하면, 황○○ 변호사가 처음에 사실관계를 제대로 확인하지 않은 상태에서 가만히 있어도 상속을 받을 수 있는 아들이 부모

를 죽일 이유가 없다. 이 사건은 경찰이 강압수사를 통해서 만들어
낸 것이다.'라는 식으로 이야기를 했어요. 담당했던 경찰관들은 물
론 당시의 경찰들 대부분이 마음의 상처를 굉장히 많이 받았죠.

김윤희 그래서 지금도 박한상이 자신의 무죄를 주장하면서 펼치는 논리가
강압수사에 의한 자백이었다는 이야기입니다.

김복준 네, 그랬어요. 그 당시에 사용했던 두 자루의 칼과 관련해서 당시
담당경찰관의 이야기를 들어보면 속된 말로 '경찰들을 가지고 놀
았다.'고 합니다. 처음에는 새벽에 오는 청소차에 던졌다고 했어
요. 그런데 없었어요. 사건의 결정적인 증거물인 칼을 찾지 못하면
사건 해결이 굉장히 힘들어집니다. 그래서 집중적으로 추궁을 했더
니 결국 집 근처의 공터에 버렸다고 자백을 합니다. 그 칼을 찾아
서 나중에 현장 검증을 하게 됩니다.

김윤희 박한상이라는 인물에 대해서 이야기하다보니 답답하기도 하고 화
가 나기도 합니다. 이 사건이 시사하는 바는 굉장히 컸던 것 같아
요. 부모를 이렇게까지 잔인하게 죽일 수 있을까에 대한 이야기가
나오면서 시대상의 문제도 돌아보게 되었고요. 오렌지 족 이야기나
저희도 많은 시간을 할애했던 유산이라든지 당시의 사회적 분위기
도 되짚어 봤습니다. 무엇보다 모든 시대, 모든 사람들의 공통적
인 고민인 부모가 어떻게 아이를 키워야 하느냐에 대한 문제도 당
시에 많이 부각되었던 것 같습니다. 저희는 사건을 통해서 제도와
시스템 부분에 대해서도 많은 이야기를 했던 것 같습니다. 범죄가
미치는 영향이라는 것이 어마어마하다는 사실을 다시 한번 느끼게
됩니다. 또 다른 사건으로 찾아오도록 하겠습니다.

'그놈 목소리'로 검거한
유괴살인범,
박진봉

김윤희　《대한민국 살인사건》입니다. 저희가 지금까지 많은 사건들을 다뤘는데 유괴 사건은 오늘 처음으로 다루는 것 같습니다. 그렇지 않아도 유괴 사건을 다뤄 달라는 댓글이 많았는데, 오늘 처음으로 다루게 됐습니다. 범인은 박진봉이고요. '김해 유괴살인사건'으로 알려져 있습니다. 아마 이 사건은 처음 접하시는 분들도 계실 거예요. 1998년에 일어났던 사건입니다.

김복준　말씀하신 것처럼 범인의 이름은 박진봉 입니다. 이 사건의 정식 명칭은 '김해 개구리 슈퍼 어린이 납치 살인사건'입니다. 사건의 명칭이 이렇게 정리된 이유는 피해 어린이의 어머니가 동네에서 슈퍼마켓을 운영했는데 가게 이름이 '개구리 슈퍼'였어요. 그래서 '김해 개구리 슈퍼 어린이 납치 살인사건'이 된 것입니다. 결국 살인사건을 다루는 겁니다. 1998년 즈음은 대한민국에서 어린이 납치사건이 유별나게 급증했던 시기였습니다. 그때 아주 난리도 아니었거든요. 제가 현직에 있을 때라 기억이 나는데 하루 건너서 납치와 유괴 관련 공문이 내려왔어요.

김윤희　저도 이 사건과 관련된 자료를 찾아보면서 알게 되었는데 그 시기에 어린이 납치사건이 급증했던 것은 IMF 사태와 관련이 있다고 하더라고요.

김복준 네, 맞습니다. 그때 우리나라의 외환위기가 시작되었잖아요. 연쇄적으로 기업이 부도나고, 실업자가 양산되고 사회가 혼란스러운 와중이었기 때문에 급하게 돈이 필요했던 사람들, 그리고 그 혼란에 편승해서 범죄자들이 납치나 유괴 같은 범행을 저질렀던 시기였습니다.

이 사건의 개요를 잠깐 설명 드리겠습니다. 사건이 발생한 날은 1998년 10월 23일 08시경이고 경남 김해시 구산동입니다. 피해자는 양 군입니다. 11세로 초등학교 5학년인 양 군의 어머니는 개구리 슈퍼를 운영했고 아버지는 렌터카 업체를 운영했어요. 그날 양 군이 학교를 간다고 집을 나갔는데, 밤 10시가 지나도록 집에 돌아오지 않았던 거예요. 부모들은 당연히 난리가 났겠죠. 그러던 중에 밤 10시를 조금 넘은 시간에 신원불상의 남자로부터 슈퍼로 전화가 옵니다. 처음에는 '아이는 내가 데리고 있다.' 라는 말을 남기고 일방적으로 전화를 끊어버려요. 어머니 입장에서 이렇게 하면 자지러질 일인 것이죠. 그리고 그 즈음에 발생했던 어린이 납치사건이 머릿속에 떠올랐겠죠. 그래서 경찰에 신고를 합니다. 이런 유괴나 납치사건에 대해 설명할 기회가 있다면 다시 한번 자세하게 설명을 드리겠지만 《극비수사》라는 영화에 나온 장면이 있습니다. 그 영화를 보면 경찰관이 피해자의 집으로 오고 피해자 어머니 옆에서 통화 내용을 같이 듣는 그런 장면이 나오는데 그런 시스템으로 수사를 진행합니다. 그 집에서 그렇게 기다리고 있는데 아이가 없어지고 나서 이틀 후인 10월 25일 오전 10시 13분경에 4번째 전화가 걸려옵니다. 범인의 요구사항이 굉장히 특이해요. '당신 남편에게 지금 하고 있는 렌터카 사업을 그만 두라고 말해.' 이것이 범인의 요구사항입니다. 이 이야기만 들으면 마치 남편의 렌터카 사업과 관련해서 라이벌 구도를 형성하고 있는 사람이 전화한 것처럼 느껴지거든요. 이 부분은 나중에 범인이 머리를 쓴 것이라는 사실이 밝혀지지만, 아무튼 '남편이 렌터카 사업을 그만두고 내일 오전 10시까지 500만 원을 주면 아이는 이틀 뒤에 돌려보내겠다.'는 식의 협박을 합니다. 어머니 황 씨는 그 당시에 29세였어요. 어머니가 '내가 돈이 없다. 슈퍼 운영해서 살아가는데 무슨 돈이 있겠느냐. 돈이 없다.' 라고 했더니 범인이 뭐라고 했느냐면 '그래? 그럼 200만 원 깎아줄 테니 300만 원을 준비해라. 300만 원은 마지노선이다. 아이를 유괴하는데 들어간 비용을 빼면 300만 원은 받아야 한다.' 라고 말합니다. 정말 어이없고 기가 막히는 이야기를 했던 것이죠. 그리고 '경찰에 신고하면 당신 자식은 영원히 못 보게 될 것이다.' 라고 협박을 합니다. 렌터카 사업과 관련된 협박전화를 받은 경찰관들은 어떻게 생각했겠어요.

김윤희 일단 주변인들을 조사하죠.

김복준 그렇죠. 일단 부모님들의 입장에서는 아이가 살아있다는 전화를 받았기 때문에 어떻게 보면 희망고문 당하고 있는 것이죠. 아무튼 아버지의 렌터카 사업과 관련이 있다는 생각에 렌터카 쪽을 살펴봤어요. 렌터카 사업은 유괴된 양 군의 할아버지 때부터 시작해서 양 군의 아버지로 이어졌는데, 렌터카 사업과 관련해서는 탈법적인 일 때문에 문제가 된 부분이 있었어요. 그것과 관련해서 좋지 않은 감정을 가진 주변사람이라는 인식도 했고, 또 사건이 있기 얼마 전에 렌터카 업체를 운영하는 양 군의 아버지가 교통사고를 냈는데 합의를 하지 않고 있어서 경찰의 이목이 그 방향으로 집중됐어요. 범인의 전화가 수사의 혼선을 초래한 결과로 이어졌습니다.

범인의 지능적인 두뇌 플레이

김윤희 범인이 상당히 지능적이라고 이야기할 수 있겠네요.

김복준 네, 범인이 두뇌플레이를 했던 겁니다. 김윤희 프로파일러도 잘 알고 계시겠지만 유괴 사건의 경우에는 초창기에는 절대로 공개수사를 하지 않아요.

김윤희 네, 아이의 안전을 위해서입니다.

김복준 그렇습니다.

김윤희 그리고 범인이 어떤 일을 할지 모르기 때문에 공개수사를 하게 될때는 아주 신중하게 결정을 내립니다.

김복준 유괴 사건에서 경찰이 공개수사로 전환을 했다는 것은 아이가 살아있을 가능성이 거의 없다고 판단한 것이라고 봐도 됩니다.

김윤희 지금은 조금 다른 부분이 있긴 합니다만, 1998년이라면 경찰이 공개수사를 한다는 것은 생존 가능성이 거의 없다고 생각한 것이죠. 요즘에는 그 부분이 조금 다르게 받아지긴 하거든요. 여성, 치매노인, 아동 등 사회적 약자들이 실종되었을 때 조기에 발견하기 위한 엠버 경고 시스템이 도입되었기 때문입니다. 엠버 경고 시스템은 1996년 미국 텍사스 알링턴에서 납치되어 잔혹하게 살해된 9살소녀 엠버 해거먼Amber Hagerman 사건에서 유래된 것으로 실종사건이 발생했을 때 즉시 대중들에게 전파해서 실종자를 신속하게 발견하기 위한 목적으로 구축된 시스템입니다. 하지만 이 사건이 일었났던 1998년에 공개수사를 한다는 것은 아이의 생존에 대해서는 거의 희박하다고 판단했던 겁니다.

김복준 상황이 이 정도 되면 경찰 입장에서는 비공개 수사를 진행하는 과정에서 제일 먼저 하는 일 하나가 있습니다. 발신지 추적입니다. 어머니에게 걸려온 전화의 발신지 추적을 하지 않았겠어요. 수사기법은 영화에도 거의 다 나왔습니다. 그리고 저희는 이미 널리 알려진 수사기법에 대해서 이야기를 하는 것일 뿐인데, 범인들에게 수사기법을 알려줘서 결과적으로는 범죄 발전에 기여한다고 비꼬는 분들도 가끔이지만 있더라고요. 그분들께 말씀 드리고 싶은 것은 김윤희 프로파일러도 그렇지만, 저는 일선에서 형사를 32년 동안이나 했어요. 그런 제가 이 방송에서 특별한 범죄수법이나 범죄자들에게 도움이 되는 수사기법을 알려줄 정도로 어리석지는 않다는 것입니다.

김윤희 네, 걱정하지 않으셔도 된다는 말씀 드리고 싶습니다.

김복준 아무튼 협박전화의 발신지 추적을 했더니 두 번째 전화와 세 번째 전화는 울산시 학성동에 있는 공중전화에서 걸었던 것으로 확인이 됐어요.

김윤희 그러니까 첫 번째 전화는 김해에서 왔는데 두 번째, 세 번째 전화는 울산에서 왔다는 것이네요.

김복준 그리고 네 번째로 걸려왔던 전화도 역추적을 했잖아요. 그랬더니 네 번째 전화는 울산에 거주하고 있는 43세 김 씨의 휴대전화였어요. 당시에 김 씨는 노동일을 하시는 분이었습니다.

김윤희 1998년에는 휴대전화가 보편화 되어 있지 않았어요.

김복준 네, 휴대전화가 아주 크고 무거웠어요. 벽돌을 들고 다니는 것처럼 보였죠.

김윤희 그래서 휴대전화 추적에 수사의 초점을 맞췄다고 해요.

김복준 그렇습니다. 당연히 휴대전화의 위치 추적을 하고 소유주를 찾았 겠죠. 그래서 양 군의 실종 7일째인 10월 30일에 울산에서 거주하고 있는 43세의 김 씨를 검거합니다. 김 씨를 검거해서 '당신, 당신 소유 의 이 휴대전화로 양 군의 집에 전화한 적 있죠?' 라고 물었는데 김 씨가 '무슨 소리냐? 사실 나는 얼마 전에 휴대전화를 잃어버렸다.' 라고 이야기를 합니다. 양 군이 사고를 당했던 날이 23일 08시 경이 었기 때문에 경찰에서는 김 씨의 알리바이를 확인했습니다. 김 씨의 행적이 진술과 거의 일치해서 알리바이가 완벽하게 성립합니다. 적어 도 휴대전화 주인이었던 이 사람은 범인이 아니었던 겁니다.

김윤희 저는 조금 의아하다는 생각이 들었습니다. 범인의 음성이 녹음되어 있었을 것 같은데요?

김복준 그렇죠.

김윤희 그렇다면 범인의 목소리와 휴대전화 주인의 목소리가 달랐을 것이 기 때문에 어느 정도 분별을 할 수 있지 않았을까요.

김복준 설령 그렇다고 하더라도 경찰은 용의자를 만나서 확인해야죠. 목 소리는 언제든지 변조할 수 있잖아요.

김윤희 네, 수사 방향을 나누어서 진행했더라면 좋았을 것 같다는 생각이 들었습니다. 나중에 수사가 너무 한쪽으로 치우쳤다는 비판이 있었을 것 같아요.

김복준 　네, 맞습니다. 초기의 수사과정에서 휴대전화의 주인이 범인일 것
이라고 생각했던 것 같아요. 그런데 휴대전화 주인을 검거해서 확
인했더니 휴대전화를 분실했다는 겁니다. 노동일을 하고 있었지만
경제적으로는 괜찮았던 사람이었던 모양입니다. 당시에는 휴대전화
가 상당히 고가였거든요.

김윤희 　휴대전화를 가지고 다니는 사람도 별로 없었어요. 제 기억에도 상
당히 고가였던 것 같습니다.

김복준 　저도 기억이 있습니다. 저도 M사의 휴대전화를 배터리 2개와 함께
어깨에 매고 다녔거든요. 수사에 필요해서 구입했는데 너무 무거
워서 들고 다닐 수가 없었어요. 아무튼 휴대전화의 실제 소유주인
김 씨는 휴대전화를 잃어버렸고 실제로 그날의 알리바이를 확인했
는데 성립이 되었습니다. 하지만 경찰에서는 음성, 즉 성문 검사를
통해서 범인을 특정할 수 있을 것이라는 생각에 휴대전화를 분실
한 김 씨의 주변인물들을 모두 찾아다닙니다. 제가 봤을 때 그 부
분에 너무 '체력'을 많이 소비했던 것 같아요. 김 씨의 주변인물 중
에서 김 씨의 친구 한 사람이 목소리가 비슷했다고 합니다. 경찰이
그 사람을 집중적으로 수사했어요. 그런데 그 사람 역시 혐의가 없
는 것으로 밝혀졌죠.

김윤희 　그 와중에 공개수사로 전환하게 되었죠.

결정적인 제보, '그놈 목소리'

김복준 　공개수사로 전환하기 전에 일단 현상수배를 먼저 했습니다. 10월

25일 이후에는 협박전화가 걸려오지 않았어요. 범인의 전화가 걸려 오지 않았기 때문에, 어떻게 보면 포기를 했던 겁니다. '포기'라는 말을 하면 안 되지만, 사실상 포기라고 말할 수밖에 없습니다. 범 인의 전화가 없었기 때문에 실종 10일째인 11월 2일에 300만 원에 현상수배를 합니다. 1998년이라는 것은 생각하면 300만 원이 적은 금액은 아닙니다.

김윤희 1998년에 300만 원은 대학교 한 학기 등록금이었습니다.

김복준 그렇군요. 그리고 전단을 10,000매 정도 제작해서 전국에 배포하 고 전국 경찰서에 공조, 공개수사로 전환하게 됩니다. 그때 범인의 목소리도 뉴스를 통해 알려지게 됩니다.

김윤희 '목소리'가 결정적이었다고 하더라고요.

김복준 당시까지의 수사상황을 살펴보면, 아버지의 렌터카 사업과 관련된 범행이라는 것과 관련된 부분, 그리고 당시에 '앵벌이'라고 해서 아 이들을 납치한 다음에 합숙을 시키면서 구걸을 하게 만드는 조직 과 관련된 부분, 학교 주변 불량배들이 아이를 해코지했거나 아이 가 스스로 가출했을 가능성과 관련된 부분 등 다각도로 수사를 진행하지만 뚜렷한 성과를 얻지 못했습니다. 아이가 다니던 초등 학교의 학부모와 학생 500명이 피켓과 대형 플래카드를 들고 시 내 행진을 하는 등 사건을 해결하기 위해 적극적인 행동에 나서기 도 했습니다. 그렇게 해서 이 사건이 사람들의 이목을 끌고 사회 적 관심이 집중되면서 대통령까지도 나서게 됩니다. 당시는 김대중 대통령 재임 시절이었습니다. 그리고 11월 4일에는 김세옥 경찰청장 이 유괴범 특별검거를 지시하게 되면서 300만 원이었던 현상금을

500만 원으로 올렸습니다. 유괴 범죄와 관련해서 많은 노하우를 축적하고 있던 서울경찰청 형사과에서는 〈유괴 살인사건의 일반적 현상〉이라는 자료를 정리해서 사건이 일어난 경남 쪽으로 배포하기도 했습니다.

김윤희 1997년과 1998년 즈음에 유괴 사건과 관련된 자료와 논문들이 많이 발표되었어요.

김복준 네, 상당히 많았어요. 제가 알기로는 20여 건의 분석 자료가 있었습니다.

김윤희 그때 발표된 자료와 논문들이 지금도 많은 논문의 참고자료로 사용되고 있어요. 그런데 사실 이후에는 그와 관련된 연구가 진행되지 못한 측면도 있어요.

김복준 그런 분위기 속에서 양 군 유괴 사건이 점점 미궁 속으로 빠져들고 있었어요. 그렇게 꽤 시간이 흘렀던 11월 18일입니다. 범인의 목소리가 뉴스를 통해서 전국적으로 방송이 되고 있었는데, 그 와중에 중요한 제보가 하나 들어옵니다. '박진봉이라는 사람이 있다. 나이가 40세 정도인데 무직이다. 아이가 유괴당한 구산동 근처에 거주하는 사람이고 특수강도 등으로 전과가 9건 정도 있는 것으로 알고 있다. 그런데 뉴스에 나오는 범인의 목소리가 박진봉의 목소리와 비슷한 것 같다. 박진봉은 유괴당한 양 군이 다니던 오락실 주변에 자주 얼쩡거렸었다. 그런데 사건이 발생하고 난 다음부터 박진봉이 자취를 감췄다.'라는 내용의 제보가 들어왔던 거예요. 이 정도 되면 아주 중요한 제보라고 할 수 있어요. 경찰에서는 당연히 추적 수사에 들어갑니다.

어떻게 보면 경찰에서 여러 가지 수사를 했어요. 휴대전화 추적을 하고 주변 인물들은 물론 학교 주변의 불량배들까지 수사를 했음에도 불구하고 성과가 전혀 없었잖아요. 현상금을 300만 원에서 500만 원으로 올리고, 경찰청장이 직접 담화문을 발표하는 등 총력을 기울였음에도 불구하고 범인의 윤곽조차 잡지 못했던 것이잖아요. 항상 느끼는 사실이지만 언론의 힘이라는 것이 정말 대단한 거예요. 방송을 통해서 범인의 목소리가 알려졌기 때문에 제보가 들어오게 된 것이잖아요. 경찰에서 본격적으로 박진봉의 행적을 추적했더니 1997년 3월에 교도소에서 출소한 사람이에요. 사건이 일어난 시점은 1998년도 10월이었으니까 출소한 지 얼마 되지 않았던 거예요.

김윤희 박진봉을 추적하는 과정에서 정말 온갖 해괴한 일들이 다 있었다고 하더라고요.

김복준 정말 어이없는 일들이 많았어요. 우선 검거를 했던 시점에서부터 되짚어보도록 하겠습니다. 박진봉을 추적했는데, 사건 발생 27일째 되는 날인 11월 19일 오후 2시 경입니다. 강원도 강릉시 명주동에 있는 ○○초등학교 근처에 있는 ○○다방 앞의 공중전화에서 전화하는 박진봉을 경찰이 발견해서 체포했습니다. 박진봉은 김해에 살고 있는 44세의 누나에게 전화를 하고 나오는 중이었어요. 그런데 그 당시에 전화로 이야기 했던 내용이 '누나, 나는 누가 부탁을 해서 전화를 걸어줬던 것뿐이야. 잘 모르는 사람이었는데 부탁을 해서 그냥 협박하는 전화만 해줬어. 나는 정말 아무 잘못이 없어. 그런데 왜 나를 찾는다고 난리를 치는지 모르겠어.' 라는 것이었다고 합니다. 그리고 경찰이 검거했을 때 박진봉은 만취한 상태였다고 합니다.

김윤희 김해에서는 박진봉이 누나 집에 얹혀서 살았던 것이죠.

김복준 그렇습니다.

김윤희 박진봉과 함께 살았던 누나가 들어봐도 목소리가 자기 동생이었기 때문에 '너 아이를 유괴했냐?'고 물어봤을 것 같아요. 그래서 박진봉이 그런 이야기를 했던 것이겠죠.

김복준 그렇죠. 박진봉이 강릉으로 도망친 다음에 공중전화로 자기 누나에게 전화로 '나는 누가 협박 전화를 해 달라고 해서 해준 거야.'라고 이야기했던 겁니다. 박진봉은 강○○ 씨라고 이야기 했어요. 가공의 인물을 만들었던 것이죠. 그리고는 '나는 잘못한 게 하나도 없어. 그러니까 그 아이의 부모에게 사죄할 일도 없어.'라고 자신의 누나에게까지 거짓말을 했던 겁니다. 그렇게 누나에게 전화하고 나오는 박진봉을 경찰이 검거합니다.

김윤희 범행 28일 만에 검거된 겁니다.

김복준 네, 28일 만입니다. 체포 당시에 박진봉의 소지품에서 편지가 나옵니다. '심정이 괴롭다. 부모가 잘못하면 자식이 벌을 받게 된다. 자수하고 싶다. 내가 세상을 떠나면 아이도 같이 세상을 떠날 것이다. 이것은 나의 복수다. 더 이상 나를 쫓지 마라.'라는 내용의 편지 세 통을 소지하고 있었어요.

김윤희 네, 이 편지 세 통을 각각 경찰서와 방송국에 보낼 예정이었다고 하더라고요.

김복준 그렇습니다. 김해경찰서와 KBS창원 방송국과 MBC마산 방송국에 보내려고 했다는 진술을 했습니다. 편지의 내용을 보면 '부모가 잘

못하면 자식이 벌을 받게 된다. 자수하고 싶다.' 라는 내용이 나오는데 이것은 무슨 의미인가요? 양 군의 어머니에게 전화를 해서 '렌터카 사업을 그만두라.' 고 했던 것과도 맥락이 비슷한 것인가요?

김윤희 자기를 향하고 있는 수사망에서 벗어나기 위해서 그 편지를 썼고, 그 편지를 방송국과 경찰서에 보내려고 했던 것입니다. 마지막까지 머리를 쓰려고 했던 것 같습니다.

김복준 마지막까지 그랬던 것이네요. 부모가 잘못해서 이 사건이 일어난 것처럼, 즉 부모에게 유감이 있는 사람의 범행인 것처럼 위장해서 수사 방향을 돌리려고 했고, 다음으로는 추적을 하지 못하게 만들기 위해서 내가 죽으면 아이도 죽는 줄 알라고 하면서 겁을 주는 것이죠.

범행을 은폐하기 위한 계획들

김윤희 제가 더욱 황당했던 것은 실제로 이 사람을 검거했을 때, 박진봉의 머리가 삭발인 상태였다는 것이어요. 그런데 삭발을 했던 이유가 승려로 행세해서 수사망을 피해가기 위한 목적이었다고 하더라고요.

김복준 범행한 직후에 박진봉은 바로 도주를 했고 처음에는 영천으로 갔어요. 영천에서 머리를 깎고 승복을 구입해서 입습니다. 그리고 그곳에서 노숙자를 한 사람 만납니다. 그 노숙자의 이름이 김경호였어요. 박진봉은 김경호를 데려다 이발도 시켜주고 옷도 사서 입힙니다. 그래서 머리를 깎고 승복을 입기 전 자신의 모습과 최대한 비슷하게 만들었어요.

김윤희 정말로 더 황당했던 것은 김경호라는 노숙자에게 자신이 저지른 모든 범죄를 뒤집어씌우기 위해서 그 사람을 선택했던 것이라고 하더라고요.

김복준 그렇죠. 김경호 같은 경우에는 박진봉이 전화를 하고 공중전화에서 나올 때 그 옆에 같이 있다가 체포됩니다. 그래서 박진봉과 김경호를 한꺼번에 체포해서 김해로 오게 됩니다. 체포되는 현장에서 박진봉이 '나를 왜 체포 하느냐? 나는 아무것도 모른다.' 라고 하면서 난리를 쳤다고 합니다. '아이는 어디에 있느냐?' 는 물음에도 '나는 모른다.' 고 하면서 계속 잡아뗍니다. 그런데 김경호는 박진봉과 분리해서 심문을 했더니 '박진봉이 사업자금을 마련하기 위해서 양 군을 유괴했다는 말을 했다. 그리고 사실은 박진봉이 가지고 있는 편지는 내 글씨다. 박진봉이 불러준 대로 내가 쓴 것이다.' 라는 이야기를 했습니다. 왜 박진봉이 직접 편지를 쓰지 않고 김경호에게 편지를 쓰게 했는지는 조금 있다가 설명할 겁니다. 그리고 가장 가슴 아픈 이야기는 유괴된 양 군이 이미 하늘나라로 갔다는 것입니다.

김윤희 검거된 이후 처음 3일 동안에는 묵비권과 '나는 모른다.' 라는 진술로 일관했다고 하더라고요.

김복준 네, 박진봉도 김경호도 마찬가지였어요.

김윤희 그런데 3일째 되는 새벽부터 자백을 하기 시작했습니다. 그때 아이를 살해했던 장소에 대해서도 이야기를 하게 됩니다.

김복준 3일 동안은 박진봉이 범행을 부인했잖아요. 박진봉이 전과 9범인데 자백을 하면 모든 것이 끝장이라는 사실 정도는 알고 있었을 거예요. 나름대로 전과자로서의 경험을 활용한 것이라고 봐요. 처음부터 끝까지 부인하면서 수사관과 머리싸움을 하는 것은 범인들도 굉장히 힘들어요. 박진봉도 힘들었을 거예요. 인내심을 가지고 최대한 버틴 것이라고 봅니다. 결국 함께 있었던 김경호가 아이를 유괴했다는 것, 그리고 아이가 이미 하늘나라로 갔다는 것, 그리고 자신이 편지를 대필했다는 것 등을 진술했기 때문에 박진봉이 코너에 몰리게 되었던 겁니다.

김윤희 저는 박진봉이 전과자였기 때문에 '내가 여기서 범행을 시인하지 않으면 오히려 괘씸죄로 더 강력한 처벌을 받게 된다.'는 사실을 알았을 것 같아요. 그래서 이 정도로 몰렸을 때쯤에 자백을 했다는 생각이 들어요.

김복준 전과자들의 특성이에요. 더 이상 빼도 박도 못하는 상황이라는 생각이 들면 자백을 하는 것이 유리한지, 아니면 어차피 이렇게 되었기 때문에 그대로 가는 것이 유리한지에 대해 아주 빠르게 판단하고 선택해요.

김윤희 일반적으로 프로파일러들이 인터뷰를 하는 사람들은 전과가 아예 없거나 전과가 아주 많은 사람들이에요. 그런데 형사 분들은 굉장히 다양한 범죄자들을 다루시잖아요. 형사 분들이 전과 1범, 즉 처음 범죄를 저질렀을 때와 전과가 누적되어 전과 2범, 전과 3범, 전과 4범이 됐을 때, 그리고 전과가 아주 많아졌을 때 범죄자들이 보이는 행동패턴이 완전히 다르다는 이야기를 하시더라고요.

김복준 네, 완전히 달라요.

김윤희 그들 중에서 가장 다루기 힘든 경우가 전과 2범, 전과 3범, 전과 4범 정도의 범죄자들인데, 그 사람들은 어느 정도의 정보는 가지고 있는데 판단능력이 떨어지기 때문이라고 하더라고요.

김복준 '얼치기' 들이죠. 얼치기들이 가장 힘들어요.

김윤희 초범이나 전과가 아주 많은 사람들은 오히려 자백받기가 훨씬 수월하다고 들었습니다.

김복준 전과가 많은 범인들이 훨씬 편해요. 어차피 전과가 많은 사람들은 어느 정도 달관을 해서 거래를 할 줄 알아요. '내가 이 정도 선에서 이야기를 하면 저 형사가 이 정도 선에서 받아주고 나는 이 정도의 처벌을 받는다.'는 생각을 해요. 그들이 생각하는 '암묵적인 달'이라고 보시면 됩니다. 기소를 하는데 무리가 없는 정도까지 인정하는 것이라고 할 수 있어요. 그런데 전과 2범, 전과 3, 4범 같은 경우에는 들은 것도 있고 아는 것도 있는데 제대로 판단을 못하는 겁니다. 그래서 일단 우기고 보는 스타일이죠. 과거에는 이렇게 행동하는 범인들을 아주 가혹하게 다루는 경우가 많았어요.

아무튼 그래서 박진봉이 많이 버텼던 것 같아요. 이제 경찰의 입장에서는 간단합니다. 확실한 물증이 필요하기 때문에 증거를 찾아야 하는 것이죠. 아이가 없어졌던 10월 24일부터 검거된 11월 6일까지 범인의 행적을 수사하는 겁니다. 이른바 알리바이를 확인해 나가는 것이죠. 그랬더니 박진봉이 그 시기에 혼자 있었던 것으로 판명이 됩니다. 혼자서 활동을 했고, 조금 전에 말씀하신 것처럼 전국적인 공조수사가 개시된 이후에는 삭발을 하고 승려 행세를 했던 거예요. 이후에 다시 말씀드리겠지만 박진봉은 나중에 실제로 불교에 귀의합니다. 어쨌든 박진봉이 승려 행세를 하면서 포항, 울산, 강릉 등으로 도피생활을 했던 겁니다. 그리고 경북 영천의 역전에서 노숙자였던 김경호를 만나서 김경호에게 자신이 아이를 납치할 때 입었던 옷과 똑같은 옷을 사서 입혀요.

김윤희 자신이 아이를 납치할 때 입었던 옷을 노숙자인 김경호에게 사줬다는 것이죠.

김복준 네, 혹시 범행을 목격했던 사람이 있으면 인상착의를 똑같이 만들어서 김경호에게 모든 죄를 덮어씌우려는 목적이죠. 그리고 조금 전에 말씀드렸던 편지 세 통을 대필하게 한 거예요.

김윤희 제가 사진으로 봤는데 김경호와 박진봉의 체격이 꽤 비슷하더라고요. 마른 체형이고 키도 그렇게 차이나지 않더라고요.

김복준 네, 비슷합니다. 그런데 편지의 내용이 유괴와 관련된 것이잖아요. 편지 세 통을 썼는데 필체는 김경호가 직접 쓴 것이고, 또 아이를 납치할 때 자신이 입었던 옷과 똑같은 옷을 사서 입혀두면 김경호가 꼼짝없이 범인으로 몰릴 수도 있잖아요. 게다가 가능하다면 양군의 부모로부터 돈을 받고 이 모든 일들이 자신의 생각처럼 밝혀진 다음에 김경호를 죽여 버리는 것이죠. 그렇게 되면 김경호가 납치범이 되어서 죽는 것이기 때문에 모든 죄를 김경호에게 뒤집어씌울 수 있는 거예요. 그것이 박진봉의 꿈 꿨던 시나리오였어요.

박진봉의 경우에는 초등학교 4학년 중퇴입니다. 그럼에도 불구하고 머리가 비상했어요. 교도소를 들락거리면서 배운 것인데, 박진봉에게는 교도소가 '범죄 학교'였던 거예요. 박진봉은 15세가 되는 해였던 1972년부터 강도짓을 했다고 해요. 경남 고성경찰서에 잡혔는데 특수 강도로 소년원에 들어가게 되었다고 해요. 15세였던 1972년에 특수 강도를 시작으로 절도, 폭력, 강도, 강간치사 등으로 전과 9범이었어요. 흉악범이었죠. 특별한 직업도 없이 막노동을 전전하면서 살아가던 중에 아이를 유괴해서 한 밑천 챙기겠다는 생각을 했던 것 같습니다.

크리티컬 타임, 그리고 피해자 가족들의 마음

김윤희 여기서 사건에 대한 궁금증 몇 가지가 생기는 것 같아요. 첫 번째는 그렇다면 실제로 렌터카에 대한 이야기를 꺼낼 만큼 이 사건이 복수나 원한으로 인한 유괴인 것인가? 그렇지 않다면 다른 목적으로 아이를 유괴를 하고 살인을 한 것인가? 하는 것입니다.

김복준 렌터카는 사건과 전혀 상관이 없습니다. 수사에 혼선을 주기 위해서 박진봉이 거짓으로 흘린 이야기입니다. 마침 아이의 아버지에게 교통사고가 일어났다는 사실을 알고 거짓으로 꾸며낸 것으로 보입니다. 그리고 아이를 납치하면서 아이에게 '너희 아버지는 무슨 일을 하시냐? 너희 부자냐?' 고 물었고 아이가 '우리 아버지는 렌터카 사장이에요. 우리 집 부자예요.' 라는 이야기를 했다는 진술이 있었어요.

김윤희 이 사건을 보면서 굉장히 화나는 이유 중의 하나는 박진봉이 검거된 3일 후에 자백을 하게 되었고, 아이를 살해하는 상황에 대해서도 진술을 했는데 아이를 납치한 바로 그날 아이를 살해했다는 것이었습니다.

김복준 정말로 뻔뻔하고 나쁜 인간이죠.

사실 양 군은 학교를 잘 안 가려고 했던 것 같아요. 자주 땡땡이를 치는 학생이었던 것 같아요. 사건이 발생한 날에도 양 군이 학교에 간다고 집을 나서서는 학교에 가지 않고 근처 야산으로 가서 혼자 놀고 있었던 거예요. 야산에서 혼자 놀고 있는 양 군을 발견한 박진봉이 양 군에게 접근해서는 이것저것 물어봤어요. '너희 집은 가정형편이 어떠냐?' 는 식으로 물었더니 조금 전에 말씀드린 것처럼 '우리 아버지는 렌터카 회사 사장이고 우리 집은 부자에요.' 라는 식으로 이야기를 했던 거예요. 아이의 이야기를 들은 박진봉은 한밑천 뜯어내겠다는 마음을 먹고 양 군 부모의 직업과 집 전화번호를 알아낸 다음에 아이를 납치했던 거예요.

그러고는 야산에서 아이를 납치한 바로 그날 아이를 살해했던 거예요. 살해 장소는 동네로부터 500m밖에 떨어지지 않은 곳에 서제골이라는 골짜기가 있는데 그 골짜기의 뒤편 야산이었습니다. 박진봉은 아이를 살해한 다음에 마치 아이가 살아있는 것처럼 부모를 속이고 계속해서 전화를 하면서 희망고문을 했던 것이죠. 정말 나쁜 놈입니다. 경찰이 박진봉을 검거하고 나서 아이를 찾아 나섰을 것 아니에요. 경찰이 서제골 뒤편의 야산에서 아이의 시신을 발견했는데, 시신은 이미 심하게 부패가 진행된 상태였습니다. 박진봉의 진술처럼 아이를 납치한 즉시 살해한 것으로 판명되었습니다. 그 전까지는 죄명도 영리목적 약취유인이었지만, 그때부터는 살인 및 사체유기죄로 바뀌었습니다.

김윤희 나중에 다시 말씀드리겠지만, 유괴 살인사건의 경우에는 일반적으로 초동수사가 아주 중요합니다.

김복준 그렇죠. 크리티컬 타임critical time이 있습니다.

김윤희 유괴 사건에서 초동수사, 즉 시간이 중요한데 크리티컬 타임은 삼일입니다. 72시간이 지나기 전에 아이가 살해되는 확률이 60~70%이기 때문에 범인들이 항상 이야기하는 '아이가 살아있다.' 라는 말을 정확하게 판단할 필요가 있습니다.

양 군의 경우에도 학교가 끝나고 시간이 한참 지난 10시 정도까지 집에 돌아오지 않았는데 그 시간에야 아이의 부재를 확인할 수 있었잖아요. 일반적으로 아이가 귀가하지 않은 상황일 경우, 경찰은 유괴로 판단해서 수사를 시작하는 것이 아니라 실종으로 수사를 시작하게 됩니다. 실종신고가 접수됐을 때, 아이가 가출을 한 것인지 유괴를 당한 것인지에 대해 판단할 수 있는 기준이 거의 없거든요. 실제로 빠르게 판단을 내리는 것이 가장 중요한 부분이기 때문에 수사관들이 시간적인 부분을 놓치지 않기 위해 주의를 기울여야 합니다.

김복준 이 사건에서도 잘못된 부분이 있어요. 이 사건을 보면 아이가 아침 8시에 집을 나갔고, 밤 10시에 범인으로부터 전화가 왔어요. 그 정도의 시간이 있었다면 동네 주변이나 야산 같은 곳을 뒤졌어야 해요. 학교 가기 싫어하는 어린아이가 갈만한 곳이 많지 않아요. 경찰들이 서제골에도 갔었다고 해요. 경찰들이 그곳도 뒤졌다고 하는데 수박 겉핥기식으로 했던 것 같아요. 수색작업을 대충 하고 왔던 거예요. 땅을 30cm정도 파서 아이의 시신을 묻었다고 하는데 육안으로 확인할 수 있을 정도로 허술했다고 합니다. 그럼에도 불구하고 현장을 수색했던 경찰관들이 발견하지 못했다면 그 수색은 문제가 있는 것이죠. 그 부분은 분명히 반성하고 지나가야 할 것 같습니다. 꼼꼼하게 수색을 해서 아이를 빨리 찾았다면 혹시 살아있을 수도 있었을까요? 잘 모르겠습니다.

김윤희 네, 그 부분도 생각해 볼 수 있는 문제인 것 같습니다. 저는 비록 죽었지만 아이의 육체가 땅속에서 혼자서 그렇게 오랜 시간을 있었다는 것이 너무 마음이 아팠어요. 부모님 같은 경우에는 한 달이라는 시간이 정말 악몽이었을 것이잖아요. 그리고 사후에 온전하게 시신을 수습하는 일은 아이가 살아 있느냐, 살아있지 않느냐에 대한 것만큼이나 유족들에게는 굉장히 중요하고 크게 다가오는 부분이에요. 세월 호와 같은 사건을 통해서도 드러난 것처럼 가끔은 '유골을 찾고 못 찾고의 문제가 뭐 그렇게 중요하냐?'고 말씀하시는 분이 있는데 유족들에게는 굉장히 중요한 부분이거든요. 가족의 생사여부를 확인하고 그 유골을 확인한다는 것은 어떻게 보면 이제는 다시 볼 수 없는 가족을 고이 보내주는 지점일 뿐만 아니라, 남은 사람들이 그 일을 마무리 짓고 새롭게 시작하는 지점이 될 수 있기 때문이에요. 그런 부분을 이해하기 어렵다는 분들이 가끔 있으시더라고요.

김복준 '뭘 그렇게까지 찾으려고 애를 쓰느냐?' 라고 하시는 분들도 계신데 그것은 조금 아닌 것 같습니다.

김윤희 네. 그것이 왜 그렇게 중요하냐고 말씀하시는데 심적으로도 그렇지만, 지금까지 살아왔던 어떤 과정을 정리하는 부분이기 때문에 굉장히 중요한 부분이라고 생각합니다.

'수법 범죄' 유괴의 한국적인 특징들

김복준 피해자의 집 근처에 박진봉의 누나 집이 있었어요. 박진봉은 막노동하면서 거의 떠돌이처럼 살았다고 할 수 있거든요. 그런데 누나 집이 있었기 때문에 그 근처를 수시로 드나들었던 것입니다. 결정적인 제보를 했던 제보자가 말씀하셨던 것처럼 어린 양 군이 자주 가던 오락실 주변을 들락날락하면서 눈에 띄었다는 것은 명백한 사실일 거예요.

박진봉의 범행 수법을 살펴보면 수법이 나름 치밀하고 꼼꼼하잖아요. 노숙자 김경호에게 범행 당시에 자신이 입었던 옷과 똑같은 옷을 구해서 입히고 협박 편지를 대필하게 만들었어요. 나중에는 양 군의 부모로부터 돈을 받은 다음에는 노숙자 김경호를 살해해서 양 군의 유괴범인 김경호가 자살했다는 상황을 완벽하게 연출하기 위해서 수면제 130알을 미리 준비했거든요. 이런 수법들은 박진봉이 엄청나게 치밀하게 준비했다는 것을 보여주잖아요. 다음으로는 어린 양 군을 유괴한 그날 바로 살해하는 방법 등은 학습된 유괴범의 행동 양태가 분명해요.

김윤희 과거의 유괴 범죄에 비해서도 굉장히 치밀하게 이뤄졌다는 것이죠.

김복준 그렇죠. 유괴와 같은 범죄를 '수법 범죄'라고 하는데, 유괴 범죄의 수사는 지금도 마찬가지일 거예요. 유괴는 수법 범죄이기 때문에 이런 범죄는 경험이 있는 사람들이 하는 것입니다. 경찰관들이 자신의 관할 지역에서 유괴가 발생하면 수감된 유괴범의 명단을 전부 확인해요. 그리고 명단에 나와 있는 유괴범들과 같은 방에 있었거나 접촉했던 죄수들을 추린 다음에 일일이 확인하는 거예요. 이 일은 유괴가 발생했을 때 경찰에서 기본적으로 하는 일입니다. 이 사건의 경우에도 사건이 발생하자마자 유괴범으로 수감되어 있는 사람들을 찾아가서 범인의 목소리를 들려주었어요. 그렇게 해서 나온 진술을 바탕으로 범인의 신상을 뒷받침할 수 있었던 거예요. 제보와도 맞닿아 있었지만 수사관도 제대로 수사를 했던 것입니다.

이 사건과 아주 관련이 깊은 사건이 있습니다. 과거에 있었던 사건 중에서 구독자 여러분들도 잘 알고 있는 사건입니다. 곽경택 감독이 만든 영화 중에 배우 김윤석 씨와 유해진 씨가 나왔던《극비수사》라는 영화가 있어요. 김윤석 씨는 공길용 형사의 역할로 나오고 유해진 씨는 김중산 도사 역할로 나왔습니다. 영화《극비수사》의 모티브가 됐던 사건이 1978년 9월 15일에 일어났던 부산 문창수산주식회사 대표의 딸이었던 정효주 양이 유괴되었던 사건이거든요. 정말 불행하게도 피해자인 정효주 양은 두 번이나 유괴를 당했어요. 운이 엄청 없었어요. 1978년 9월 15일에 1차로 납치됩니다. 그 사건의 범인은 매석환이에요. 성이 아주 특이하죠? 매석환에게 한 번 납치되었다가 풀려났어요. 그리고 이듬해인 1979년 4월 14일에 두 번째로 유괴되었습니다. 당시 유괴되었던 정효주 양이 지금은 미국에서 잘 살고 있다고 합니다. 그때 범인은 이원석이었는데 정효주 양을 납치했다가 고속도로에서 풀어주었습니다. 그리고 이후에 검거되었어요. 박진봉이 1996년 대전 교도소에서 수감되어 있었을 때 이 두 번째 납치 사건의 범인이었던 이원석과 같은 방에서 생활했어요. 그리고 목공실에서 작업도 같이 했었고요. 경찰 수사관이 이원석을 찾아가서 어린이 유괴 사건이 발생했는데 당신이 유괴 사건에 대해서는 잘 알고 있을 것 같은데 목소리를 듣고 혹시 아는 사람인지 확인해 주면 좋겠다고 하면서 범인의 목소리를 들려줍니다. 그랬더니 이원석이 이 목소리는 박진봉의 목소리라고 이야기했다고 합니다. 목소리가 똑같다고 이야기를 했던 것이죠.

김윤희 실제로 들어보면 아시겠지만 박진봉 목소리에 쉿소리가 있어서 특

이한데다 사투리도 섞여 있어요. 아주 특징적인 목소리인 것은 분
명해요.

김복준 수감되어 있던 이원석이 수사관이 틀어준 녹음을 듣더니 '이거 박
진봉 맞는데요!' 라고 하더라는 거예요. 박진봉은 빠져나갈 방법이
없었던 거예요. 경찰이 유괴 사건을 수사할 때는 항상 아이가 살아
있기를 바라면서 수사를 하게 되잖아요. 유괴 납치사건에서 아이의
생명을 구하지 못한다는 것은 결과적으로 실패한 수사입니다. 범
인을 검거하는 것도 중요하지만 피해자인 어린이가 사망했다면 실
패한 수사인 거예요.

아무튼 박진봉은 1996년에 폭력으로 1년 6개월의 징역형을 받고 대
전 교도소에 수감되어 있었는데, 1979년 정효주 양의 유괴범인 이
원석과 함께 지냈다고 했잖아요. 당시 이원석은 20년 형기 중에서
18년째 복역을 하고 있었던 모범수였어요. 그래서 얼마 후에 석방
이 됩니다. 그런데 박진봉은 이원석과 함께 지내는 동안에 '아이를
납치한 다음에는 아이를 데리고 다닐 수는 없기 때문에 바로 살해
해야 한다.' 는 것을 배웠다는 거예요.

김윤희 그런데 그것은 납치범들의 공통적인 특징이에요. 납치범들의 대
부분은 아이들을 장기간 데리고 다닐 수 없다는 사실을 알고 있
어요. 왜냐하면 아이들을 데리고 다니는 것이 눈에 띄는 일일 뿐
만 아니라, 아이들은 칭얼대고 시끄럽게 굴고 요구하는 것도 많아
서 눈에 띌 수밖에 없는 상황이 만들어지기 때문이에요. 그런 부분
을 인지하고 있는 것이죠. 저는 박진봉이 아이와 이야기를 하다 보
니 아이가 자신의 집이 부자라고 해서 우발적으로 유괴하고 살인

을 했다고 진술한 내용은 변명일 뿐이라고 생각해요. 자기가 아이를 유괴할 생각이 없었다면 범행 수법이 이렇게 꼼꼼할 수 있었을까요?

김복준 그럼요. 미리 알아두고 공부할 이유가 없죠.

김윤희 그렇죠. 박진봉은 자신이 출소한 이후에 교도소에서 들었던 내용들을 어떻게 사용할 것이라는 생각을 가지고 있었던 것 같아요. 대략적인 생각을 머릿속에 그려두고 있었기 때문에 납치와 유괴에 대한 이야기를 꼼꼼하게 들어뒀고 나중에 그대로 적용한 것이라는 생각이 들어요.

김복준 박진봉도 그렇게 이야기를 했어요. 교도소에서 납치와 관련된 수법들을 습득했다. 그때 들었던 이야기가 '미성년자를 유괴해서 데리고 다니면 여러모로 골치가 아프기 때문에 즉시 죽여야 한다는 것이었다. 나는 그대로 했을 뿐이다. 배운 대로 들은 대로 그대로 했다.'고 이야기를 했어요. 그래서 아주 가슴 아픈 일인 것입니다. 양군은 납치된 후에 야산에서 바로 살해된 거예요. 그리고 바로 매장이 되었던 것이고요.

김윤희 유괴 범죄, 특히 유괴 살인은 저희가 절대로 용서할 수 없는 이유가 아이들을 대상으로 하는 범죄이기 때문이에요. 더욱이 유괴 살인의 대부분이 아이를 납치하자마자 살해하기 때문에 이 사람들의 범행이 너무나 계획적이고 너무나 악랄하다고 이야기 할 수밖에 없어요.

일반적으로 유괴범들이 보이는 특징을 크게 6~7가지 정도 이야기를 합니다. 사체를 유기한 장소에 다시 되돌아온다는 것이 20%정도 있고요. 유괴를 한 이후에는 곧바로 마을을 떠난다고 합니다. 다음으로는 누군가에게 털어놓는다고 하는데 박진봉도 노숙자에게 환심을 사기 위해서 자신이 저지른 범죄의 일부분을 털어놓았잖아요. 그리고 매체에 대해 계속해서 관심을 가진다고 합니다. 그렇기 때문에 경찰에서 공개수사를 하기 전에 고려사항이 많아지는 것입니다.

김복준 그렇죠. 그래서 영화 제목처럼 '극비수사' 라는 말도 나오는 겁니다.

김윤희 제가 가장 악랄하다고 느끼는 부분은 박진봉이 피해자 가족들과 접촉을 하잖아요. 울산에서 그런 식으로 협박전화를 한 다음에 김해로 와서 잠시 머무르는데, 그때 박진봉이 슈퍼 옆에 있는 비디오 가게를 드나들면서 피해자 가족의 주위를 계속해서 둘러보고 염탐을 합니다. 이렇게 프로파일링을 통해서 범죄자들의 행동을 파악하게 되면 나중에 수사를 진행할 때 주변 인물들을 추려나갈 수 있기 때문에 범죄자들의 이런 행동들에 대해서 조사를 하는 것이 중요합니다.

김복준 유괴 사건 같은 범죄는 대부분 계획적 범죄고요. 연고, 지리감이 있다는 것이 특징입니다. 감금이나 협박을 수단으로 사용한다는 것은 어쩌면 지극히 당연하다고 할 수 있고요. 다음으로는 대개 공범자가 있어요. 그런데 이 사건의 경우에는 공범이 없었어요. 그리고 어린아나 여성을 범행 대상으로 삼는 것도 특징이고요. 장기화 되면 살해될 가능성이 농후하다는 것이고요. 기준은 앞에서 말씀 드렸던 72시간이고요. 주로 전화를 이용해서 협박한다는 것까지 해서 대략 7가지 정도 유괴범의 특징이 있어요 외국 같은 경우에도 갑자기 잡아당기는 범죄라고 해서 '스내치 케이스snatch case'라고 부르기도 합니다.

김윤희 네, 맞습니다. 우리나라에서도 그렇고 외국에서도 유괴에 대한 실태조사를 많이 하고 있습니다. 한국의 경우에는 한국형사정책연구원에서 2009년도에 실태조사를 했던 적이 있어요. 그것과 외국 사례를 비교했을 때, 유사한 점은 유괴 범죄가 다른 범죄에 비해서 여성 가해자가 많은 범죄라는 것입니다. 성별로 나누면 남성이 65.3%, 그리고 여성이 34.7%로 나타났습니다. 이런 결과가 나오는 이유는 양육 목적의 유괴의 경우에는 거의 여성이 많기 때문이라고 알려져 있습니다. 우리에게 많이 알려져 있는 유괴 범죄는 주로 이익 목적의 유괴입니다. 그런데 유괴는 그 목적에 따라 크게 세 가지로 나눌 수 있어요. 첫째가 양육 목적의 유괴입니다.

김복준 직접 아이를 기르는 것이 목적이죠.

김윤희 네, 키우려는 목적이죠. 둘째는 성적 목적의 유괴, 그리고 마지막으로 이익 목적의 유괴가 있습니다. 그밖에도 박진봉 사건과 관련해서 앞부분에 나왔던 복수를 목적으로 하는 유괴 등이 있어요. 말씀 드린 것처럼 양육 목적의 유괴는 여성이 많아서 유난히 여성비율이 높은 범죄라는 특징이 있어요.

김복준 영아납치 같은 경우는 생각보다 많습니다. 저도 의정부경찰서에서 근무할 때 산부인과에서 아이를 낳자마자 누가 훔쳐갔던 사건을 담당했던 경험이 있습니다. 제가 아이를 찾느라고 엄청나게 고생했거든요. 실제로 수사는 의정부시 전체를 돌아다니면서 갑자기 아기가 생긴 집을 탐문하는 방식으로 이루어졌어요. 결국 탐문수사로 범인을 검거했는데, 범인은 아이를 낳을 수 없는 불임여성이었어요. 여성분이 아이가 욕심이 나서 훔쳐갔던 거예요. 이 여성이 산부인과 내부에 숨어 있다가 어린아이를 안고 도망간 사건이었거든요. 이렇게 양육 목적의 유괴 사건도 있습니다. 하지만 박진봉의 경우에는 이득 목적의 유괴 사건이라고 볼 수 있겠죠.

김윤희 이득 목적의 유괴 사건의 경우에는 아이가 살해당할 확률이 높다는 특징이 있는데요.

김복준 거의 100%에 가깝습니다.

김윤희 이 부분이 가장 끔찍하고 무서운 것 같아요.

김복준 아무튼 그렇게 해서 박진봉은 교도소에서 배웠던 것을 기초로 해서 아이를 납치하자마자 바로 살해를 했습니다. 이 부분은 정말 안타까운 부분이기도 해요.

그리고 그때가 김대중 대통령 재임 시절이거든요. 이 사건이 사회문제로 부각되면서 11월 24일에 경남지사를 통해서 조의를 표하고 대책 마련도 지시합니다. 조금 전에 나왔던 정효주 양 납치사건은 박정희 대통령 재임 시절에 일어난 사건이었어요. 정효주 양이 두 번째 납치됐을 때 박정희 대통령이 효주 양을 풀어주면 최대한 선처하겠다는 이야기를 했고, 그래서 이원석이 정효주 양을 풀어줬어요. 그럼에도 불구하고 검거되었고 수형생활을 했어요.

하지만 1998년에는 외환위기가 일어난 시기였기 때문에 이 사건으로 끝난 것이 아니에요. 이후에도 유괴 사건이 몇 건이나 더 일어났어요. 이 사건은 10월 23일에 일어났잖아요. 11월 15일에도 유괴 사건이 일어납니다.

김윤희 네, 박진봉은 11월 19일에 검거되는데 11월 15일에도 유괴 사건이 일어났다는 것이네요.

김복준 11월 15일에는 서울 상도동에서 친구들과 놀다가 귀가 중이었던 11세의 어린아이를 과도로 위협한 다음 두 시간 동안이나 끌고 다니면서 부모에게 500만 원을 요구했던 사건이 터졌어요. 그러니까 경남에서 한창 수사를 진행하고 있는데 서울에서 유괴 사건이 또 일어났던 거예요. 이 사건은 범인을 검거했더니 겨우 15세의 고등학생이었어요. 이 고등학생은 밤에 돈을 받으러 왔다가 그곳에서 검거되었죠. 범행 수법이나 과정은 허술했지만 어린아이 납치사건이 다시 일어났는데, 같은 날인 11월 15일에 부산에서도 납치사건이 일어나요. 수영구 광안동의 슈퍼 앞에서 놀고 있던 7세 남자아이와 5세 여자아이 두 명이 실종된 사건이 터져요. 실종 3일째 되는 날에 범인인 42세의 목수를 검거했어요. 범인은 아이들을 선착장에 정박해 있는 소형 어선 안으로 데려 가서 5세의 여자아이는 강간을 하고 7세의 남자아이는 목을 졸라서 살해한 다음에 밧줄로 묶어서 바다에 유기한 사건이었습니다. 다음 날인 11월 16일에도 유괴 사건이 발생했고 계속해서 11월 28일에도 유괴 사건이 일어났어요. 그즈음에 유괴 사건이 동시다발적으로 일어났는데 상황이 얼마나 심각했겠어요. 결국 김대중 대통령이 특별 담화문을 발표하고 대책을 마련하라는 지시를 내리기까지 했던 겁니다.

김윤희 그래서 유괴를 예방하는 매뉴얼에 대한 철저한 교육과 캠페인이 일어났습니다. 그리고 유괴와 관련된 범죄에 대한 인식도 바뀌어야 한다고 해서 많은 연구가 이뤄지고 그 결과로 다수의 논문들이 발표된 것도 이 시기의 일이었습니다. 그리고 외국에서는 어떻게 하고 있는지를 조사해서 관련된 시스템을 도입해야 한다는 여론이 힘을 얻었던 것도 정확하게 이때쯤이었던 것 같아요.

김복준 맞습니다. 박진봉은 1심에서 사형을 선고 받았지만 결국 사형을 집행하지는 않았죠. 2002년 월드컵이 열리던 해에 마산에 있는 극락정사의 주지 스님께 편지 한 통이 도착합니다. 그 편지는 박진봉이 교도소에서 주지스님께 쓴 편지였어요. 내용은 천도제를 부탁한다는 것이었습니다. 죽은 양 군의 천도제를 지내달라고 했는데 실제로 극락정사 주지스님이 그 편지를 받고 죽은 양 군의 천도제를 지내줍니다. 그리고 교도소로 가서 박진봉을 만납니다. '당신이 할 수 있는 최선의 참회는 불교에 귀의하는 겁니다.' 라고 해서 청명이라는 법명과 함께 수계식을 진행했습니다. 지금 박진봉은 교도소 내에서 불교에 귀의해서 살고 있다고 합니다.

참, 어린아이를 납치해서 잔인하게 살해한 이런 사람들조차도 그 이후로는 사형이 집행되지 않았어요. 그리고 어린아이 납치사건이 1998년에만 일어났던 것은 아니에요. 그 이후에도 최근까지 지속적으로 일어났어요.

김윤희 제가 살펴본 형사정책연구원의 자료는 2009년까지의 상황을 정리한 것입니다. 최근의 자료까지는 제가 찾아보지 못했는데 2009년까지는 계속해서 유괴 범죄가 증가하는 경향성을 보였습니다. 그리고 과거와 비교했을 때 유괴 살인, 즉 아이를 납치한 후에 살인까지 이어지는 사건은 줄어들었습니다. 하지만, 유괴라는 범죄, 즉 흔히 납치라고 이야기하는 사건들은 지속적으로 증가하고 있다는 것을 보여주는 자료였습니다. 유괴를 하는 범인이 면식범인지 비면식범인지에 대해서도 연구를 진행했는데 면식범과 비면식범의 비율은 거의 반반이었어요. 조금 전에 양육 목적의 유괴에 대해서도 이야기를 했지만, 놀라운 사실은 실제로 일어나는 납치사건의 20% 정도는 친부모에 의해서 이루어진다는 것이었습니다. 이것은 양육이나 복수의 목적을 가진 범죄라고 생각됩니다. 사실 우리나라에서는 '친부모에 의한 유괴'라는 것이 낯설게 느껴질 수도 있지만, 외국의 경우에는 이런 케이스가 생각보다 많습니다.

김복준 외국, 특히 서양의 경우에는 양육과 친권이 분리되어 있는 국가들이 많아요. 부모와 자녀들이 따로 떨어져서 살다가 아이를 훔쳐오는 것입니다. 실제로 그런 행위는 범죄이기 때문에 유괴죄가 성립됩니다.

김윤희 유괴라는 것을 어떻게 정의할 것이냐에 대해서는 다양한 견해들이 있습니다. 그래서 친부모에 의한 유괴를 유괴라고 볼 것인지에 대해서도 이견들이 있지만, 현재는 대부분의 국가에서 친부모들이 자신의 아이를 납치하는 것도 유괴로 분류를 하고 있습니다.

유괴 범죄의 연구와 관련해서 또 하나 눈길을 끄는 것이 가해자의 특성에 대한 조사였습니다. 대부분의 가해자들이 말씀하신 것처럼 피해자의 주변에 사는 인물이라는 거예요. 왜냐하면 어린아이라는 가장 약한 대상을 타깃으로 하는 유괴범들은 스스로 범행 대상을 컨트롤할 수 있는 능력이 부족하다고 생각하기 때문에 범행 장소를 익숙한 장소로 선택하는 경향이 있는 것이죠. 익숙한 장소에서 가장 약한 어린아이를 타깃으로 한다는 점에서 가장 비열한 포식자라고 말할 수 있을 것 같아요. 프로파일러들이 지리적 프로파일링을 하면서 어떤 이론을 대입할 때에는 가해자가 피해자를 '사냥한다'는 개념으로 생각해요. 유괴범들의 경우에는 말씀드린 것처럼 가장 약한 대상을 노리는 것이라고 할 수 있는데, 그들이 피해자를 선택하는 것에서도 아주 특징적인 부분이 있어요. 피해자의 선택은 목적에 따라서 다양할 수는 있지만, 다수의 연구 결과에 따르면 겉모습, 즉 외모가 피해자 선택의 주요한 기준이 된다고 합니다. 성적인 목적의 유괴범이 다수이기 때문일 수도 있는데 이들이 아이의 외모를 선택의 기준으로 하는 것은 분명하다고 해요. 그리고 정확한 기준을 알 수는 없지만 순종적일 것 같은 아이들을 선택한다는 주장도 있어요.

김복준 최근의 기사를 봤는데 노르웨이에서 억만장자의 부인이 납치된 사건이 있었어요. 새해 벽두에 접한 사건인데, 유괴범이 '당신 아내를 내가 납치했다. 가상화폐를 내놔라.'라고 요구를 했는데 환산하면 대략 117억 원 정도의 금액이었어요. 톰 하겐 씨의 아내 안네 엘리자베스 팔케빅 하겐이라는 여성을 10월 31일에 납치해서 117억 상당의 '모네로'라는 가상화폐를 요구하고 있는 모양입니다. 톰 하겐 씨가 부동산 투자자인데 재산이 우리 돈으로 2조 2,000억 원 정도나 되는 엄청난 부자라고 합니다. 범인이 '쪽지'로 몸값을 요구하고 있는데 아직 피해자의 생사확인도 못했고 용의자도 특정하지 못한 상태여서 노르웨이 경찰당국에 난리가 난 것 같아요. 범인이 디지털 쪽지의 형식으로 연락을 하면 경찰이 확인할 수 있을 뿐, 범인에게 연락할 방법이 없어서 공개수사로 전환한 것 같습니다. 유로폴과 인터폴에도 공조수사를 요청해서 수사를 진행하고 있는데 이 경우는 금품을 갈취하려는 목적으로 사람을 납치한 것이죠. 노르웨이 경찰이 공개수사로 전환을 했다는 것은 생존가 능성을 부정적으로 파악하고 있는 것 같습니다.

김윤희 방송의 앞부분에서도 말씀하셨던 것처럼 공개수사에 대해서 이야 기할 때, 특히 시스템과 관련된 이야기를 할 때 거론되는 것이 '엠버 경고' 라는 것이 있어요.

김복준 엠버 경고 시스템, 어린 아이들이 납치되면 발동되는 것이죠.

김윤희 네. 언론이나 지역사회의 여러 매체에 피해자의 사진과 신상정보를 유포하고, 특히 용의자의 차량번호 같은 것들을 공개를 하는 제 도를 이야기 하는 것이에요. 실제로 요즘은 여러 SNS를 통해서 사 진이나 신상정보 등을 바로바로 실시간으로 확인할 수 있기 때문 에 엠버 경고 시스템이 보편화되어 있다고 하더라고요. 이 부분은 많이 부러웠어요. 미국이나 캐나다는 매뉴얼이 잘 구축되어 있어 요. 체크리스트도 잘 만들어져 있고요. 제가 '팀 아담' 이라는 24시 간 운영되는 검색 네트워크를 찾아서 확인했는데요. 아이들이 유괴 되거나 실종되었을 때 아이의 상태를 어떻게 확인하는지에 대한 매 뉴얼들이 정리되어 있었고 인터뷰를 하는 요령들도 정리되어 있었 어요. 그리고 아이가 실종 됐을 때는 부모들이 확인해야 하는 체 크리스트들을 부모님들께 전달해준다고 합니다. 24시간 안에 확 인해야 할 일, 그리고 24시간에서 48시간 안에 확인해야 하는 리스 트들이 있었어요. 아이들이 최근에 접촉한 사람이 누구였는지, 혹 은 아이들이 최근에 말했던 내용들을 적게 한다든지, 그리고 아이 가 가지고 있던 물건들을 떠올려보고 아이가 가 있을 만한 장소 등을 정리한 리스트를 작성해서 수사기관에 전달하는 것까지의 모든 과정이 매뉴얼과 체크리스트에 나와 있었어요. 우리나라에서도 수사관들의 수사 역량은 뒤떨어지지 않는다고 생각하지만, 유괴나 납치 사건을 처음 접하는 수사관들도 있을 수 있기 때문에 이에 관련된 매뉴얼이나 체크리스트들을 잘 정돈해야 한다는 생각이 들더라고요.

범인 검거의 의지, 그리고 피해자를 배려하는 마음

김복준 저는 매뉴얼이나 체크리스트가 부족해서 대한민국 경찰이 수사를 잘 못했다고 생각하지는 않아요. 김윤희 프로파일러께서 설명한 정도의 매뉴얼과 체크리스트에 나와 있는 구체적인 내용을 보면 굉장히 효율적이고 좋은 것이라고 생각해요. 그런데 제가 현장에서 느낀 것은 매뉴얼이 없는 것도 문제지만, 설령 더 좋은 매뉴얼이 있다고 하더라도 그 매뉴얼에 따라서 행동하느냐가 문제라는 것이에요. 경찰관들이 매뉴얼이 있음에도 불구하고 지키지 않기 때문에 생기는 문제가 많거든요. 허술한 부분이 있지만 매뉴얼을 지키면 예방할 수 있는 것도 제대로 지키지 않는 사람들이 너무 많아요. 실제로 '인질 납치 사건에 대한 매뉴얼'과 '가정폭력에 대한 매뉴얼' 등 지금도 우리나라에서 사용되고 있는 매뉴얼 몇 개는 저도 제작과정에 직접 참여했어요. 제가 현직에 있을 때 만들어서 배포했기 때문에 지금도 후배들이 그 매뉴얼로 사용하고 있을 수도 있어요. 그런데 인질납치 매뉴얼을 보면 초동단계에서 지구대 경찰들의 행동요령부터 피해자 가족들을 안정시키는 것까지 포함되어 있는데 저는 개인적으로 꽤 구체적으로 만들어졌다고 생각해요. 그런데 제가 가장 중요하게 생각하는 것은 그 사건에 임하는 수사관들의 마음가짐이에요. 내 자식이라는 개념 그리고 나는 형사라는 개념, 나는 대한민국의 경찰이라는 개념으로 접근해야 하는데, '에이, 또 귀찮은 사건 하나 발생했네. 현장에 가서 적당히 하고 와야지.' 라는 식의 마음가짐으로 근무에 임하는 개념 없는 사람들이 가끔 있기 때문에 수사가 실패로 끝나버린다는 것이에요.

김윤희 저도 그 부분이 굉장히 중요하다고 생각합니다. 그런데 '마음가짐' 이라고 하는 것이 경찰 개인이 갖추어야 하는 부분도 있지만, 저는 그 부분도 하나의 교육과정으로 필요하다고 생각하고 있습니다. 제가 사건 현장에 나갔을 때, 사망시간 추정과 관련해서 저는 그것이 수사를 하는 입장에서만 굉장히 중요하다고 생각했었어요.

김복준 엄청나게 중요하죠.

김윤희 네, 중요한데 유가족들이 '어머니 언제 사망하셨어요?' '저희 아이 아빠 언제 죽은 거예요?' 라는 것들을 제게 많이 물어보세요. 수사를 하는 입장이 아닌데 가족들이 많이 궁금해 하시거든요. 저는 '왜 그랬을까?' 라는 생각이 없었어요.

그런 상황에서 제 사촌오빠가 스스로 목숨을 끊었는데 저희 아버지가 발견하셨거든요. 아버지가 사촌오빠의 사망시간을 굉장히 궁금해 하시더라고요. 그래서 아버지께 '아버지, 사촌오빠의 사망 시간을 왜 친척들이 다 궁금해 하세요?' 라고 여쭈어봤더니 '혹시 내가 연락했으면, 그때쯤에 연락을 했으면 살아있지 않았을까? 혹시 내가 그때 찾아갔으면 살아있지 않았을까?' 라는 생각이 들어서 물어봤다고 하시더라고요. 나중에 제가 현장에 나갔을 때, 살해당하셨던 피해자 분의 따님을 통해서 아버지께서 하셨던 이야기와 똑같은 이야기를 들었어요. '그날이 어머니를 찾아가는 날이었는데 하필 일이 생겨서 못 갔다. 혹시 그때 내가 찾아갔더라면 어머니를 구할 수 있지 않았을까?' 라고 이야기하셨거든요. 제가 지식으로, 이론적으로 알고 있던 사망시간에 대한 개념과 유가족의 마음 사이에 엄청난 거리감이 있다는 사실을 그때 처음으로 느꼈어요. 많이 반성했거든요. 저는 스스로 피해자에 대해 마음을 많이 쓰고 배려하고 있다는 생각을 가지고 있었지만, 실제 피해자나 피해자 분의 가족들과는 다르더라고요.

김복준 수사관 입장에서 사망시간을 추정하는 것은 범인을 검거하기 위해서 필요한 것이죠. 사망시간을 정확하게 추정하지 못하면 범인의 알리바이를 입증할 수가 없잖아요. 그런데 피해자의 가족들이 사망 시점을 생각하는 것은 방금 말씀하신 것처럼 어떻게 보면 지극히 사소한 부분일 수도 있는데 자책하는 마음이죠. '내가 조금 더 빨리 연락했으면, 그때쯤에 내가 찾아갔으면……' 하는 부분이 가슴에 와 닿는 부분이라고 말씀하셨는데 대한민국 경찰관들도 저희 방송을 시청하신다면 그 정도는 인식하고 있었으면 좋겠습니다. 실제로 일선 현장에서는 '아니 왜? 자기 아버지가 살해돼서 지금 우리가 수사를 하느라고 바빠서 정신이 하나도 없는데, 그런 우리를 붙잡고 사망 시간이 언제냐고 물어보는 이유가 뭐지? 우리가 어련히 알아서 잘 정리할 텐데.' 라는 생각이 들 수 있거든요. 만약 그랬다면 오늘 우리 김윤희 프로파일러가 말씀하신 것을 참고

해서 아주 친절하게 잘 말씀해 주시면 좋을 것 같습니다.

김윤희 처음 경찰에 들어왔을 때, 형사가 되었을 때, 그리고 프로파일러 생활을 시작했을 때의 첫 마음에는 분명히 피해자들에 대한 마음, 그리고 반드시 검거해야 되겠다는 의지가 있었어요. 그런데 사건을 대하는 것이 그냥 일이 되고, 그 일이 반복되고 스트레스가 쌓여서 힘들어지고 피곤해지다 보면 그 마음을 점점 잃게 돼요. 그래서 저는 그 첫 마음을 다시 생각하게 만들어주는 과정이 필요하다고 생각하거든요. 그것이 교육이든 힐링이든 그런 과정들이 필요하다고 생각해요. 물론 혼자서 하는 것도 필요하다고 생각해요. 혼자서 마음을 다잡고 가는 것도 중요하지만, 조금 더 시스템적으로 만들고 좀 더 동기가 부여될 수 있는 부분들이 마련된다면 끝까지 형사로써 아주 좋은 형사, 아주 좋은 경찰로 갈 수 있는 방법이 아닐까 라는 생각이 들어서 감히 말씀 드려봤습니다.

김복준 그래서 경찰은 결국 뜨거운 가슴으로 하는 거예요. 가슴으로 경찰하고, 가슴으로 형사 해야 해요. 뜨겁게!

김윤희 저희가 사건을 다루면서 무언가 첨언을 하게 되는 이유는 저희가 다루는 사건이 단순히 살인사건이나 그냥 사건으로 지나치지 않았으면 좋겠다는 생각 때문이에요. 어떤 위치에서 활동하시는 분들이 비판을 받아야 한다면 비판을 하고 개선할 점이 있다면 그것은 그것대로 제시를 하는 거죠. 그리고 마음으로 느껴야 하는 부분이 있다면 누군가의 마음, 즉 저희가 이런 사건들을 다룸으로 해서 피해자나 유가족들이 느꼈을 아픔이나 상처를 조금만 더 헤아려 주셨으면 하는 부분도 있습니다. 그런 분들이 주변에 계신다면 더 많이 보듬어 주실 수 있을 것이라고 생각해서 이런 부분들을 말씀드리는 것입니다. 혹시 너무 수다스럽다고 생각하시는 분들은 너 그럽게 봐주셨으면 좋겠습니다.

김복준 유괴살인 사건이라고 해서 자료도 찾고 나름 꽤 준비도 했는데 충분한 설명이 됐는지 모르겠습니다.

김윤희 오늘 고생 많으셨습니다. 《대한민국 살인사건》은 또 다른 사건으로 여러분들을 찾아뵙도록 하겠습니다.

5장

데이트폭력에서
최연소 사형수가 되기까지,
장재진

- '복학생 오빠'의 숨겨진 과거
- 상상을 초월할 정도로 잔인한 범행계획
- 필사의 탈출, 4층에서 뛰어내린 피해자 권 양
- 최연소 민간인 사형수, 장재진
- 아무도 나를 알아주지 않는다는 변명
- '이치카와 살인사건'의 한국판

김윤희 《대한민국의 살인사건》, 오늘은 '대구 중년부부 살인사건'으로 알려진 사건입니다. 그런데 나중에 범인의 이름이 밝혀지면서 '장재진 사건'이라고 불리게 되었습니다.

김복준 이 사건도 '엽기'에요.

김윤희 정말 '엽기, 엽기.'라고 말을 해도 정말 이런 엽기가 없습니다. 교수님, 그럼 신고 받았을 때부터 시작해야 하나요?

김복준 네, 처음부터 시작해 보죠. 일단 장재진라는 사람은 범행 당시의 직업이 대학생이었습니다.

김윤희 네, 그리고 25살입니다.

김복준 25살이에요. 2014년이었는데 당시에는 좀처럼 사형선고를 하지 않았던 시기였어요. 그런데 사형선고를 했어요. 나이만 보면 역대 최연소 사형수가 됐어요.

김윤희 2010년에 접어들면서부터 사형선고가 거의 없었어요. 강원도 고성에서 있었던 총기 난사 사건 외에는 처음이죠.

김복준 총기 난사는 군인이었기 때문에 사형선고를 했던 겁니다. 군인 외의 일반인 중에서는 최연소 사형선고를 받은 범인이 바로 장재진입니다.

김윤희 교수님, 최근에도 사형선고를 받은 사람이 없죠.

김복준 없습니다. 요즘에는 사형선고 자체를 거의 안 해요. 다시 말씀드리지만 이 이야기는 하고 넘어 가야겠어요. 우리나라에는 명백히 사형제도가 있습니다. 사형제도가 있기 때문에 판사가 사형선고를 하는 것은 지극히 당연한 일이에요. 그럼에도 불구하고 판사들이 '우리나라는 사형을 집행하지 않아서 사형제도가 폐지된 나라나 마찬가지이기 때문에 사형선고를 하지 않는다.' 라는 논리로 사형선고를 하지 않고 있어요. 제 생각에 그 이야기는 판사들이 할 이야기는 아닌 것 같아요. 제 생각이 그렇다는 겁니다.

김윤희 맞아요. 일반적으로 1심에서는 사형선고가 되지만, 항소하고 상고까지 가다보면 감형이 되더라고요.

김복준 네, 대부분 무기징역으로 감형됩니다.

김윤희 그런데 교수님과 제가 방송에서 매번 열변을 토하는 중요한 이유가 있습니다. 무기징역으로 감형이 되면 어쨌든 사회로의 복귀가 이루어진다는 것입니다.

김복준 네, 짧으면 23년 정도 그리고 27~28년이 지나면 거의 대부분이 출소를 한다는 겁니다.

김윤희 교수님께서 항상 말씀하시는 것처럼 무기징역을 선고받은 다음, 교도소 복역 중에 모범수가 되면 다시 감형되기 때문에 언제 사회로 복귀할지 모른다는 것이죠.

김복준 네, 그래서 사형선고를 받으면 무기징역으로 감형 받는 일이 없어지는 것입니다. 사형수 신분으로 교도소에서 평생을 살아야 하기 때문에 그 범죄자는 영구 격리되는 거예요. 지금과 같은 법 제도로 대한민국에서 흉악한 범죄자를 영구 격리하는 방법은 생명형이 아니라고 하더라도 사형선고를 하는 것밖에 없어요. 법정에서 사형선고를 해야 흉악한 범죄를 저지른 사람들이 두 번 다시 사회로 복귀할 수 없다는 이야기에요. 그렇기 때문에 저는 사형제도가 폐지되지 않은 한 판사들은 사형선고를 해야 할 의무가 있다고 생각합니다.

사형집행과 관련된 권한은 법무부 장관이 가지고 있어요. 법무부 장관이 사형집행을 하느냐 하지 않느냐와 사형선고는 별개의 문제에요. 판사는 죄의 경중에 따라 사형선고를 하는 것으로 자신의 책무를 끝낸 거예요. 그리고 사형선고를 받은 범죄자에 대해 사형을 집행할 것인지의 여부는 법무부 장관이 결정할 일이라는 것이죠. 왜 그것까지 판사가 헤아려서 판결을 합니까? 그럴 필요는 없는 것이잖아요.

김윤희 그렇죠. 사형선고가 내려지지 않고 있는 현실에 대해서 이렇게 핏대를 세우면서 이야기를 했는데 오늘 다룰 사건의 범인 장재진은 사형선고를 받았습니다.

김복준 그런 맥락에서는 아주 특이한 케이스에요. 당시 사회적 분위기와는 달리 사형선고가 내려졌다는 것은 그 정도로 악질적인 범행을 저질렀다는 것을 의미한다고 볼 수 있습니다.

김윤희 정말 잔혹하더라고요.

김복준 이 사건의 내용을 미리 확인하셨죠? 우선 간략하게 사건 소개를 하겠습니다. 이 사건은 2014년 5월 19일 대구에 있는 한 아파트에서 발생했습니다. 시간적으로 얼마 지나지 않았기 때문에 우리 구독자 분들 모두는 아니어도 기억하시는 분들도 있을 것 같아요.

이 사건을 두고 어떤 사람들은 '이치카와 4인 가족 살인사건'과 비교하기도 해요. 그 사건하고 유사한 부분도 있는데 나중에 김윤희 프로파일러께서 설명해 주시면 좋을 것 같아요.

일단 사망한 사람에 대해 이야기하겠습니다. 사건이 발생한 장소는 대구 달서구에 있는 아파트입니다. 그곳에서 53세의 남성인 권 씨와 권 씨의 아내인 49세의 이 씨 두 사람이 살해당했습니다. 4살 터울의 부부가 동시에 살해당한 것입니다. 그리고 두 사람 사이에 딸이 있었는데 19세의 권 양입니다. 당시 권 양은 강간을 당했습니다. 권 양은 살해당한 아버지의 시신 옆에서 강간을 당했고 아파트에 감금이 되었는데, 이후 탈출하는 과정에서 아파트 4층에서 뛰어내렸고 중상을 입었습니다.

김윤희 4층에서 뛰어내리는 바람에 상처를 입은 권 양을 처음으로 목격한 사람은 아파트 경비원 분이세요. 아파트에서 사람이 추락한 것 같다고 119에 신고를 합니다. 그런데 경비원 분이 신고를 할 때까지도 권 양은 의식이 없었기 때문에 119에서는 권 양을 바로 병원으로 호송합니다. 그전에 112에도 신고가 왔었고 경찰에서도 현장으로 출동을 했겠죠. 경찰은 권 양이 어떻게 해서 추락했는지를 확인하기 위해서 권 양의 집이 있는 4층으로 올라가서 벨을 누릅니다. 여러 번 벨을 눌렀는데 아무런 반응이 없어서 현관문의 손잡이를 돌렸는데 문이 잠기지 않은 상태였던 것이죠. 교수님, 흔히 '촉이 온다.'고 표현하는 그런 상태였겠죠?

김복준 네, 바로 알 수 있어요. 촉이 옵니다.

김윤희 문을 열었어요. 그랬더니……

김복준 혹 피비린내가 납니다.

김윤희 현관 앞에는 중년의 남성이 쓰러져 있었고, 또 집안을 둘러봤는데 집안에 있던 물건도 그렇고 곳곳에 피가 흥건해서 엉망이 되어 있었던 것이죠. 그런데 욕실에는 중년 여성분이 또 쓰러져 있었던 것입니다. 그런 와중에 119에서 병원으로 후송했던 권 양이 정신을 차리면서 이야기를 합니다.

김복준 그렇죠. 권 양이 '우리 집에 빨리 가보라.' 고 이야기하잖아요.

김윤희 '큰일 났다. 우리 집에 큰일이 났다.' 는 이야기를 듣고 수사가 진행됩니다.

'복학생 오빠'의 숨겨진 과거

김복준 범행으로 바로 들어가기 전에 범인인 장재진에 대해 먼저 설명을 할까요? 장재진은 복학생입니다. 해병대에 입대해서 연평도에 있는 해병부대에서 근무를 했고, 제대 후에 다시 복학한 상태였습니다. 그런데 장재진은 성격적으로 문제가 있었던 것 같아요. 성격이 조금 포악했었나 봐요. 해병대에서 군 생활을 할 때도 후임병을 구타한 일로 징역 1년의 집행유예를 받은 적이 있어요. 군대에서는 구타가 엄격하게 금지되어 있지만, 단순하게 후임병을 구타한 일로 징역 1년이라는 실형을 선고하는 일은 거의 없어요. 아마도 엄청난 가혹행위가 있었을 겁니다. 그렇게 해병대에서 군대 생활을 하면서도 전과가 있었던 거예요.

김윤희 가혹행위를 했다고 하더라도 구류나 영창 정도에서 마무리되는 것이 일반적이죠.

김복준 그렇습니다. 가혹행위를 했다고 해서 무조건 군법회의에 회부되어서 재판을 받지는 않습니다. 후임병에 대한 가혹행위의 죄질이 아주 나빴던 것 같아요.

김윤희 저도 영창을 갔다 왔다는 말은 들어봤는데 집행유예는 처음 들었어요. 가끔 군대에서 범죄를 저지르는 사람들이 구속되어서 집행유예를 받는 경우가 있기는 하지만, 일반적으로는 거의 찾아보기 힘든 케이스라고 합니다.

김복준 집행유예 받았다는 것은 제가 확인을 해 보지 않아서 정확히는 모르지만 아마 장재진의 부모님이 피해자와 합의를 했을 겁니다. 군법회의에 회부될 정도의 잘못을 저질렀지만, 피해자인 후임병과 합의를 했기 때문에 집행유예로 사건이 정리되었을 가능성이 높습니다. 어쨌든 장재진은 기본적으로 폭력성을 가진 사람이에요. 그런데 장재진이 해병대를 제대하고 대학에 복학하면서 장래희망을 뭐라고 써서 낸 줄 아세요? 공무원입니다. 대학에 복학을 하면서 본인이 해병대 있으면서 수감생활을 하고 실형까지 받았던 사실을 숨기고 공무원이 된다는 것은 말도 안 되는 소리인 겁니다. 군대에서 교도소를 갔다온, 즉 군 교도소를 경험한 전과자잖아요. 그런 사람이 어떻게 공무원이 됩니까? 그것은 애초부터 새빨간 거짓말이었고, 실제로 장재진의 아버지도 아들의 그 말을 믿지 않았어요. 오죽했으면 장재진의 아버지는 장재진이 학교에 복학을 하는 것도 그다지 탐탁지 않게 여겼다고 해요. 장재진의 아버지는 '이미 전과까지 있는 마당에 대학을 졸업한다고 해서 무슨 희망이 있겠나? 차라리 빨리 다른 길을 찾는 편이 낫겠다.' 라는 생각으로 장재진을 설득했다고 해요. 그럼에도 불구하고 장재진 본인은 대학에 대한 집념이 아주 강했던 것 같아요.

김윤희 전공이 건축공학과였다고 하더라고요.

김복준 맞습니다. 그래서 대학에 복학을 해요. 장재진이 얼핏 보면 굉장히 활달하고 사교적인 모습을 가지고 있었다고 합니다. 어쨌든 해병대를 제대했잖아요. 안 봐도 비디오예요. 아주 화끈하고 사나이다운 척했겠죠. 분위기를 주도하면서 '으쌰! 으쌰!' 하는 것 있잖아요. 그렇게 행동을 하면서 장재진이 대학에서 직책을 하나 맡게 됩니다. 제가 봤을 때, 장재진이 맡은 직책은 살인사건과도 밀접한 연관이 있습니다.

김윤희 엄청 중요한 직책이더라고요

김복준 엄청나죠. 물론 총학생회장은 아닙니다.

김윤희 네, 동아리연합회 회장입니다.

김복준 맞습니다. 장재진이 다니던 대학의 동아리연합회 회장이에요. 이 정도면 굉장한 직책이거든요. 저도 학교에 다닐 때 경험했는데 각각의 동아리가 있잖아요. 그 개별 동아리 전체를 대표하는 연합회의 회장이잖아요. 동아리연합회 회장이라는 직책은 상징성도 있지만 실제로 예산도 상당하거든요.

김윤희 심지어 장재진과 관련해서 '학과 친구들은 장재진에 대해서 모를 수도 있지만, 동아리 활동을 하던 사람들은 누구나 장재진을 알았다.'는 주변 사람들의 이야기가 있을 정도였다고 합니다.

김복준 학교, 특히 동아리 회원들 사이에서는 대통령 수준이었던 것이죠.

김윤희 그리고 학교 내에서 장재진은 '어렵게 알바를 하면서도 열심히 성실하게 주어진 일을 잘 처리하는 사람'으로 알려져 있었다고 해요. 성실한 학생으로 알려져 있었기 때문에 이미지 자체는 '리더'의 이미지였다는 것이죠.

김복준 게다가 사교적인 모습이었다는 것이잖아요.

김윤희 싹싹하고 인사를 잘 하는 사람이었다고 합니다. 복학생 중에서 특별히 멋있는 선배였다고 합니다.

김복준 예비역 중에서는 최고였겠죠. 잘 아시겠지만 대학에서 동아리 하나 정도 가입하지 않는 사람이 얼마나 있겠어요. 대학교에 입학하면 동아리 하나 정도는 거의 의무적으로 가입을 하잖아요. 그렇기 때문에 대학에서 동아리연합회 회장이면 권한이 막강해요. 어떤 면에서는 총학생회장보다 더 영향력이 있을지도 몰라요. 장재진은 2014년 2월에 복학을 하고 바로 권 양을 만납니다.

김윤희 권 양이 아마 대학교 1학년이었을 것 같아요.

김복준 1학년이에요. 새내기였던 거예요. 새내기인 권 양이 동아리에 가입했는데 거기에서 동아리연합회 회장인 장재진을 만나서 사귀게 되는 거예요.

김윤희 그런데 사람이 자주 만나고 가까워지다 보면 상대에 대해서 다른 사람들은 잘 보지 못하는 부분까지도 보이기 시작하잖아요. 장재진이 술을 마시면 난폭해진다는 것을 권 양이 느끼기 시작했던 거예요. 그리고 술을 마시면서 이야기를 나누다가 언쟁이 벌어지면 폭력을 휘두르는 등의 행동을 했다고 해요.

김복준 폭력적인 성향을 보이는 것이죠.

김윤희 네, 실제로 그런 행동은 상당히 개인적인 부분이고, 또 은폐될 수도 있는 것이잖아요. 그런데 동아리연합회에 가입해 있는 학생들과 같이 술자리를 하는 과정에서 장재진의 폭력성이 폭발하게 됩니다.

김복준 그리고 장재진의 이런 면을 '화끈하다.'고 해야 하나요. 아무튼 장재진 본인이 화끈하고 사교적인 성격이어서 그런지는 모르겠지만, 새내기인 권 양과 사귀게 됐잖아요. 그렇게 권 양과 사귀는 중에 2014년 4월 2일입니다. 제가 생각했을 때는 개학을 한 지 얼마 지나지 않은 시기에 술자리가 만들어졌던 것 같습니다. 그 술자리에서 장재진이 권 양의 친구 앞에서 권 양의 흉을 봅니다. 당시에 장재진은 권 양과 사귀고 있는 상태였는데 술자리에서 권 양의 친구에게 권 양의 흉을 봤다는 것입니다. 아니, 애인의 친구에게 자기 애인을 흉보는 사내를 저는 거의 본 적이 없어요. 저는 장재진이 기본적으로 아주 이상한 사람이라고 생각해요. 그러면 권 양의 친구는 자기 친구를 흉보는 이야기를 듣고 가만히 있겠습니까? '야, 너의 남자친구인 선배와 술자리를 했는데, 내 앞에서 네가 엄청난 문제가 있다는 식으로 말했어.'라고 전해줬어요. 어떻게 보면 장재진이 저지른 끔찍한 범행은 이렇게 사소한 사건을 빌미로 시작된 것인지도 모르겠어요.

김윤희 권 양은 당연하게 '아니 왜 내 이야기를 내 친구 앞에서 해?'라고 따졌을 것 같아요.

김복준 아주 화가 났겠죠. 앞에서 직접 단점을 지적받는 것도 여성의 입장에서 광장히 기분이 나쁜 일인데, 한 다리 건너 친구를 통해서 더구나 남자친구라는 사람이 자신을 흉보고 다닌다는 이야기를 듣고 화내지 않을 여성은 없을 거예요. 당연히 권 양도 몹시 화가 났을 거예요. 이제 19세의 새내기 대학생인데 얼마나 자존심이 상했겠어요.

김윤희 그래서 권 양이 장재진을 만나서 따집니다. 그때 장재진이 취한 행동은 사과가 아니라 구타였습니다.

김복준 장재진이 뺨을 때리고 발로 차는 등 권 양을 구타했어요.

김윤희 네, 그 장면을 주변 사람들이 봤을 것 아니겠어요. 그래서 사람들이 '저 형 뭐야? 저 오빠 뭐야? 저 선배 뭐야?' 라는 생각을 갖게 된 것이죠. 성실하고 활달하고 점잖다고 알려져 있던 사람이 여성을 구타했는데, 그것도 인정사정없이 개 패듯이 여성을 때렸으니까요. 이 일로 동아리와 학교에 소문이 퍼지게 됩니다.

김복준 소문이 났죠. 그리고 권 양의 경우에도 일단 남자친구에게 왜 자기의 험담을 했느냐고 따지다가 구타를 당했기 때문에 더 이상은 사귈 수가 없다고 생각했겠죠. 권 양이 장재진에게 두 번 다시 만나지 말자고 일방적으로 이별을 통보합니다. 그런데 장재진이 만나달라고 하면서 끊임없이 연락을 해요. 집착이죠. 권 양은 안 만나고 계속해서 장재진을 피했어요. 김윤희 프로파일러라면 그런 사람을 만나겠습니까? 당연히 두 번 다시 안 만나죠. 그런데 운이 없으려고 하니까 그랬겠지만, 4월 7일 오후 1시경에 대학교 실험실 옆에 있는 화장실을 이용하던 권 양을 장재진이 발견합니다. 4월 2일 술자리에서 자기의 험담을 했고 며칠 지나서 따지다가 맞았잖아요. 그 후로 4월 7일까지 권 양이 만나주지 않고 계속 버티고 있었는데 하필이면 그때 장재진에게 발견된 거예요. 장재진은 권 양을 발견하자마자 쫓아갔어요. 장재진이 '너에게 할 이야기가 있다. 따라와라.' 라고 하면서 권 양을 끌고 가려고 합니다. 당시에 장재진은 학교 근처에서 자취를 하고 있었는데, 아마 그곳으로 권 양을 끌고 가려고 시도했던 것으로 보입니다. 당연히 권 양은 싫다고 하면서 거부했겠죠. 그때 장재진의 두 번째 구타가 시작됩니다. 주먹과 발로 엄청나게 두들겨 패서 권 양이 쓰러졌는데 장재진이 쓰러진 권 양을 발로 밟았다고 해요. 이것은 정말 있을 수 없는 일이에요. 여자, 그것도 한때 여자 친구였던 19세의 여성에게 도저히 할 수 없는 잔인한 행동입니다. 주먹과 발로 엄청나게 구타를 가했는데 어느 정도였느냐면 권 양이 구타를 당하고 짓밟혀서 기절을 했어요.

김윤희 그런데 이것이 끝이 아닙니다.

김복준 네, 장재진은 기절한 권 양을 끌고서 자신의 자취방으로 갑니다. 정말로 어이가 없는 일입니다. 거의 기절하다시피 한 여성을 질질 끌고 자취방에 가서는 다시 구타했던 것입니다.

김윤희 그런데 이 상황을 친구들은 몰랐어요?

김복준 네, 몰랐어요. 학교에 와서 화장실에 간다고 나간 권 양이 그 길로 사라져서는 저녁 6시가 가까워질 때까지 나타나지 않았던 것입니다. 그때서야 '이게 무슨 일이지?' 하면서 권 양을 찾기 시작했어요. 그러던 와중에 장재진의 자취방을 떠올린 거예요.

김윤희 오늘 '촉' 이야기를 많이 하게 되는데, 친구들도 촉이 오는 것이잖아요.

김복준 그렇죠. 권 양에게 폭력을 행사했던 적이 있으니까요.

김윤희 장재진의 자취방에 갔더니 정말로 구타당한 친구가 있었던 것이죠.

김복준 네, 그래서 어떻게 보면 구조되었던 것입니다. 당시 권 양은 전치 3주의 상해를 입었습니다. 묘사된 내용을 봤는데 귀 부분까지 얼굴이 전체적으로 벌겋게 부어올라 있었고 코피가 터지는 등으로 인해 전치 3주의 진단을 요하는 상해를 입게 된 것이에요. 권 양의 아버지가 이 사실을 알게 됩니다. 서두에 나왔던 살해당한 아버지입니다.

김윤희 실제로 딸이 구타를 당해서 얼굴이 부어서 오면……

김복준 저 같으면 권 양의 아버지처럼 처리하지 않았을 거예요. 제 딸이 그렇게 맞았다고 하면, 내가 가서 똑같이 만들어 버려도 분이 안 풀릴 것 같아요. 그런데 권 양의 아버지는 정말로 선량한 분이에요.

김윤희 권 양의 아버지는 딸이 집에 들어왔는데 얼굴이 붓고 온몸에 멍이 든 모습을 봤던 것이죠. 그래서 자초지종을 물었더니 권 양이 '남자친구가 나를 이렇게 때렸다. 내가 헤어지자고 하는데 계속해서 헤어지지 못하고 있다.'고 이야기를 합니다. 그래서 아버지와 어머니가 나선 거죠.

김복준 화가 났겠죠. 조금 전에 제가 설명 드렸잖아요. 저 같으면 쫓아가서 그 자식을 절대로 그냥 놔두지 않았을 것 같습니다. 그런데 이분들은 굉장히 선량한 사람들이에요. 이분들은 먼저 장재진의 아버지, 어머니를 찾아가서 이야기를 합니다. '내 딸을 이렇게 두들겨 패고 했는데, 더 이상 내 딸 아이에게 치근덕거리지 말고 떨어지게 해라. 그리고 당장 정식으로 사과를 해라.'라고 이야기를 합니다. 장재진의 부모는 자식이 잘못했기 때문에 잘못을 빌고 사과했겠죠. 그때 장재진의 아버지가 장재진에게 '너 당장 학교 그만 두고 고향으로 내려가라.'는 이야기도 했습니다. 이미 군에서 전과도 있고, 이 일이 학교에도 모조리 퍼졌을 것 아닙니까? 그래서 아버지가 그렇게 이야기를 했겠죠. 제가 알기로는 고향이 상주일 거예요.

김윤희 네, 집이 상주입니다.

김복준 아버지는 고향으로 내려가든지 취업을 하거나 장사를 하라는 것이에요. 학교를 그만 두고 다른 일을 하라는 거예요. 아버지가 이 정도로 이야기할 정도면 이렇게 알려진 사건, 사고 외에도 얼마나 사고를 많이 쳤겠어요. 법적인 문제로 드러나지 않아서 그렇지 장재진의 폭력적인 성향은 이전에도 많은 문제를 일으켰을 겁니다.

김윤희 실제로 이 사건을 조사하면서 장재진의 폭력적인 성향을 확인할 수 있는 댓글들이 있었어요. 기사의 내용을 보면 '중고등학교 시절 장재진은 평범한 생활을 하면서 보냈다.'고 적혀 있었는데, 그 기사의 댓글에서 '장재진? 대구에서 대학교 다녔던 애 맞지? 내가 고등학교 전학 왔을 때, 그때 나 엄청 괴롭히더니……' 라는 식의 이야기도 확인할 수 있었거든요.

김복준 맞아요. 그렇게 행동했을 것 같아요.

김윤희 실제로 기사에서는 평범한 대학생이었고 중고등학교 시절도 평범하게 보냈다고 했지만, 그런 내용의 글들이 올라와 있었어요. 물론 댓글을 100% 신뢰할 수는 없지만 충분히 개연성이 있는 이야기들이었어요.

김복준 피해자가 올린 게 거의 확실할 거예요. 아버지 입장에서도 이미 학을 뗄 정도로 사고를 쳤던 거예요. 조금 뒤에 가서 저희들이 정말로 입에 담고 싶지도 않을 정도의 끔찍한 범죄를 설명할 겁니다. 그래서 장재진의 아버지도 학교를 그만 두고 장사를 하든지 시골로 내려가라고 이야기했던 것입니다.

권 양의 아버지는 굉장히 점잖은 방식으로 문제를 해결하려고 했어요. 자신의 딸도 대학생이었기 때문에 장재진의 부모를 찾아가서 아마도 똑같이 자식을 기르는 입장에서 이야기했던 것 같아요. 당장 헤어져 달라. 그리고 사과해라. 장재진의 부모는 사과를 했겠죠.

그런데 장재진이 저지른 행동은 이미 학교 내에 널리 퍼져버린 거예요. 그런 상황에서 동아리연합회 회장을 계속해서 할 수는 없었겠죠. 동아리연합회가 학생자치기구라고 하더라도 학교 측에서는 장재진 같은 학생에게 동아리연합회 회장을 맡길 수 없지 않겠습니까? 아무튼 장재진은 그 사건을 계기로 동아리연합회 회장에서 강제적으로 해임된 것 같습니다.

김윤희 여러 가지 '설'이 있어요. 자진사퇴를 했다는 이야기도 있고 해임됐다는 이야기도 있어요.

김복준 해임됐던 것 같아요. 부모가, 특히 장재진의 아버지가 앞서 말씀드린 것처럼 야단을 쳤는데 장재진은 여기서 자존심에 상처를 받았던 것 같습니다. 대체로 이런 행동을 하는 사람들의 공통적인 특징은 자신이 저지른 잘못된 행동이나 범행에 대해서는 전혀 신경 쓰지 않고, 자기의 잘못된 행동이나 범행에 대응하는 정당한 행위로 인해 자신에게 돌아온 결과에 대해서 반감을 갖는다는 것입니다. 그래서 자존심에 상처를 입었다는 생각을 갖게 되었던 것이겠죠. 장재진은 스스로의 힘으로 동아리연합회 회장도 되었고 학교생활도 나름대로 잘 하고 있었는데 권 양과 권 양의 부모로 인해서 자신의 사회적인 평가가 완전히 절하되었다고 생각했을 거예요. 그래서 권 양과 권 양의 부모 때문에 자기의 인생이 꼬여버렸다는 생각으로 앙심을 품게 되었던 거예요.

김윤희　사실은 본인이 군대에서 사고를 쳤던 것이잖아요. 그런데 복학해서는 '내가 동아리연합회 회장이 됐어. 그럼, 여기서 반등할 수도 있는 것 아닐까? 여기서 성공해서 인맥도 넓히고 나를 제대로 한 번 업그레이드해 보자.' 라고 생각했던 것 같아요.

김복준　갑자기 신분 상승이 됐다고 느꼈나 봐요. 더불어 신분 세탁도 하고 말이죠.

김윤희　실제로 상당한 권한을 가지고 있었다고 이야기해요. 그래서 여자 친구인 권 양을 동아리연합회의 임원으로 임명하려 했다고도 해요. 교수님 말씀대로 예산이라는 금전적인 측면이나 명예라는 측면도 충족되는데, 실제로 자신이 행사할 수 있는 '권력' 이라는 부분까지 가졌기 때문에 자기가 나름대로 계획했던 것들을 펼칠 수 있다고 생각했던 것이죠. 그런데 이 모든 계획과 계산이 한꺼번에 무너진 거예요.

김복준　자기가 여자 친구를 구타했잖아요. 그것도 두 차례에 걸쳐서 잔혹할 정도로 여성을 때렸고, 심지어 납치를 하면서까지 폭력을 행사했잖아요. 엄밀하게 말해서, 전치 3주의 상해를 입히고 감금해서 폭행했으면 그것만으로도 구속감이에요. 과거에 폭력을 행사해서 집행유예를 받은 전력도 있어서 당연히 구속되었을 것입니다. 그럼에도 불구하고 권 양의 부모님들이 자식을 키우는 부모의 입장에서 굉장히 온정적으로 사건을 처리했던 거예요. 그러면 이것을 고맙게 생각해야 되는데, 장재진은 기본적으로 '나쁜 놈' 이기 때문에 이 모든 것들이 제대로 전달되지 못했던 것이죠. 오히려 '당신들 때문에 나는 동아리연합회 회장에서도 물러나게 되었고, 전교생들이 나를 이상한 시선으로 쳐다보게 되었다. 나는 이제 사회적 지위는 물론 내가 가진 모든 것들을 잃어버렸다.'라고 하면서 앙심을 품은 거예요. 그리고 언젠가는 이 사람들을 해쳐야겠다는 결심을 합니다. 무서운 사람이에요. 장재진이 생각하는 것들이 사람을 해칠 이유가 되나요. 정말 무섭습니다.

상상을 초월할 정도로 잔인한 범행계획

김윤희 장재진이 범행을 계획을 하는 것도 굉장히 무섭습니다. 교수님, 하나씩 하나씩 짚어가도록 하겠습니다. 실제로 사건이 발생했던 것은 5월 19일입니다.

김복준 네, 앞에서 말씀드린 것처럼 장재진이 권 양을 폭행한 것이 4월 7일이잖아요. 그리고 대략 한 달 정도의 시간이 흘렀어요.

김윤희 아마 장재진이 동아리연합회 회장직을 내려놓고 얼마 간의 시간이 지났던 것이죠.

김복준 대략 한 달 보름 정도의 시간이 흘렀어요.

김윤희 그동안 장재진이 생각을 하고 있었겠죠. 사건이 발생했던 5월 19일에 장재진은 배관수리공 행세를 하고 권 양의 집을 찾아왔어요. 검정색 배낭을 메고 공구 가방을 들고 초인종을 누릅니다. 권 씨 부부는 당연히 배관수리공이라고 생각을 한 것이겠죠. 현관문이 열리고 장재진이 권 씨의 집에 들어서서 처음으로 한 일이 주변을 살피면서 '지금 이 집에 사람이 몇 명이나 있지? 누구 누구가 있지? 권○○은 없구나.'라는 것을 확인하는 일이었습니다.

김복준 네, 부부만 있다는 것을 알았어요.

김윤희 그렇게 상황을 살피고 나서 5분 후에 집밖으로 나갑니다.

김복준 맞습니다. 5월 19일 오후 5시 30분이에요. 아마 시간을 정해두었던 것 같아요. 일단 1차적으로 '아파트 관리실에서 가 보라고 그랬다.' 라고 배관수리공 흉내를 내면서 권 양의 집에 들어왔습니다. 권 양 집의 화장실 배관에 문제가 있었던 것 같아요. 그래서 미리 배관 수리를 요청해 두었던 것 같아요. 관리실에서 들었는지 또는 다른 루트를 통해서 정보를 얻었는지는 알 수 없지만, 장재진이 배낭과 공구 가방 등을 들고 권 양의 집에 들어가서 집안의 상태를 일단 살펴봤는데 권 씨 부부밖에 없다는 것을 확인해요. 그리고 일단 집밖으로 나갔다가 다시 들어오죠. 다시 권 양의 집으로 들어올 때는 공구가 아니라 미리 준비한 다른 물건이 손에 들려져 있습니다.

김윤희 50분 후에 다시 들어오는데, 이 2차 방문에서 손에 들고 있는 물건이 정말 가관이에요

김복준 정말 가관이죠. 밀가루를 준비했습니다.

김윤희 왜 밀가루를 준비했는지는 나중에 말씀드릴게요.

김복준 그리고 갈아입을 여분의 옷도 준비했습니다.

김윤희 나중에 CCTV를 확인해 보면 장재진이 검정 바지를 입고 들어오는 장면이 CCTV에 찍혔는데, 나갈 때는 흰 바지를 입고 있었습니다.

김복준 네, 그렇죠. 배관수리공이 갈아입을 여분의 옷을 준비하는 경우는 없겠죠. 거기다가 붕대도 가져갑니다.

김윤희 교수님, 왜 가져갔을까요?

김복준 붕대와 함께 소독약도 가져갔어요.

김윤희 네. 자기 몸은 엄청나게 소중하게 생각하는 것 같습니다.

김복준 칼도 가져갔습니다. 그리고 둔기도 가져갔습니다. 둔기는 제압하는 데에도 쓰이고 살해하는 데에도 쓰입니다.

김윤희 이 둔기를 정확하게 말하는 것이 조심스러운데 스패너더라고요.

김복준 몽키 스패너입니다. 이것들을 가지고 다시 권 양의 집으로 들어갑니다. 이런 정황들로 미루어 보면 장재진이 아주 계획적이고 치밀하게 범행을 준비했다는 것을 알 수 있습니다. 작정하고 들어간 것이라고 봐야겠죠.

김윤희 칼과 둔기를 갖고 들어가서 권 씨 부부를 어떻게 살해할 것인지, 범행 후에는 현장에서 어떻게 빠져나올 것인지, 그리고 혹시 자신이 다쳤을 때에는 어떻게 치료하고 나올 것인지를 계획했던 것이에요.

김복준 권 씨의 집에 다시 들어간 시간은 50분 뒤인 오후 6시 20분입니다. 준비한 물건들을 들고 집안으로 들어갔습니다. 배관 수리를 한다고 화장실로 갔어요. 꼼지락거리면서 계속해서 집안의 동태만 살폈던 거예요. 권 양의 어머니 입장에서 볼 때는 이 정도의 일은 배관만 갈아주면 금방 끝날 것 같은데 시간을 끌면서 화장실에서 계속 꼼지락거리고 있는 장재진을 향해서 '왜 이렇게 오래 걸려요?' 하고 독촉을 했다고 해요. 그랬더니 장재진이 화장실에서 '어머니, 여기 잠깐만 들어와 보세요.' 라고 이 씨를 불렀어요. 어머니 이 씨가 화장실에 들어갔습니다. 이 씨가 화장실에 들어서자마자 장재진은 미리 준비했던 검은색 래커 스프레이를 이 씨의 눈을 향해 뿌립니다. 갑자기 눈에 검은색 래커 스프레이를 뿌렸기 때문에 이 씨는 눈을 제대로 뜨지 못하는 상태에서 비틀거리고 있는데 장재진이 미리 준비했던 둔기 몽키 스패너로 이 씨의 머리 부분을 집중적으로 공격합니다. 잔인합니다. 말로 설명하는 것도 힘들 정도로 잔인합니다. 장재진이 준비했던 흉기는 부엌칼입니다. 그 칼로는 이 씨의 얼굴을 집중적으로 공격하고, 마지막으로 다시 둔기를 사용해서 살해합니다.

김윤희 이 정도면 바깥에 있는 권 양의 아버지도 화장실에서 나는 소리를 들었을 것 같아요.

김복준 네, 당연히 들렸을 거예요.

김윤희 그런데 장재진은 미리 모든 상황을 생각하고 왔던 것 같아요. 권 양의 어머니 이 씨를 향해 래커 스프레이를 뿌리기 전에 화장실의 문부터 잠가버립니다. 권 양의 아버지는 화장실 안에서 무슨 일이 일어났다고 생각했겠죠.

김복준 '악' 하는 비명이 들렸으니까요.

김윤희 무슨 일이냐고 문을 마구 두드렸겠죠.

김복준 순식간에 둔기와 흉기를 휘둘러서 권 양의 어머니 이 씨를 살해한 다음에 장재진이 화장실 문을 열고 밖으로 나갑니다. 문이 열리자 밖에 있던 아버지는 피투성이가 된 화장실 내부를 확인하고 흉기와 둔기를 양손에 들고 있는 장재진을 발견했을 것 아닙니까? 당연히 도망을 가죠. 처음에는 현관문 방향으로 도주를 하다가 등쪽을 여러 번 찔립니다. 그리고 안방으로 도주를 시도합니다. 결국 그곳에서 둔기로 머리에 공격을 받고 쓰러집니다. 그렇게 장재진은 권 양의 아버지까지 살해합니다.

김윤희 죄송합니다. 지금 제 웃음은 웃는 게 아닙니다.

김복준 네, 김윤희 프로파일러의 웃음은 어이가 없다는 의미입니다. 너무 어이가 없다는 이야기를 하는 것이거든요.

김윤희 저는 지금까지의 말만 듣고도 기겁을 했는데요. 권 양의 부모님을 살해한 뒤의 행동에 대해서는 정말 할 말을 잃었습니다. 권 양이 반려견을 키웠던 것 같아요. 장재진이 그 반려견을 세탁기에 넣습니다.

김복준 네, 반려견을 세탁기에 넣고 돌립니다. 화장실에서 어머니 이 씨를 살해하고 아버지 권 씨를 쫓아가서 흉기와 둔기로 위해를 가했기 때문에 그런 상황에서는 개들이 당연히 짖어대었겠죠. 자신을 향해 짖어대는 반려견을 잡아서 세탁기에 넣고는 그대로 돌립니다. 반려견까지 죽여 버린 것입니다.

김윤희 저는 반려견을 죽이는 것도 죽이는 것인데요.

김복준 방법이 너무 잔인하죠.

김윤희 네, 상상조차 할 수 없을 정도로 잔인해요.

김복준 잔인합니다. 그리고 이제 앞에서 장재진이 밀가루를 준비했다고 했 잖아요. 그 이유를 설명해 드려야겠죠. 흉기와 둔기로 공격해서 두 사람이 상처를 엄청나게 입고 쓰러졌기 때문에 실제로 피가 강물처럼 흘렀을 것 아니겠어요. 그래서 아파트 실내에 피가 흥건하게 고여 있는데, 그 위에다 밀가루를 뿌리는 겁니다. 그리고 다음에는 사체 위에도 밀가루를 뿌렸는데, 어떻게 보면 일정 부분 지혈의 효과가 있었을 것 같아요. 이런 용도로 사용하기 위해서 밀가루를 준비했던 것입니다.

권 양의 어머니를 공격할 때 머리 부위를 칼로 공격하는 과정에서 장재진이 손을 다치잖아요. 대부분이 손을 다칩니다. 서두에서 설명했던 일본의 이치카와 살인사건에서도 범인이 부모님의 머리를 흉기로 내리찍듯이 공격하다가 손을 다치거든요. 장재진도 똑같이 손을 다칩니다. 장재진은 해병대를 제대했기 때문에 칼 등의 무기 사용방법을 배웠던 것으로 보입니다. 그래서 칼을 위에서 아래로 내리꽂는 방법을 선택했을 겁니다. 주로 훈련받은 군인들이 사용하는 방법이거든요. 대다수의 평범한 사람들이 칼을 사용하는 방법과는 아주 뚜렷하게 구분이 되는 방법입니다. 훈련을 받았기 때문에 흉기를 사용하는 과정에서 본인의 손에 상처가 생길 것이라는 사실을 미리 알았고, 스스로 본인의 상처를 치료하기 위해서 붕대와 소독약까지 준비했던 것입니다. 그리고 밀가루는 말씀드린 것처럼 지혈을 하려는 목적과 함께 현장의 증거를 인멸하겠다는 목적도 있었던 것이고요.

반려견을 세탁기에 돌려서 죽인 다음에, 일반적인 범인이었다면 도주를 했을 겁니다. 하지만 장재진은 도주를 하지 않았습니다. 도망을 가지 않고 권 양의 부모님 사체를 방으로 옮겨서 이불을 덮어놓은 다음에 술을 마십니다. 냉장고에서 소주를 꺼내서 마시고는 피해자들의 지갑을 뒤져서 현금을 챙깁니다.

필사의 탈출, 4층에서 뛰어내린 피해자 권 양

김윤희 그것으로 끝이 아닙니다. 아버지의 휴대전화로 천인공노할 만한 일을 합니다. 피해자 권 씨의 휴대전화로 권 양에게 '얼른 들어와.' 라고 메시지를 보냅니다.

김복준 빨리 집에 오라는 메시지를 보내죠. 당시에 권 양이 19살이었잖아요. '성년의 날이 다가오는데 선물을 준비했다.' 고 하면서 권 씨의 휴대전화로 권 양에게 빨리 들어오라는 문자를 보냅니다. 자정이 지났기 때문에 다음 날인 5월 20일 00시 30분에 권 양이 집으로 돌아와 문을 열고 들어옵니다. 정말 기가 막히는 일입니다.

김윤희 그런데 112에 신고를 해서 출동했던 경찰 분들이 문을 열고 들어 왔을 때 어떤 '느낌이 있다.'고 그랬지 않습니까. 아마 권 양도 아 파트의 현관문을 여는 순간 피비린내와 함께 이상한 느낌이 있었 을 겁니다.

김복준 장재진이 권 양을 낚아챘겠죠. 낚아채서 안으로 끌고 들어갔겠죠. 그리고 가장 먼저 한 일이 어머니의 사체를 보여준 것입니다. 강제 로 끌고 들어가서 어머니의 사체를 보여주면서 '네 아버지는 아직 살아 있다.'라고 이야기합니다.

김윤희 네가 내 말만 잘 들으면…….

김복준 그러면 아버지는 살려준다는 것이죠. 내 지시를 잘 따르면 네 아버 지는 살려주겠다고 이야기하면서 어머니 사체를 보여준 것입니다. 권 양이 얼마나 충격을 받았겠습니까? 어머니는 이미 사망했지만 아버지는 아직 살아있다고 했기 때문에 권 양은 아버지를 살리기 위해서 '네가 시키는 대로 다 하겠다.'고 이야기합니다.

김윤희 그러면서 '아빠는 살려줄 거지? 119 불러줄 거지?'라고 물었는 데…….

김복준 맞습니다. '119 불러줄 거지?'라고 물어봤습니다.

김윤희 그랬더니 장재진이 뭐라고 했는지 아시죠?

김복준 '하는 것 봐서.'라고 합니다. 네가 하는 것을 봐서 119를 부르겠다 는 거예요. 그래서 권 양이 자진해서 옷을 벗게 만들었습니다. 그리고 사실상 아버지의 사체 옆에서 권 양을 강간했던 것입니다.

김윤희 정말로 더 화가 나는 것은 장재진이 권 양을 강간한 직후에 옆에 있는 아버지의 사체를 보여줬다는 것입니다. 저는 정말, 아마 제가 권 양이었다면 완전히 멘탈이 무너졌을 것 같아요.

김복준 권 양도 강간을 당하고 난 다음에 아버지의 사체를 확인하고는 거의 미친 상태가 되었어요. 정신이 나갔던 것이죠. 사람이기 때문에 당연히 그랬을 거예요.

김윤희 그래서 자해를 했다고 하더라고요.

김복준 네, 자해를 했다고 합니다. 울고 소리 지르고, 혀를 깨물려고 하는 등의 자해를 했어요. 그런 상황에서도 장재진은 권 양을 앉혀놓고 계속해서 '사과해. 너 때문에 내 인생이 망가졌으니까 사과해.' 라고 사과를 요구합니다. 그리고 동아리 이야기를 계속해서 했다고 합니다.

김윤희 거의 9시간을 감금되어 있었잖아요.

김복준 네, 그런 상태에서도 동아리 이야기를 지속적으로 했다는 거예요. '네 친구들과 동아리 사람들도 전부 다 죽인다.' 고 이야기를 합니다. 친구는 아마 장재진이 권 양을 험담할 때 들었던 친구, 즉 자신이 권 양을 험담했다는 사실을 권 양에게 전달했던 친구를 지칭했던 것 같아요.

김윤희 그리고 권 양에게 '너는 거기서 나와. 너, 학교 그만 둬.' 라는 식의 이야기를 계속해서 반복했다고 합니다. 자신에 대한 소문이 퍼져 있는 학교에 권 양이 계속해서 있다 보면 자신에 대한 험담이나 다른 이야기들이 더 나올 것 같았기 때문에 권 양에게 이런 식의 이야기들을 강요했다고 생각합니다.

김복준 기가 막힌 일인 것이죠.

김윤희 이미 권 양의 부모님을 모두 살해한 후에 계속해서 했던 이야기가 동아리나 학교에 대한 이야기, 그리고 '사과해.' 라는 것밖에 없었다는 거예요.

김복준 정말로 이게 제정신인 사람이냐고요. 이런 나쁜 XX가 어디 있냐고요. 이 정도면 짐승이지 사람이에요? 요즘에는 짐승이라는 말을 함부로 하지 말라고 하더라고요. 짐승이라는 이야기가 오히려 짐승들에게 실례가 된다고 하는 농담이 있던데 장재진 같은 놈을 짐승이라고 하면 정말로 짐승들에게 실례가 될 것 같아요. 장재진 같은 놈은 정말 뭐라고 이야기를 해야 되겠습니까?

아무튼 그런 상태에서 권 양이 자해를 하기 위해서 혀를 깨물었던 모양이에요. 그래서 장재진은 권 양을 방에 두고는 밖에서 문을 잠갔어요. 권 양의 집이 아파트 4층이었기 때문에 감금된 겁니다.

김윤희 당시에 장재진이 술을 먹었잖아요.

김복준 네, 술이 조금 취했던 거예요.

김윤희 그래서 경계가 소홀했던 것 같아요.

김복준 그렇죠. 그 사이에 권 양은 4층에서 뛰어내려 버립니다.

김윤희 4층에서 뛰어내릴 때 어떤 생각을 하고 뛰어내렸을까요? 사실 지금도 그 마음을 짐작할 수가 없어요.

김복준 죽겠다는 생각으로 뛰어내렸겠죠. 죽겠다는 생각으로 뛰어내렸을 거예요. 저는 권 양의 행동이 탈출이라고 생각되지는 않아요.

김윤희 저도 그렇습니다.

김복준 제 경험에 비추어볼 때, 여성이 4층에서 자발적으로 뛰어내린다는 것은 불가능해요. 권 양이 4층에서 뛰어내린 것을 두고 누구는 그것이 탈출을 시도한 것이라고 하는데, 저는 아무리 생각해도 탈출 시도라는 생각은 들지 않았어요.

김윤희 저도 그 상황에서라면 제가 탈출한다는 생각으로 4층에서 뛰어내릴 수는 없을 것 같아요.

김복준 사전에 자해를 했잖아요. 어머니와 아버지가 모두 사망한 상태였는데, 피해자 권 양의 입장에서는 본인 때문에 그렇게 됐다고 생각했을 것 아니에요. '나 때문에 저 짐승 같은 놈이 우리 어머니 아버지를 죽였다.'는 생각이 들었다면 얼마나 죄책감이 컸겠어요. 저는 그런 상황에서 '나는 더 이상 살 가치가 없다.'는 생각으로 뛰어내렸을 것이라고 보거든요. 물론 어떤 분들은 권 양이 4층에서 탈출을 시도한 것이라고 보기도 합니다. 하여튼 4층에서 뛰어내린 권 양은 한쪽 골반을 크게 다치게 됩니다.

김윤희 골반의 양쪽을 모두 다쳤다는 이야기도 있습니다.

김복준 어쨌든 골반을 크게 다쳤지만, 생명에는 지장이 없었어요. 그나마 4층이었기 때문에 생명을 구할 수 있었어요. 지금도 권 양에게 이렇게 말씀드리는 것은 미안한 일일 수 있는데, 정말 다행이라는 생각이 들어요.

김윤희 하늘나라에서 부모님이 보살펴 주신 것 같아요.

김복준 그럼요. 저도 두 분이 딸을 살려준 것으로 보여요. 아무튼 권 양은 살았어요. 4층에서 떨어졌는데 공교롭게도 경비원이 바로 발견을 했어요. 경비원이 바로 발견했기 때문에 119에 연락을 해서 후송이 됐어요. 그리고 의식을 잃은 상태였던 권 양이 뒤늦게 깨어나서 집에 가 보라고 이야기를 하게 됩니다. 만일 그때 경비원이 즉시 발견하고 119에 연락해서 후송조치를 하지 않았다면 장재진이 내려가서 정말로 흉악한 짓을 했을지도 모릅니다.

얼마 전에 선배의 약혼녀를 강간하려고 했는데 여성이 저항을 하다가 6층에서 떨어진 사건이 있었잖아요. 이 여성분도 다행히 목숨은 건졌는데, 범인이 여성을 안고 다시 집으로 돌아와서 강간을 했어요. 6층에서 떨어져서 거의 시체가 된 사람을 강간하고 목 졸라서 살해했던 사건이 아마 순천인가에서 있었어요. 이 사건의 범인인 장재진도 거의 비슷한 놈이라고 생각합니다. 만약에 경비원이 바로 발견하지 못했다면 4층에서 떨어져 있는 사람을 다시 들쳐 업고 올라갔을 지도 모를 일이에요.

김윤희 저도 뭐 비슷하게 생각합니다.

김복준 저는 반드시 그랬을 것이라고 봅니다. 이 장재진이라는 범인은 그렇게 하고도 남을 놈이라고 생각해요. 그런데 용케도 경비원이 발견했던 겁니다. 그래서 제가 이 사건을 준비하는 동안에 순천에서 일어난 그 사건에서도 여성분이 6층에서 떨어졌을 때 경비원이나 주변 사람들이 발견했더라면 얼마나 좋았을까 하는 생각이 자꾸 들었어요. 그 사건에서는 여성분을 안고 다시 올라가서 강간하고 결국 살인까지 했잖아요.

김윤희 네, 실제로 피해자 분이 생존해 있었다는 것을 엘리베이터 CCTV를 통해서 확인할 수 있었어요.

김복준 네, 순천 사건에서는 피해자가 손을 움직이는 것과 눈을 깜빡거리는 것을 CCTV로 확인했어요. 그래서 경찰이 살인죄로 의율 했던 것입니다. 아무튼 이 사건의 경우에는 권 양이 바로 후송되었기 때문에 목숨을 건졌어요.

최연소 민간인 사형수, 장재진

김복준 장재진은 그 길로 도주를 합니다.

김윤희 경찰이 신고를 받고 수사에 착수하면 사건 분석을 하잖아요. CCTV를 봅니다.

김복준 네, CCTV로 동선을 파악하죠.

김윤희 CCTV에 장재진이 포착이 되었던 것이었고 실제로 깨어난 피해자 권 양이 '그 사람이 맞다. 장재진이다.'라고 이야기를 했기 때문에 장재진의 거주지를 찾아가게 됩니다.

김복준 맞아요. 장재진의 자취방으로 갑니다.

김윤희 네, 자취방으로 들어갑니다.

김복준 네, 맞습니다. 그런데 경찰에서는 자취방으로 가기 전에 먼저 장재진의 동선을 추적합니다. 권 양의 집에서부터 자취방까지의 동선을 파악하기 위해 도로에 있는 CCTV를 분석합니다. 장재진이 마트로 들어가더니, 마트에서 뭔가를 구입합니다. 그래서 경찰에서 마트 종업원을 상대로 조사를 해봤더니 장재진이 웃으면서 '손을 다쳤는데 피가 난다.'는 이야기를 했고, 마트에서 나갈 때는 손에 빨간 수건 같은 것을 두르고 나갔다고 합니다. 그런데 장재진은 마트에서 그렇게 이야기를 하면서 술과 함께 과도를 구입해서 집으로 갑니다. 그렇게 집으로 돌아가서 잠을 자다가 경찰의 급습에 의해서 검거됐어요. 그럼 장재진이 과도를 왜 구입했겠습니까?

김윤희 실제로 추가 범죄를 저지르려고 했겠죠.

김복준 그 추가 범죄의 대상이 누구였을까요?

김윤희 동아리 사람들인가요?

김복준 네, 맞습니다. 장재진이 권 양에게 '내가 너를 험담했다는 것을 너에게 이야기해준 네 친구를 죽이겠다.'고 이야기했잖아요. 그리고 그 다음에는 자기를 동아리에서 쫓아냈기 때문에 '동아리 사람들도 모두 죽인다.'고 이야기했잖아요.

장재진의 입장에서는 이미 두 사람을 자기 손으로 살해했어요. 그리고 권 양은 자기가 죽이지는 않았지만, 4층에서 뛰어내렸기 때문에 죽었을 것이라고 생각했어요. 장재진이 마트에서 과도를 구입했다는 것은 집에 가서 한숨 자고난 다음에 추가 범행을 하려고 했다는 정황이라는 생각이 들어요. 물론 장재진은 '잠을 자기 위해서 술을 한잔 마셨고 잠에서 깨어나면 자수를 하려고 했다.'고 말했지만, 그것은 헛소리에 불과해요. 과도를 구입했다는 것은 권 양의 친구와 동아리 사람들을 살해할 기회를 엿보고 있었던 거예요. 집에 가서 술 먹고 잠을 잔 후에 자수하려는 사람이 과도를 사지는 않아요. 눈에 뻔히 보이는 거짓말이예요. 마트에서 술과 과도를 사서 집으로 돌아와서는 술을 마시고 잠 들었다는 것인데 장재진이 범행 후에 했던 행동을 보면 일말의 죄의식조차도 없는 인간이라는 것을 알 수 있습니다. 그런데 판결문에는 '집에서 마지막으로 술이나 한잔 한 다음에 자수를 하려고 했는데 경찰이 먼저 나를 잡아버렸다.'라고 장재진이 진술한 내용이 나와 있더라고요. 아무튼 그렇게 해서 동선을 파악한 다음 장재진을 5월 20일에 검거하게 됩니다.

김윤희 정말로 파고 파고 또 파도 악랄함의 극치를 달려요. 그렇기 때문에 검찰에서도 재판부에서도 사형을 구형할 수밖에 없었던 것이죠.

김복준 맞습니다. 이 사건에서 피해자인 권 양의 마음, 그리고 사건 당시 권 양이 느꼈던 비참한 심정을 어떻게 표현할 수 있을까요? 피해자인 권 양이 생존해 있는 지금, 두 번 다시 꺼내고 싶지 않았던 기억을 저희가 방송하는 것 같아서 정말로 죄송하고 미안한 생각이 듭니다. 그 부분은 저희가 사과를 드립니다. 피해자인 권 양은 방송을 안 보고 안 들었으면 좋겠습니다. 그리고 저희가 방송하는 것에 대해서는 이해를 부탁드립니다. 그리고 꼭 말씀드리고 싶은 것은 용기 내서서 과거의 기억을 지우시고 아주 강하게, 힘차게 살아가셨으면 좋겠다는 것입니다.

재판이 시작되고 2014년 8월 21일 검찰에서 사형을 구형합니다. 하지만 이제까지 많은 사건에서 봤던 것처럼 '또 무기징역이겠지.'라고 생각하시는 분들이 있을 거예요. 2014년 9월 19일, 한 달 뒤에 열린 1심에서는 사형이 선고됩니다.

김윤희 교수님, 저는 나중에 들었는데요. 1심에서 사형이 선고된 후에 장재진이 반성문을 60장이나 썼다고 하던데요.

김복준 그렇습니다. 그전까지는 반성의 기미도 보이지 않던 장재진이 2014년 9월 19일 1심에서 사형이 선고된 후에는 반성문을 60장이나 썼어요. '제가 죄를 지었기 때문에 무기징역으로 살겠습니다.'라고 했는데 본인이 본인의 형량을 이야기했던 놈이거든요.

그러면 1심에서 사형을 선고할 때 판결문에 나온 내용을 잠깐 살펴보겠습니다. 1심 재판부의 판결문은 제가 정말 오랜만에 법원의 판결에 대해서 흔쾌히 동의할 수 있는 내용으로 채워져 있었습니다. 제가 읽어보겠습니다.

"범행 동기를 이해할 수가 없다. 피고인은 피해자들에게 가장 안정감을 주는 집에 침입해서 권 양의 부모를 극도의 공포 속에서 잔혹한 수법으로 살해하고, 권 양을 집으로 유인해서 피해자들의 목숨으로 위협하고, 통제하다가, 부모의 시신을 순차적으로 보여줘서 권 양에게 씻을 수 없는 정신적 충격을 안겨줬을 뿐만 아니라, 권 양에게 112일 간의 치료가 필요한 중상을 입힌 점. …… 피해자들의 다른 유족들 또한 평생 치유할 수 없는 깊은 상해를 입게 됐다."고 이야기를 했습니다. "무엇보다도 비교할 수 없이 존엄한 사람의 생명을 가볍게 여겨 두 차례나 앗아가고, 권 양을 유인한 후에 피해자들 목숨을 담보로 통제해서 감금하고 …… 또 유가족, 더 나아가서는 국민들에게도 엄청난 충격을 준 것은 도저히 용서할 수 없는 행위고 피해 회복이 불가능한 행위를 저질렀기 때문에 사형을 선고한다."라고 1심 재판부에서 이야기를 했어요. 판결문에도 나와 있는 것처럼 누구든 집에 있을 때 가장 안전하다고 생각하는데, 그런 집에 침입한 후에 이미 사망한 사람들을 미끼로 해서 목숨을 위협하고 피해자인 권 양에게 씻을 수 없는 충격과 상처를 남겼기 때문에 사형을 선고한다는 내용이었습니다. 상당히 적절한 언어로 1심 사형을 선고했던 판결문이었습니다. 이 자리를 빌어 판사님께도 감사하다는 말씀을 전하고 싶습니다.

김윤희 2심과 3심에서도 같은 판결이 내려졌고요.

김복준 그런데 장재진이 항소했잖아요. 1심에서 사형선고를 받았는데, 재판에 들어가기도 전에 장재진이 검찰이나 경찰에서 계속해서 이야기했던 내용이 '내가 잘못했다. 죽을죄를 지었다. 그래서 무기징역을 받으면 나는 교도소에서 평생 동안 반성하면서 살겠다.' 라는 것이었다고 해요. 자기가 먼저 무기징역 이야기를 했다는 것이죠. 장재진은 이미 우리나라에서는 사형을 집행하지 않기 때문에 사형을 선고하지 않는다는 사실을 알고 있었던 거예요. 그래서 수사 기관에서 조사를 받는 동안에도 자기 입으로 '나는 무기징역일 것이다.' 라는 것을 이야기했던 거예요. 자신이 저지른 범죄에 대한 형량이 무기징역 이하로 내려가기가 어렵다는 생각을 하고 있었기 때문에 '나는 잘못했다. 나는 무기징역으로 평생 동안 교도소에 살면서 성실하게 반성하겠다.' 는 이야기를 했던 거예요.

그런데 애석하게도 1심에서 사형이 선고되어버린 거예요. 장재진 본인 입장에서는 엄청나게 충격을 받았던 것이에요. 그랬기 때문에 그동안 한 장도 쓰지 않았던 반성문을 항소심 재판부에 60장이나 제출했던 것입니다. 어차피 무기징역이라고 생각했기 때문에 반성문을 쓰지 않았던 거예요. 보면 볼수록 정말 나쁜 놈이에요. 저는 반성문을 제출하면 감형해주는 관행은 없어져야 한다고 생각해요. 장재진 같은 인간이 제출한 반성문을 어떻게 믿을 수가 있습니까? 실제로 죄질이 아주 나쁜 놈들이 구치소나 교도소에서 유리한 판결을 받기 위해 쓰는 것이 반성문이잖아요. 그래서 제가 항상 반성문을 제출하는 것 대신에 반성위원회를 만들어야 된다는 이야기했던 것이에요. 진심입니다. 반성문 60장 정도를 썼고, 그리고 상고를 했던 거예요.

김윤희 저는 60장의 반성문을 쓰는 동안, 실제로 단 한번이라도 피해자인 권 양에게 진심으로 미안하다는 생각을 했는지가 의문이에요. 장재진은 사건 현장에서 피해자인 권 양에게 '네가 나에게 사과해야 한다.'고 계속해서 이야기했다는 것이잖아요.

김복준 그럼요. 정말 나쁜 놈이에요.

아무튼 장재진은 항소에 이어서 대법원에 상고까지 합니다. 그래서 2015년 8월 27일에 살인, 준강간, 감금 치상으로 사형이 확정됩니다. 살인은 권 양의 부모님 두 분을 살해한 것이고, 준강간은 권 양을 강간한 것입니다. 그리고 권 양을 방안에 가둬뒀던 것이 감금 치상인데, 이상의 세 가지 죄목으로 사형이 확정됐습니다. 이 사건은 2010년에 오종근, 그리고 군대에서 일어난 총기난사사건 이후에 한동안 사라졌던 사형이 선고된 사건입니다. 그리고 장재진은 최연소 민간인 사형수가 되었습니다.

김윤희 1990년생이에요. 실제로 나이는 지금도 30세 정도에 불과합니다.

김복준 1997년에 사형수 24명에 대해 사형을 집행했잖아요. 그 이후에는 거의 사형선고를 하지 않았는데, 그런 시기에 사형이 선고된 케이스입니다. 지금 현재 우리나라 사형수는 몇 명인지 아시죠? 모두 61명입니다. 민간인 사형수는 61명이고, 군인 사형수 4명까지 합하면 우리나라에는 총 65명의 사형수가 있습니다.

아무도 나를 알아주지 않는다는 변명

김복준 이제부터는 장재진의 심성이나 인격, 그리고 됨됨이에 대한 평가를 김윤희 프로파일러께서 해주시면 좋을 것 같아요. 앞서 우리가 이야기했던 단지 그 이유만으로 사람을 두 명이나 살해했다면 장재진은 사이코패스입니까?

김윤희 지금까지 제가 얻은 정보가 제한적이에요. 정보가 제한적인 상황에서 단정하기는 그렇지만, 사이코패스의 특징을 가진 것으로는 보입니다. 기질적으로 사이코패스라거나 사이코패스가 아니라거나 하는 부분은 솔직히 잘 모르겠어요. 그런데 대인관계의 측면에서 사이코패스의 기준을 측정하는 여러 가지 요소들이 있잖아요. 정서 상태, 대인관계, 사회적 활동 등의 부분에서 장재진을 봤을 때 굉장히 이중적인 면을 보이거든요. 그리고 실제로 사람들과의 관계라는 면에서도 누군가와 교감을 했을 때 일어날 수 있는 일들은 아니라고 생각을 해요. 그런 부분들과 함께 제가 충격을 받은 첫 번째 사건은 반려견을 세탁기에 넣어서 돌렸다는 것이어요. 너무 너무 충격적이었거든요. 평범한 사람들이 일반적으로 생각할 수 있는 살해 방법이 아니고, 고통스럽게 죽어가는 과정을 모두 지켜본다는 것이잖아요. 동물학대 부분도 어떻게 보면 연쇄살인이라든지 사이코패스와 관련이 있거든요.

김복준 우리가 강호순 사건을 살펴볼 때도 나왔던 부분이지 않습니까?

김윤희 네, 이것만으로 단순히 사이코패스라고 할 수는 없다고 하더라도 생명에 대한 경시라는 부분, 그리고 극도로 이기적이고 자기밖에 생각하지 못한다는 부분, 그리고 타인이 느끼는 고통에 대해 공감하지 못하는 부분은 분명히 보이는 것 같아요. 타인이 느끼는 고통을 조금이라도 공감할 수 있다면 폭력의 정도가 그렇게까지 극단적일 수는 없을 것 같아요. 사이코패스와 관련해서 이야기하는 것이 요즘에는 정말 조심스럽더라고요. 사이코패스다 사이코패스가 아니다라고 진단하는 것은 어려움이 있지만, 어쨌든 지금까지 나왔던 부분들을 종합적으로 보면, 실제로 굉장히 악랄한 성격의 소유자인 것은 분명해 보입니다. 사이코패스라고 하면 사이코패스일 것도 같아요. 장재진이 자신의 폭력적인 성향을 드러내지 않고 그때까지 사회에서 생활할 수 있었던 이유는 그 부분을 컨트롤 할 수 있었기 때문일 겁니다. 아마도 약자들을 선택하고, 주로 약자들을 향해서만 폭력적인 성향을 드러냈던 것과도 관련이 있었을 것 같아요. 실제로 사건 이후에 '내가 전학 와서 처음에 적응 못하고 있을 때 나를 괴롭혔다.'는 댓글이 있었거든요.

김복준 장재진 중고등학교 때의 일이죠?

김윤희 네, 그 댓글에서 '나를 그렇게 괴롭혔는데, 실제로 내가 크게 소리를 지르면서 화를 낸 다음부터는 나를 건드리지 않았다.'는 내용이 있더라고요.

김복준 장재진은 비굴하기까지 한 놈이네요.

김윤희 그러니까 어떤 사람은 건드려도 되고 어떤 사람은 건드리지 말아야 하는지를 아주 정확하게 파악하고 있었다는 것이죠.

김복준 그러면 권 양과 권 양의 부모님들이 장재진에게 만만하게 보였다는 의미인가요?

김윤희 이 경우에는 만만했다기보다는 이미 자신의 평판이 모두 무너져버렸기 때문이었을 거예요. 이미 자기는 복귀할 수 없다는 것을 알았던 것이죠. 군대는 폐쇄적인 사회이기 때문에 자신의 그런 부분이 노출되었다고 해도 아주 제한적이지만, 대학이라는 곳은 군대와는 다르잖아요. 그리고 아마 장재진에게는 마지막 희망이었던 것들이 모두 사라지는 것처럼 느껴졌을 거예요. 그리고 저는 교수님께서 말씀하신 부분이 아주 정확하다고 생각해요. 저희가 어떤 범죄자 이야기를 하면서 나왔던 부분이잖아요. 자기가 올라갔던 만큼 그것을 잃었을 때의 상실감도 크다는 이야기요.

제작진 우 순경!

김윤희 아, 그렇죠. 우범곤에 대해 이야기했을 때 자기가 이제까지 쌓아서 올라갔던 만큼 떨어지는 충격이 크잖아요.

김복준 나락으로 떨어지는 것 같은 느낌이 들었겠죠.

김윤희 네, 똑같은 것이죠. 우범곤 순경도 그 마을에서 자기에 대한 평판이 바닥으로 떨어지는 순간 자신의 모든 것을 잃었다고 생각하게 되잖아요. 그때 자신의 내면이 있는 그대로 드러나는 것이잖아요. 우범곤 순경 역시 실제로는 자신의 내면에는 잔혹성이 있었고 폭력성이 잠재되어 있었던 사람인 것이잖아요. 저는 장재진도 똑같다고 생각해요.

김복준 맥락이 아주 비슷하네요.

김윤희 자기가 소속된 커뮤니티에서 자기가 어느 정도의 성과를 거뒀고 이를 바탕으로 어느 정도까지는 충분히 성공할 수 있을 것이라고 생각했어요. 그런데 그것을 누군가가 무너뜨렸던 거예요. 교수님께서 말씀하신 것처럼 권 양의 아버지와 어머니는 정말 성숙하게 사건을 처리했어요. 배관수리공으로 위장하고 온 장재진을 알아보지 못했다는 것은 장재진을 만나지 않았다는 거예요. 장재진은 만나지 않고 장재진의 부모만 만나서 설득했다는 것이거든요.

김복준 그렇죠. 장재진을 직접 만나지는 않았어요.

김윤희 그런데 권 양 부모님의 성숙한 사건 처리를 장재진은 '우리 부모를 찾아가기까지 해서 그렇게 이야기를 했어?' 라는 식으로 느꼈을 거예요. 왜냐하면 장재진이 부모에게 신임을 얻지 못하고 있었잖아요. 군대에서 문제를 일으킨 것까지는 어떻게 막아줬고, 또 지나간 일이기 때문에 그러려니 했을 수도 있어요. 하지만 부모 입장에서도 이 사건을 보고는 '너는 정말 안 되겠다. 자식이지만 구제불능이다.' 라고 생각했던 부분이 있었을 거예요

김복준 그렇죠. 그렇기 때문에 학교도 그만두라고 했겠죠.

김윤희 네. 장재진은 이제 갈 데가 없어진 것이죠. 막다른 상황에 몰렸기 때문에 '그래? 그럼 갈 때까지 한번 가 보자. 나를 이렇게 만든 사람들을 죽여 버리겠다.' 고 생각했던 것 같아요.

김복준 장재진의 어린 시절에 대한 기록이 없어서 찾아보지는 못했지만, 지금까지 나왔던 자료들로 유추해보자면 만만한 대상을 물색하고 선택해서 괴롭히다가 상대방이 강하게 저항을 하면 괴롭히는 것을 포기하는 식으로 삶을 살았던 것 같아요. 그렇게 하다가 군대에 가서는 선임이 되어 후임병을 구타했던 것이죠. 아마도 '우월' 한 지위에 서면 아랫사람이나 약한 사람들을 괴롭히고 공격하는 성향을 가지고 있었던 것 같아요. 성격적으로 아주 비굴한 면을 가지고 있어요. 그런 상황에서 구타 사고로 처벌을 받았던 것이죠. 무엇보다 군대는 제대하는 순간 어느 정도 일단락이 되기 때문에 장재진 역시 군대 생활은 그렇게 정리되었다고 생각했던 것 같아요. 그리

고 대학에 복학하고 동아리연합회의 회장까지 되면서 화려하게 재기한 거예요. 자기 나름대로는 원대한 꿈을 세우고 있었겠죠. 그 원대한 계획이 권 양을 매개로 해서 망가졌잖아요. 자신의 계획이 완전히 망가지는데 기여를 했던 사람이 권 양의 부모님이라고 생각했던 것이에요. 자신이 권 양에게 했던 짓은 전혀 생각하지 않는 거예요. 그래서 조금 전에 김윤희 프로파일러께서 말씀하신 것과 같은 일련의 과정들이 전개되었던 것 같은데 우범곤 사건과 비슷한 부분이 있어요. 우범곤도 부족한 부분이 있다고 하면 부족한 부분이 상당히 많은 사람이라고 할 수 있었는데 사격을 아주 잘 했잖아요. 우범곤은 단지 사격을 잘 한다는 것 때문에 해병대에서도 대우를 받으면서 생활을 했고 순경으로 특채되었을 뿐만 아니라, 청와대에서 근무도 했었잖아요. 결국 능력이 부족해서 시골 파출소로 좌천되었어요. 그곳에서 동거하던 여성이 파리를 잡으려고 하다가 실수로 우범곤을 때린 것이 계기가 되어 범죄를 저질렀다고 하지만 실제 범행의 동기는 그것과는 전혀 상관이 없잖아요. 오랫동안 쌓여 있던 열등의식이 순식간에 폭발하면서 범행을 저지른 것이라는 점에서 저도 우범곤과 장재진 사건이 비슷한 맥락을 가지고 있다고 보입니다. 그 부분을 김윤희 프로파일러께서 정확하게 설명해 주신 것 같아요

김윤희 비난이나 거절, 부정이라는 부분에 대해서 아주 민감하게 반응하는 사람들이 있어요. 그 사람들의 마음속에는 '나는 잘 할 수 있지만, 당신들은 나의 능력을 알아봐주지 않는다.' 라거나 '나는 항상 어디를 가더라도 잘 할 수 있는 능력을 가지고 있지만, 기회가 주

어지지 않았다.'는 생각이 있어요. 장재진 역시 어렸을 때에는 아마도 '부모가 나를 뒷받침해주지 않아서 내가 원하던 일을 하지 못했다.'는 생각을 갖고 있었고, 군대에 가서는 '나는 군 생활을 잘 했지만, 내 후임병이 제대로 못해서 그 일을 망쳤다. 그래서 제대로 일을 하지 못했다'고 생각했겠죠. 그런데 대학에 복학한 후에는 자신의 능력을 발휘해서 동아리연합회 회장이 되었고, 주변에서도 그런 자신을 받들어줬을 거예요. 그렇게 능력을 발휘해서 살아갈 수 있겠다 싶은 순간에 모든 것이 무너졌어요. 그때 장재진은 '권○○ 때문에 이번에도 내 인생이 망가졌어. 그래, 역시 세상은 나를 알아봐주지 않아.'라는 생각을 했던 거예요. 이런 식의 자기연민과 내면을 가득 채우고 있는 열등감 때문에 누군가는 지금까지는 물론이고, 앞으로도 평생 동안 지워지지 않는 아픔을 갖고 살아야 된다는 것이잖아요. 저는 이 사건을 들여다 볼 때마다 너무 속상해요.

김복준   그럼요. 얼마나 힘들겠어요.

사실은 저도 장재진 사건을 조사하면서 깜짝 놀랐어요. 지금까지 권 양의 집안에서 있었던 장재진의 범행을 제가 굉장히 단순화시켜서 설명했습니다. 권 양 어머니의 경우에는 아버지가 화장실 밖에서 문을 두드렸기 때문에 급하게 살해를 했던 모양이에요. 권 양 어머니의 머리 부분을 공격했는데 칼끝이 부러질 정도였다고 합니다. 그런데 아버지의 경우에는 공격을 당하고 사망에 이르기까지 상당한 시간이 걸렸다고 해요. 그 과정에서 장재진이 했던 행동을 살펴보면 정말 기가 막혀요. 제가 말로 표현하기가 어려울 정도예요.

'이치카와 살인사건'의 한국판

김윤희 그래서 저도 장재진 사건을 보다가 이치카와 사건과 비교가 된다고 말씀 드렸잖아요.

김복준 이치카와 사건에 대해서 간단히 설명해 주시겠어요?

김윤희 제가 이치카와 사건을 처음 접했을 때 정말 정신을 차릴 수 없을 정도로 충격을 받았는데 이 사건은 1992년 3월 5일에 발생했어요. 범인의 이름은 세키 데루히코인데, 실제로 가족이 전부 살해당합니다. 실제로 이 사건의 핵심이 되는 피해자는 여고생이에요. 그런데 그 여고생의 부모님과 할머니, 그리고 네 살 된 여동생까지 모두 살해당한 것입니다.

김복준 모두 가족이죠?

김윤희 네. 이 사건의 범인 세키 데루히코라는 인물은 정말 악질 중에 악질이에요. 데루히코가 어린 시절에 아버지의 폭력 속에서 자랐다고 하더라고요. 그렇다고 하더라도 어렸을 때부터 워낙 사고를 많이 쳤는데 나중에는 동생은 물론 심지어 자신의 어머니를 향해서도 폭력을 행사했다고 해요. 그런 상황을 지켜보다가 외할아버지가 인간 좀 되라는 의미에서 따끔하게 한 마디 했나 봐요. 격분한 데루히코는 외할아버지에게도 폭력을 행사해서 앞을 볼 수 없게 만들고 다리를 부러뜨려요.

김복준 자기 외할아버지를 말인가요?

김윤희 네, 자신의 외할아버지를 공격해서 외할아버지는 시력을 잃게 되었고, 다리가 부러져서 불구가 되었어요. 그 정도로 악질적인 인물이었어요. 그 사건 이후에도 계속해서 성범죄 등을 저지르고 다녔는데 그때 피해자를 만나게 되었어요.

김복준 이치카와 사건의 피해 여고생이죠.

김윤희 여고생들이 모여 있는 곳에서 범행의 타깃을 결정했잖아요?

김복준 피해자를 길거리에서 발견했던 모양이죠?

김윤희 네, 길거리에서 타깃을 결정한 다음에 피해 여고생을 일부러 차로
치었어요.

김복준 아, 그렇게 해서 차에 실을 계획이었나 보네요.

김윤희 네, 차로 치었기 때문에 병원으로 가야 되잖아요. 병원까지는 친절하
게 데려다줘요. 그러고는 '집에 가기 불편할 테니까 내가 데려다줄
게.'라고 하면서 여고생을 차에 태웠어요. 그렇게 납치해서 성폭행
을 했어요. 성폭행 과정에서 얼굴 등의 부위를 칼로 가해한 거예요.

김복준 가학성 성범죄라고 하죠.

김윤희 네, 그렇게 여고생을 성폭행하고 나서 여고생의 신분을 확인한 거
예요. 일반적으로 여고생들은 수첩을 가지고 다니잖아요. 여고생
의 학생증과 수첩에서 집주소와 피해 여고생의 이름을 모두 기록
한 다음에 '신고하면 너는 나에게 죽는다. 내가 너의 집을 찾아가
서 네 가족들까지 모두 죽여버리겠다.'라고 협박을 했어요. 그런데
데루히코는 실제로 일찍부터 범죄에 많이 노출된 사람이었기 때문
인지 성적인 부분이 굉장히 발달되어 있었어요. 당시에 데루히코는
필리핀 성매매 여성들을 납치를 해서 성폭행을 했는데 그 과정에서
아주 폭력적인 방식으로 강간을 하거나 아주 잔혹한 폭행을 가했
다고 해요.

김복준 필리핀 성매매 여성들을 데리고 있는 사람들은 대부분 야쿠자에

요. 문제가 되었을 것 같은데요?

김윤희 맞습니다. 야쿠자들이 데루히코를 잡아서 협박과 함께 폭력을 행사
합니다. '너, 이 XX 정말 죽어 볼래?'라고 폭행을 해서 데루히코가
'살려만 주십시오.'라고 했겠죠. 그리고 필리핀 여성들을 강간하고
폭행한 대가로 '200만 엔을 가져오면 살려줄게.'라고 야쿠자들이
데루히코를 협박했던 것 같아요. 200만 엔을 어디서 구할 것인가를
고민한 끝에 데루히코가 생각해낸 것이 여고생이었던 겁니다.

김복준 왜 여고생을 생각했을까요?

김윤희 만만했던 것이죠.

김복준 아, 정말 이런 놈들은 전부 똑같아요. 주변에서 가장 약한 사람들
을 만만하게 생각하고, 꼭 그런 사람들을 범행 대상으로 선택하
는 것은 완벽하게 똑같아요.

김윤희 이 여고생은 너무 무섭고 겁이 났기 때문에 납치당하고 강간당한
사실을 숨기고 있었던 거예요.

김복준 신고를 하지 않았던 거죠.

김윤희 네, 신고를 안 하고 있었어요. 그런데 어느 날 데루히코가 이 여고
생의 집에 들어와서는 정말 이런 말을 해야 하나요. 범죄 사실만
간략하게 정리할게요. 어머니와 할머니를 공격한 다음에 여고생의
어머니가 지켜보는 앞에서 여고생을 강간했어요. 그리고 돈을 요
구했는데 지금은 돈이 없고 아버지가 돌아와야 돈을 구할 수 있
다고 했어요. 아버지에게 전화해서 집에 오라고 했어요. 아버지가
집에 돌아왔는데 가족들은 이미 끔찍한 상황이었던 것이에요. 아버
지가 통장은 회사 사무실에 있다고 했기 때문에 회사 사무실에 여

고생을 보내서 통장을 가져오도록 했어요. 이 여고생의 입장에서는 아버지와 동생이 모두 집에 있는데 혼자 살겠다고 도망갈 수는 없잖아요. 그런데 사무실에 있던 분들이 여고생의 행동이나 분위기가 이상하다고 생각을 했던 것이죠.

김복준 우리가 지존파를 다뤘을 때와 비슷한 상황인 것 같네요.

김윤희 네. 그래서 여고생이 통장 가지고 돌아갔는데 데루히코는 통장을 받자마자 여고생의 아버지를 죽여요. 사무실 분들이 집으로 전화를 했는데 여고생이 조용히 전화를 받다가 통화하는 장면을 들켜버렸어요. 그 상황에서 데루히코가 집안의 사람들을 모두 죽이는데, 마지막 순간까지도 계속해서 여고생은 강간을 당해요. 지금까지의 상황만으로도 치가 떨리잖아요. 여고생의 4세 여동생은 그때까지는 살아 있었지만 마지막에 그 여동생까지도……

김복준 살해를 하는군요.

김윤희 4세의 여동생을 살해했을 때, 이 여고생이 조금 전 장재진 사건의 피해자와 비슷한 행동을 했던 것이죠.

김복준 이 사건의 피해자인 권 양과 거의 비슷한 상황이었네요.

김윤희 그때 여고생이 반항하기 시작했던 것이죠. '너 죽고 나 죽자.'는 식으로 저항하면서 탈출을 하게 됐고 경찰에 신고를 하면서 범인인 세키 데루히코를 잡은 사건이었어요. 사실은 저도 이 사건을 대략적으로만 알고 있었어요.

김복준 장재진 사건과 유사한 부분들이 꽤 있는 사건이네요.

김윤희 범행 자체가 너무 악랄한 데다 이 사건 이전에도 데루히코가 저지른 심각한 범죄들이 많았다고 합니다. 이때 데루히코의 나이가 겨우 이십 대 초반이었을 거예요.

김복준 네, 맞아요.

김윤희 당시 일본에서는 엄청나게 충격적으로 받아들여졌던 사건입니다.

김복준 네, 아주 유명한 사건입니다.

김윤희 제가 알고 있는 외국 사례가 그렇게 많지 않아요. 일본에는 가끔 이렇게 엽기적인 사건들이 있어서 살펴보는 편이에요. 대략적으로만 알고 있다가 이번에 자세히 읽어 봤는데 정말 충격적이더라고요.

김복준 장재진 사건이 이 사건과 유사해요. 그래서 간단하게 살펴봤던 겁니다. 아무튼 생존한 권 양은 이 사건을 잊어버리세요. 부모님들께서는 아마 천국에 계실 거예요.

김윤희 정말로 저희 프로그램을 보지 않았으면 좋겠습니다. 혹시라도 보신다면 부모님이 살려주신 생명이라고 생각해서 힘을 내셨으면 해요.

김복준 그럼요. 힘내고 용기 내세요. 앞으로 좋은 일만 있을 겁니다.

김윤희 이치카와 사건의 피해자인 여고생은 살아남았어요. 일본에서는 살 수가 없어서 유럽으로 갔는데 지금은 결혼을 해서 행복하게 살고 있다는 이야기를 최근에 봤습니다. 저도 어느 프로그램에서 봤던 이야기인데 '다른 사람들 때문에, 그런 악랄한 악인 때문에 자신의 행복을 깎아 먹으면서 살 순 없잖아요.' 부디 행복하게 사셨으면 좋겠습니다.

김복준 이번 주 《대한민국 살인사건》에서 선정했던 장재진 살인사건은 여기서 정리를 해야 될 것 같습니다.

김윤희 네. 정말로 분하고 속 터지는 사건이었습니다. 여기서 마무리하도록 하겠습니다. 수고하셨습니다. 감사합니다.

6장

'남자답게 화끈하게'
막가는 인생,
막가파

- '남자답게 화끈하게 살다가 간다.'
- 막가는 인생들의 막장 범죄 '생매장 사건'
- 조폭을 미화한 영화의 해악들
- '반성과 교화'를 생각한다
- 막가는 인생의 아류들

김윤희 《대한민국 살인사건》입니다. '막가파' 라는 이름을 들어보셨을지 모르겠어요. '지존파', '막가파', '영웅파' 라는 범죄 조직들의 계보를 잇는 조직들 중에서 오늘은 막가파를 다뤄볼까 합니다. 1994년에는 지존파가 있었다고 한다면 1996년에는 막가파가 있었고요. 다음 기회에 다시 다루겠지만 1999년에는 영웅파가 있었습니다.

김복준 맞아요. 막가파와 관련된 이야기는 요즘에도 언론을 통해서 엄청나게 많이 나오죠. 국회에서 국회의원들이 자기들끼리 상대 당을 향해서 '막가파 식으로 하면 되느냐.' 고 할 때, 등장하는 '막가파 식' 이라는 말이 바로 이 막가파에서 나온 것입니다. 막가파를 제대로 알고서 '막가파 식' 이라고 하는지는 알 수 없습니다. 개인적으로 국회의원들이나 정치인들이 하는 말이나 행동에 마음이 상해서 잠깐 시비를 걸어본 것입니다.

김윤희 실제로 막가파라는 말 자체가 어떤 상대에게는 엄청나게 상처가 되는 말일 수도 있지 않나요?

김복준 엄청나죠. 막가파라는 말을 함부로 사용하면 안 됩니다.

김윤희 그렇죠.

김복준 막가파는 조금 전에 김윤희 프로파일러께서 말씀하신 것처럼 저희가 이전에 한 번 다뤘던 1994년 지존파 사건이 발생한 지 대략 2년이 지난 뒤에 나온 조직입니다. 막가파는 조직폭력배가 아니기 때문에 범죄 단체라고 하는 것이 맞을 것 같습니다.

김윤희 네, 범죄 단체라고 해야될 것 같습니다.

김복준 그렇게 봐야겠죠?

김윤희 네, 지존파의 아류라고 이야기할 수 있겠습니다.

김복준 아류입니다. 이들이 조직을 결성한 것은 1996년 9월 초에요.

김윤희 제가 알기로 지존파는 1년 이상의 기간 동안 조직을 정비한 후에 범죄를 저질렀는데 막가파는 정말 짧은 기간 동안에 범죄를 저질렀던 것 같아요.

김복준 그렇죠. 조직을 만들고 순식간에 검거 되었고, 그래서 순식간에 사라져버린 정말로 '막가는' 놈들이 만든 조직이었습니다. 이들은 1996년 9월 초에 조직을 결성했는데 두목의 이름이 최정수입니다. 두목은 이름을 밝히겠습니다. 최정수, 당시 나이가 20세였어요. 정말 '아이들'입니다. 아이들. 두목인 최정수는 폭력 등의 전과 8범이었고요. 경기도 화성 출신이에요. 두목인 최정수를 중심으로 나중에 가입한 인원까지 합치면 전부 9명입니다. 그런데 처음부터 9명이었던 것은 아니었고 처음에는 3~4명이 모였다고 해요. 이들이 모인 장소는 경기도 성남시 모란역 근처에 있는 레스토랑이었다고 합니다. 당시에는 서너 명이 만났던 것으로 알려져 있습니다. 조직원으로는 두목 최정수, 부두목 박지원, 행동대장 정진영이 있고 다음으로는 유삼봉, 박모, 김모, 정모 등이 있는데 저희는 두목 최정수, 부두목 박지원, 행동대장 정진영, 그리고 유삼봉까지만 실명으로 이야기 하겠습니다.

김윤희 교수님, 저는 항상 약간 웃긴다고 생각하는 부분이 몇 명 되지도 않는 조직에 항상 자기들 나름대로는 리더, 부두목, 행동대장 등의 위계가 있다는 것입니다.

김복준 그렇죠. 서열과 직책이 있어요. 그런데 이 '직책'은 자기들이 정하기도 하지만, 일반적으로 조직 내의 서열과 직책은 경찰이 정해주는 것입니다. '당신들 모두 일렬로 서요. 누가 제일 높은가요?' 라고 해서 결국 경찰이 정해주는 거예요. 저도 그렇게 해서 조직폭력배들의 서열을 많이 정해줬거든요.

김윤희 아, 그렇군요.

김복준 그렇기 때문에 서열이나 직책은 그렇게 정해진 것일 수도 있어요. 아무튼 이들 중에서 최정수, 박지원, 정진영 등의 몇 명은 최초의 결성 단계에서부터 모의를 했던 멤버들이에요. 모란역 근처에 있는 레스토랑에서 만나서 '막 가는 인생'이라는 이미지를 담고 있는 이름이 무엇일까를 고민해서 범죄단체의 이름을 막가파라고 정했어요. 범죄 단체를 결성한 이들에게는 오래되고 낡은 중고 소나타 차량이 한 대 있었어요. 이들은 그 중고차를 타고 다니면서 범행을 모의했던 것입니다. 당시에는 아마 조직원으로 5명이 모여 있었던 것으로 보입니다.

김윤희 이렇게 5명이 모였다가 나중에는 조직원이 총 9명이 되는데요. 저는 이 사건을 보면서 흔히 조직의 생리라고 이야기할 수 있는 것들이 굉장히 어이가 없다는 생각이 들었어요. 조금 웃기기도 했고요.

'남자답게 화끈하게 살다가 간다.'

김윤희 '도대체 이 조직은 어떻게 결성하게 됐으며 어떤 목표를 갖고 있냐?' 고 물었을 때 자기들은 거대한 범죄조직을 만드는 것이 꿈이었다고 이야기를 했어요. 또 조양은, 즉 '양은이파'를 롤 모델로 해서 대규모의 조직을 세우려고 했었다는 이야기도 했다는 거예요. 게다가 행동강령도 있었어요. 이 행동강령이라는 것도 제가 지금 그 내용을 보고 있는데 정말 너무 어이가 없는 거예요.

김복준 황당해서요?

김윤희 네, 정말 황당합니다. '남자다운 행동을 한다.' 라는 것도 있고 '화끈하게 살다가 화끈하게 간다.' 라는 식의 이야기들이 행동강령에 등장하더라고요.

김복준 '범죄단체'와 관련된 죄명을 붙이기 위해서는 조직 강령이 있어야 해요. 막가파의 경우에는 조금 전에 김윤희 프로파일러께서 말씀하신 '남자다운 행동을 한다.' 라는 것이 조직 강령의 첫 머리에 나오는 강령의 내용이에요. 이들의 목적은 간단해요. 수단과 방법을 가리지 않고 자금을 만든 다음에 조직원들을 모으는 거예요. 그렇게 모은 조직원들을 전국에 있는 유흥업소에 파견을 보내는 것이죠. 그렇게 해서 전국을 무대로 폭력 조직을 결성하는 것이 이들의 최종적인 목적인 거예요. 목적을 달성하기 위해서는 자금이 필요한데, 이 자금을 모으기 위해서 범행을 했다는 것이죠.

그들이 목적을 달성하기 위해 만든 조직 강령을 구체적으로 살펴보면 조금 전에 말씀하신 '남자다운 행동을 한다.' 는 것이 총체적인 강령입니다. 그리고 그에 대한 세부적인 조항들이 있어요. "첫 번째, 조양은 같은 최고의 깡패가 된다. 두 번째, 배신자는 죽는다." 그래서 이들은 회칼이나 야구방망이 같은 것들을 상시적으로 소지하고 다녔어요. "세 번째, 화끈하게 살다가 멋있게 죽는다. 네 번째, 잡히면 그 자리에서 죽기로 맹세한다." 이것이 막가파에서 만든 나름의 행동 강령입니다. 아주 '꼴값'을 하는 것입니다.

김윤희 저는 궁금한 것이 있는데 도대체 남자다운 행동이라는 것은 무엇인가요?

김복준 이들이 생각하는 '남자다운 행동'이라는 것이 있어요. 나중에 하나씩하나씩 설명하겠지만, 이들은 하루 사이에 주유소 세 군데를 털었어요. 여기서 주유소를 털고 순식간에 저기로 이동을 하고 그랬던 거예요. 실제로는 한꺼번에 세 곳을 옮겨다니면서 연속적으로 범행을 저지르면 금방 발각되잖아요. 그래서 검거 후에 경찰에서 '사실은 아주 멍청한 행동이었다. 하루 사이에 약간의 시간차를 두고 이 주유소 저 주유소를 털고 다니면 금방 발각될 것이라는 생각은 하지 않았냐?' 라고 물었어요. 그랬더니 '남자라면 그 정도는 해야죠. 그런 것이 남자다운 행동이에요.' 라고 말했다고 합니다. 참, 어이가 없습니다.

김윤희 남자다움을 잘못 배운 것 같아요.

김복준 정말 거지같은 남자다움이죠.

김윤희 저는 이 사건이 《주유소 습격사건》이라는 영화의 모티브가 되었다는 사실을 최근에 사건 관련 자료를 읽으면서 알게 되었어요.

김복준 네, 영화로 나왔어요.

김윤희 저는 오늘 남자답다는 것이 이런 의미라는 사실을 처음 알았네요.

김복준 제가 앞에서 말씀드린 것처럼 이들은 수단과 방법을 가리지 않고 자금을 모으는 것이 목표잖아요. 이들이 자금을 확보하기 위해 사용한 수단과 방법에는 부녀자 납치, 그리고 '아리랑 치기'도 포함되어 있었어요. 아리랑 치기가 무엇인지는 알고 있으시죠. 이른바 '퍽치기'라는 것과 유사해요.

김윤희 아리랑 치기는 취객, 즉 술에 취한 사람들을 대상으로 하는 범죄입니다. 둔기 등을 이용해서 가격한 다음에 지갑 등의 금품을 훔치는 방법이죠.

김복준 둔기 등을 이용해서 취객의 정신을 잃게 만든 다음에 금품을 빼앗는 것입니다. 이들의 계획은 부녀자 납치와 아리랑 치기 등을 통해 자금을 마련한 다음에 조직원들을 포섭하고, 이렇게 포섭된 조직원들을 전국에 있는 유흥업소에 파견한다는 거예요. 전 도무지 이해를 할 수가 없어요.

김윤희 저도 이 발상 처음 들었을 때 '와, 바보들인가?'라는 생각이 들었어요. 돈을 이용해서 조직원들을 끌어 모은다고 하더라도 전국에 있는 유흥업소에는 이미 자리를 잡고 있는 '조직'들이 있을 것이기 때문에 자신들의 생각처럼 쉽게 접수할 수 있는 것도 아니잖아요. '이들은 생각이 없나?'라고 생각했어요.

김복준 자금을 모아서 조직원들을 확보하고 조직의 규모를 크게 키운 다음, 자기들을 중심으로 전국을 무대로 활동하는 폭력 조직을 결성해서 각 지역에 있는 조직들을 완전히 흡수한다는 아주 원대한 꿈을 가지고 있었던 것입니다. 아마 그런 꿈을 가질 수 있었던 것도 20세의 어린 나이였기 때문에 가능했던 일일 거예요. 처음에 모인 조직원들은 20세였고요. 이들이 나중에 자백하는 데 결정적인 기여를 했던 조직원은 17세의 이 군이었어요. 막가파 조직원 9명 중에는 17세, 19세의 조직원도 있었지만, 나머지는 모두 20세였어요.

김윤희 교수님 말씀대로 너무 어렸기 때문에 이렇게 어이없는 일을 저질렀던 것 같아요.

막가는 인생들의 막장 범죄 '생매장 사건'

김윤희 막가파는 조직을 9월에 결성했는데, 막가파와 관련해서 사람들에게 가장 많이 알려져 있는 '생매장 사건'이 일어난 것은 바로 10월 5일입니다.

김복준 맞습니다. 막가파가 결성된 후에 바로 사건이 일어납니다.

김윤희 조직을 결성한 지 채 한 달도 지나지 않은 상황에서 끔찍한 범죄를 저질렀어요. 그런데 이들은 범행 3일 전부터 염탐과 탐색을 했다고 하더라고요. 이들이 타깃으로 삼았던 범행 대상은 주로 혼자 다니는 부유한 여성이었습니다.

김복준 맞습니다. 조금 전에 말씀드린 것처럼 1996년 9월 초에 범죄 단체를 구성하고 부녀자 납치, 아리랑 치기 등의 방법으로 자금을 모으기로 합의한 다음에 첫 번째 타깃이 된 사람은 김 씨라는 여성이에요. 이 사건을 먼저 설명을 드리면, 사건이 발생한 것은 1996년 10월 2일 새벽 2시 경입니다. 피해자 김 씨는 서울 강남구 포이동에 있는 주점을 운영하던 40세의 여성이었어요. 김 씨는 일본 자동차인 혼다 어코드를 타고 다녔어요. 범행 대상을 물색하던 이들은 '저 정도의 차량을 타고 다닐 정도면 꽤 부유하겠다.'는 생각을 했던 것입니다. 당시에는 외제 승용차를 타고 다닐 정도면 경제적으로 상당히 여유가 있는 사람이라고 생각했어요.

김윤희 지금은 외제차가 굉장히 많지만, 1990년대에는 외제차를 타고 다니면 '저 사람 굉장히 부자구나.' 라고 생각했었어요. 저는 지방에서 살았어요. 제가 어렸을 때에는 외제차, 특히 독일차는 말할 것도 없고 일본차를 타고 다니는 사람을 보면 '와, 저 사람 굉장히 부자구나.' 라는 생각을 했었거든요.

김복준 1996년에 혼다 어코드를 타고 다닐 정도면 잘 사는 여성이었던 것은 분명합니다. 실제로 얼마나 부유했는지에 대해서는 차차 설명하기로 하겠습니다. 이 여성이 혼다 어코드 승용차를 타고 가는 것을 확인했던 사람은 최정수, 박지원, 정진영이었습니다. 이 세 명이 총 네 번에 걸쳐서 차량을 타고 출퇴근하는 여성 김 씨를 미행했어요. 오래되고 낡은 중고 소나타를 소유하고 있었다고 했잖아요. 소나타로 미행해서 피해자 김 씨의 집을 미리 확인해 둡니다. 피해자의 집을 확인한 다음, 이들은 범행의 디데이를 10월 5일로 잡았습니다. 10월 2일에 영업을 마치고 업소에서 나와서 집에 가는 김 씨를 처음으로 뒤쫓습니다. 이후에 대략 4번 정도 미행을 했어요. 김 씨의 가게에서 집까지 4번이나 왔다 갔다 하면서 현지답사를 했던 거예요. 그리고 '오늘 범행하자.' 라고 결정을 했던 날이 10월 5일 자정이에요. 피해 여성 김 씨가 포이동에 있는 ○○빌라에 주차를 했는데 이들이 빌라 앞에 숨어 있었어요. 김 씨를 미행하면서 미리 집으로 가는 동선을 파악해뒀기 때문에 잠복할 수 있었던 것이죠. 피해자 김 씨가 어코드 차량을 타고 빌라 주차장으로 들어와서 주차를 마친 다음에 차량에서 내렸어요. 이들은 그때를 노려서 피해자 김 씨를 덮친 다음에 자신들이 타고 온 차량인 소나타에 강제로 태웠습니다. 말하자면 납치인 셈이죠. 차량 안에서 김 씨를 협박하고 폭행해서 현금 40만 원과 현금카드와 신용카드 4장을 빼앗은 다음에 카드의 비밀번호를 알아냅니다. 카드 비밀번호를 알아낸 다음에 이들은 포장용 청 테이프를 이용해서 김 씨의 손발을 묶고 눈도 가려버립니다. 범행의 수법이나 과정은 미리 준비를 했기 때문에 차례차례 진행을 했겠죠. 그러고는 김 씨의 어코드 차량은 주차장에 그대로 두고 본인들의 소나타를 운전해서 수원시로 갑니다. 수원시로 가서는 현금 인출기에서 900만 원을 인출합니다. 제일은행 수원 지점이었어요. 여기서 끝났어야 됐는데 그렇지 못했어요. 수원시로 가서 현금 인출기에서 900만 원을 인출한 다음에 다시 피해자 김 씨의 집으로 되돌아갑니다. 그리고 주차시켜 놓은 피해자의 일제 승용차를 빼앗습니다. 승용차 트렁크에 피해자를 싣고 이번에는 경기도 화성으로 갑니다. 방송의 첫 부분에서 말씀드린 것처럼 두목인 최정수의 고향이 경기도 화성이거든요. 최정수의 고향 집에서 대략 1km 정도 떨어진 곳에 염전이 있었어요 그 염전이 있는 곳으로 갔던 것이죠.

김윤희 그 염전이 이미 폐업한 곳이어서 사람이 없다는 사실을 알았던 것 같아요.

김복준 그렇습니다. 최정수는 자신의 고향 집 근처에 있는 폐 염전과 소금창고를 알고 있었던 거예요. 김 씨를 끌고 소금창고 안으로 들어가서 구덩이를 팠습니다. 아마 김 씨를 죽이려고 작정했던 것이겠죠. 너비 3m, 깊이 1.5m의 구덩이를 팠어요. 그러고는 피해자 김 씨를 트렁크에서 끌어냈죠. 살려달라고 엄청나게 애원합니다. 그런데 애초부터 김 씨를 살려줄 생각이 없었던 겁니다. 입고 있던 옷을 회칼로 전부 찢어서 김 씨를 나체 상태로 만든 다음에 구덩이에 밀어 넣고는 살해합니다. 천하의 죽일 놈들입니다. 살아있는 사람을 구덩이에 밀어 넣고는 생매장해서 살해한 겁니다.

김윤희 그때도 '돈 더 있냐?' 라고 물어봤다고 하더라고요.

김복준 네, '돈 더 있냐?' 라고 물어봤어요. 그리고 담배를 두 개피를 피게 해줍니다. '돈은 더 없다. 살려만 달라.' 고 했지만, 결국 살려주지 않았던 것입니다. 폐 염전에 있는 소금창고는 1993년경부터 사용을 하지 않았다고 해요. 폐쇄된 소금창고 7개 중의 하나인데, 앞쪽의 너비가 6m 50cm 정도 되고 길이가 20m 정도 되는 창고 형태의 건물 7개가 서 있는 거예요. 그 중의 창고 한 동에 들어갔던 것이죠. 단층 슬라브 지붕으로 되어 있는 폐 소금창고인데 그곳에다 구덩이를 팠던 거예요. 그리고 폐 염전 주변에는 갈대가 엄청나게 우거져 있어서 밤에는 사람들이 거의 오지 않는 아주 으슥한 곳이었다고 합니다.

김윤희 이 사건은 나중에 도난 차량 신고가 되어 있었기 때문에 이들을 검거했고, 이들이 자백을 했기 때문에 피해자 김 씨가 생매장 당했다는 사실을 밝힐 수 있었어요. 하지만, 만약에 이들이 잡히지 않았다면 상황이 어떻게 흘러갔을지는 모르는 일이잖아요. 제 생각에는 계속해서 연쇄적으로 범행이 발생했을 가능성이 굉장히 높은 것 같아요.

김복준 그렇죠. 이들이 밝힌 생매장을 했던 이유도 정말 어이가 없습니다. 사실은 생매장을 했던 방법도 의식을 잃은 다음에 누운 상태에 있는 피해자 위로 흙을 덮은 것이 아니에요. 깊이 1.5m가 되는 구덩이에 사람을 세워놓은 상태에서 흙을 덮었어요. 마치 나무를 심는 것처럼 사람을 세워놓은 상태에서 흙을 모아서 생매장을 했는데요. 구덩이의 깊이가 1.5m라고 했잖아요. 자기들이 파 놓은 구덩이의 깊이가 부족하잖아요. 그런데 구덩이를 더 파내기가 곤란했기 때문에 살아있는 피해자의 목을 옆으로 꺾은 채로 그 위에다 흙을 덮어서 생매장을 시킨 거예요. 정말 천하에 나쁜 놈들이에요. 이런 범행은 아마 세계적으로도 전무후무 할 거예요.

김윤희 피해자가 얼마나 공포스러웠겠어요. 그런데 계속해서 이야기를 하겠지만, 저는 너무 황당했던 부분이 '당신들이 생매장을 했잖아요. 도대체 왜 생매장을 했어요?' 라고 경찰이 물어봤어요.

김복준 네, 물어 봤어요. 그것도 세워놓은 상태에서 목만 꺾어서 흙으로 윗부분을 봉긋하게 덮었잖아요. 그랬더니 '손에 피를 묻히기 싫어서요.' 라고 답했어요. 생매장을 한 이유가 손에 피를 묻히기가 싫어서 그랬다는 것입니다. 사실 이렇게 피해자를 살해하는 것은 손에 피를 묻히는 것보다 훨씬 잔인한 수법이거든요.

김윤희 심지어 피해자는 그 구덩이 속에서도 분명히 협박도 받고 위협도 받았을 것 같은데요. 사실 나체로 구덩이 속에 있었던 피해자의 공포감도 컸을 것 같아요. 거기에다 목이 꺾인 상태에서 그 위로 흙이……

김복준 네, 그 위로 흙이 부어지는 것이죠. 상황을 설명하는 것도 불편할 정도인데요.

어쨌든 피해자는 그렇게 해서 사망하게 됐습니다. 피해자가 사라졌기 때문에 가족들이 찾아 나섰어요. 10월 5일에 납치당했잖아요. 아마 여성 분이 혼자 거주하고 있었나 봐요. 본가는 대구에요. 피해자 분이 단란주점을 운영해서 번 돈으로 지방에 있는 부모님을 모시고 있었고, 교통사고가 나서 다리가 불편한 동생을 위해 분식집도 차려줬다고 해요. 효녀이기도 하고 형제간에 우애도 좋았던 것 같아요. 게다가 어떻게 보면 집안을 이끌어가는 살림꾼 같은 여성이었던 거예요. 피해여성이 연락이 되지 않았지만, 아무래도 같이 살지 않았기 때문에 연락이 끊어진 지 6일이 지난 10월 11일에 가출신고를 했던 것이죠. 그리고 승용차가 없어졌잖아요. 그래서 차량을 전국에 수배하게 됩니다.

김윤희 실제로 피해자가 경제적으로 넉넉해서 외제 승용차를 타고 다녔던 것은 아니라고 해요. 저도 이 사건을 살펴보면서 알게 된 사실인데 단란주점을 운영했던 피해여성처럼 직업적으로 자신의 경제적 능력보다 고가의 차량을 타고 다니는 경우가 있다고 해요. 이 사건의 피해자도 자신이 타고 다니는 차량과 경제적 상황 사이에 상당한 차이가 있었던 것 같아요. 그런데 막가파 조직원들은 피해자를 굉장한 부자라고 생각했던 것이죠.

김복준 일본차인 혼다 어코드는 피해자가 친구에게 돈을 빌려서 구입했다고 합니다. 당시 차량가격은 2,700만 원이었습니다. 부자라서 외제차를 구입했던 것이 아니었어요. 다음에 피해여성이 살았던 포이동에 있는 원룸도 9평 남짓이었다고 해요. 독신이었고 경제적으로 아주 부유한 여성도 아니었어요. 이런 것들을 보면 아주 답답해요. 이 여성 같은 경우에는 3남 1녀 중에 장녀, 살림 밑천이라고 하는 큰딸이었어요. 이분은 1986년에 서울로 와서 처음에는 경양식집을 운영했어요. 그리고 1995년에 단란주점을 인수해서 번 돈으로 교통사고를 당한 남동생 분식집도 차려주고, 대구에 있는 부모님을 봉양하는 효녀이자 자애로운 누나였던 겁니다. 제가 이런저런 사건을 다루면서 보면 세상이 공평한 것만은 아니에요. 이렇게 착하게 살고 힘들게 사는 사람들이 왜 이런 피해를 당하는 것인지를 모르겠어요. 사람 목숨으로 이런 이야기를 하는 것이 적절하지는 않지만, 가끔은 세상에 해악만 끼치는 나쁜 인간들도 있는데 그런 놈들은 정말 오래오래 살아요. 그런데 이렇게 착한 사람들은 오히려 피해를 당하는 것 같은 느낌이 들어서 해본 말입니다.

김윤희 저희가 항상 피의자들만 바라보다가 가끔 피해자 분들의 사연을 보다 보면 정말 가슴 아픈 것들이 있거든요. 이 사건의 피해자도 그랬던 것 같습니다.

그리고 이제 그 《주유소 습격 사건》 이야기가 나오는 것인가요?

김복준 이들이 본격적으로 범행을 저지를 준비를 마칩니다. 생매장 사건으로 900만 원의 자금을 확보하는데 성공했어요.

김윤희 그 당시에 900만 원이면 지금은 거의 3,000만 원 정도 되는 것 같습니다.

김복준 그 부분은 계산하지 않도록 하겠습니다. 지난 번 사건에서도 그렇게 유추해서 이야기를 했더니 너무 의견이 분분하더라고요. 그래서 앞으로는 지금의 금액으로 환산해서 말씀드리는 것은 자제하도록 하겠습니다. 그 부분이 사건을 이해하는데 그렇게 중요한 것은 아니니까요. 물론 저희의 계산법이 잘못되었을 수도 있습니다. 그래서 이제는 '사건이 일어났던 1996년에 900만 원은 엄청나게 큰 금액입니다.' 라고만 말씀드리도록 하겠습니다.

김윤희 당시 대학교의 입학금이 200만 원 정도였습니다. 1996년, 1997년에 100만 원대에서 200만 원대였던 것 같습니다.

김복준 지금 대학교 등록금이 대략 500~600만 원 정도 되는 것으로 알고 있습니다. 계산은 그 정도만 하고 넘어가겠습니다.

김윤희 보시는 분들이 판단하시면 됩니다. 상당한 액수의 돈이라는 것만 말씀드리겠습니다.

김복준 하여튼 이들은 상당한 금액인 900만 원을 피해여성의 카드에서 인출하는데 성공을 거뒀잖아요. 첫 번째 범행이라는 것을 감안하면 굉장한 성공이라고 할 수 있어요. 그래서 자신감을 갖게 되었겠죠. 10월 5일에 피해여성을 살해하고 난 후 14일 만에 두 번째 범행에 나섭니다. 1996년 10월 19일 20시경에 성남시 중원구 상대원동 경충대로변에 있는 만남 휴게소에 침입합니다. 그곳에서 현금을 절취하다가 29세의 주유소 직원 김 씨에게 발각됐는데, 그때 김 씨를 폭행하고 팔 등을 흉기로 찔러서 상해를 입힌 다음에 현금 14만 원을 빼앗았어요. 오후 8시경에 그렇게 했던 것이 첫 번째 '주유소 습격사건' 입니다. 다음에는 새벽 3시경에 양재동에 있는 주유소로 가서 70만 원을 강탈하고, 다음에는 새벽 5시 40분경에 분당에 있는 주유소로 가서 93만 원을 강탈합니다. 이틀에 걸쳐서 주유소 세 곳을 다니면서 범행을 저질렀는데, 이것이 조금 전에 말씀하셨던 영화 《주유소 습격 사건》의 모티브가 되었던 것입니다.

김윤희 한꺼번에 주유소 세 군데를 습격해서 14만 원, 70만 원, 93만 원을 강탈했어요. 주유소 종업원들에게 폭력을 행사하고 흉기를 휘둘러서 그 돈을 강탈한 것입니다.

김복준 결론적으로 말씀드리자면 이들은 1996년 9월 2일에 범죄 조직을 결성해서 주유소를 습격하고 강도짓을 했던 10월 19일 사이에 6번에 걸쳐서 강도 살인, 강도 등의 범죄를 저질렀습니다. 9월 2일부터 10월 19일이면 거의 한 달 남짓이고 채 두 달이 안 되는 기간 동안에 저지른 범죄가 그 정도입니다.

김윤희 그런데 아마 '아리랑 치기' 같은 범행은 거의 매일 했을 것 같아요.

김복준 네, 그렇죠. 한 달 남짓의 짧은 기간 동안에 강도 살인, 강도 등의 범행을 6번에 걸쳐서 상습적으로 저질렀어요. 정말 다행인 것은 이들의 범행기간이 10월 19일까지인데 10월 28일에 검거되었거든요. 제가 봤을 때 범행 기간이 10월 19일까지라고 하는 것은 아마 경찰에서 밝혀낸 것이 10월 19일까지일 거예요. 마지막으로 범행을 했던 10월 19일부터 10월 28일 검거될 때까지 대략 열흘 남짓의 시간이 있잖아요. 그 기간 동안에도 드러나지 않은 범행을 저질렀을 가능성이 높아요. 이들이 승용차 두 대에 나눠서 다녔던 것이잖아요.

김윤희 네, 중고 소나타와 피해자 김 씨의 승용차 어코드 말씀이시죠.

김복준 그 열흘 동안의 범행은 경찰이 밝히지 못했던 것으로 보여요. 그래서 경찰에서는 범행 기간을 1996년 9월 2일부터 1996년 10월 19일까지로 봤고, 범행은 여섯 차례로 특정을 했습니다.

막가파의 범행이나 행동에 비추어봤을 때, 검거하는 과정은 극적인 요소 하나 없이 아주 평범했습니다. 경기도 광주경찰서에서 1996년 10월 28일 새벽 03시 30분에 남한산성 부근의 검문소에서 검문을 하고 있었어요. 검문을 하는데 '어, 저 차량은 강남경찰서에서 수배된 차네?'라고 해서 차량을 세웠어요. 그래서 검문을 진행하는데 최정수가 '아씨, 아무 잘못 없는 우리를 왜 잡고 난리야.'라고 반항을 하면서 버텼다는 거예요. '이 차량은 수배된 차량이에요. 도난 차량이라고요.'라고 하면서 동행을 요구했어요. 그랬더니 최정수가 아주 가볍게 항의를 한 다음에 순순히 연행에 응했다는 거예요.

김윤희 아마도 본인들은 도난차량을 타고 다녔기 때문에 그 정도에 해당되는 처벌을 받을 것이라고 가볍게 생각했던 것 같아요. 실제로 검문은 경기도 광주경찰서에서 진행했지만, 강남경찰서에서 도난 차량을 수배했기 때문에 강남경찰서로 사건이 이첩됩니다.

김복준 사건이 이첩됐는데 그때 이 사건을 담당했던 사람이 강남경찰서의 박 경위입니다. 박 경위가 5명 중에서 가장 어려보이는 17세의 이 군을 불러냅니다. 이것은 일종의 수사기법입니다. 여러 명을 연행해서 범죄 사실을 추궁할 때에는 경찰 입장에서 봤을 때 가장 약한 사람을 골라서 추궁하는 것이 효과적이거든요. 약한 사람의 기준 가운데 하나는 나이가 가장 어린 사람입니다. 여기서도 아마 박 경위가 보기에 5명 중에서 한눈에 어린 티가 나는 사람이 바로 17세의 이 군이었을 것입니다. 그래서 17세의 이 군을 다른 인원들과 분리시켜서 데리고 갔습니다. 그리고 '너희들 저 차 타고 다니면서 사람 납치한 적 있지?'라고 추궁했을 거예요. 그때까지는 이들이 사람을 죽였을 것이라고는 생각할 수 없었을 것입니다.

김윤희 일반적으로 도난차량을 이용하고 있는 경우는 누군가의 차량을 훔치거나 빼앗은 것이잖아요. 그래서 차량의 도난은 납치를 수반하는 경우가 많기 때문에 도난차량 사건은 단순히 차량의 도난을 확인하는 것으로 끝나는 것이 아니라 반드시 납치 여부에 대해서도 확인을 합니다.

김복준 그 즈음에 서울에서 납치 사건이 꽤 있었어요.

김윤희 아마 '딱 걸렸다.'는 생각을 했겠네요.

김복준 그래서 바로 추궁을 했던 것입니다. '너희들 사람 납치했지?' 17세의 이 군에게 물었는데 이 친구가 '네, 맞습니다. 우리가 사람을 납치해서 죽였습니다.'라고 바로 자백을 했어요. 황당한 일인 것이죠. 박 경위도 깜짝 놀랐던 것 같아요.

김윤희 심지어 처음에는 믿지도 않았다고 해요.

김복준 믿기지가 않잖아요. 무슨 말 같지도 않은 소리를 하나 싶었겠죠. 그래서 '왜 죽였는데?'라고 했더니 '살려두면 신고할 것 같아서 죽였어요.'라고 하더라는 거예요. 그때까지도 믿지 않았다는 거예요.

김윤희 그런데 이 군이 범죄현장을 너무 자세하게 묘사했다는 거예요. 그러면서 염전 이야기가 나오고 생매장한 이야기까지 나왔기 때문에 이 군의 진술을 지켜보던 형사과장이 '이상하다. 가 봐야겠다.'라고 해서 사건 현장으로 갔다고 합니다.

김복준 그렇게 해서 사체 발굴한다고 해서 현장으로 가는 도중에도 일부 형사들은 '에이, 애들이 영웅심에 장난삼아 하는 말을 확인하러 소금창고까지 가는 거야.'라는 생각을 했다고 합니다.

10월 28일 당일입니다. 막가파 조직원들을 새벽 03시 30분에 차량

검문을 통해 잡았잖아요. 이후에 강남경찰서로 사건을 이첩해서 이 군을 심문한 다음에 사건 현장인 소금창고로 옮겨와서 이것저것 확인을 했는데 밤 9시가 됐어요. 10월 28일 밤 9시경에 정말로 피해자의 죽음을 확인하게 됩니다. 진행과정을 살펴보면 오후 5시 30분에 발굴 작업을 시작해서 최종적으로는 밤 9시경에 사체를 발굴했어요. 아마 조금 헤맸던 것 같습니다. 소금창고가 7개나 있었기 때문에 여기저기를 수색하고 헤매다가 궁극적으로는 밤 9시경에 사체를 찾았던 것입니다. 앞서 말씀드린 것처럼 발견 당시에 피해 여성의 사체는 바로 세워져 있었고 목이 꺾여 있는 상태였으며 나체 상태였다고 합니다. 시체와 함께 묻었던 핸드백, 휴대전화, 지갑, 팬티 등이 나왔다고 하는데 칼로 찢었던 옷은 불에 태운 것 같았다고 합니다. 그렇게 사체를 발굴했는데 사건이 발생한 지 대략 20여일이 지났잖아요. 그럼에도 불구하고 소금창고였기 때문인지 사체는 크게 부패하지 않은 상태로 찾을 수 있었습니다. 사실은 그때 피해자의 목이 꺾여 있었기 때문에 형사들이 매장 방법을 물어봤다는 거예요. '어떻게 사람을 세워놓고 매장할 수 있었나? 그리고 피해자의 목이 왜 꺾여 있나?' 라고 물었는데 옆에 있던 이 군이 아무렇지도 않게 '구덩이를 너무 얕게 파서 목을 옆으로 꺾어서 매장했다.' 고 말했다는 거예요. 그 말을 들은 형사들도 모골이 송연해졌는데 아무렇지도 않게 말하는 것이 너무 괘씸했다고 합니다. 그렇게 사체를 발굴하게 됩니다.

실제로 막가파의 범행은 지금 저희들이 설명한 것처럼 순식간에 끝이 났어요.

김윤희 범죄 조직을 결성한 지 한 달 만에 모든 것이 끝났어요.

김복준 네, 살인사건 1건, 강도 살인 1건, 주유소 습격 3건입니다.

조폭을 미화한 영화의 해악들

김윤희 정말 잡히지 않았다면 아찔했을 것 같아요. 범행을 하는데 거침이 없거든요.

김복준 이들은 어마어마하게 큰 사건을 저지를 수 있는 '아이들'이었어요. 아주 짧은 시간에 경찰이 검거했기 때문에 그나마 사건이 아주 크게 확대되지 않았던 것입니다. 막가파 사건이 사람들의 엄청난 주목을 끈 이유는 사체 매장방법에서부터 시작해서 하루 동안에 몇 시간 간격으로 위치를 옮겨 다니면서 주유소를 마구잡이로 습격했던 사건의 엽기적인 성격 때문이었을 것입니다. 그리고 영화를 보면 '나는 한 사람만 팬다.'고 말하면서 나오는 인물이 있어요.

김윤희 행동대장인가요?

김복준 그 캐릭터는 아마 제가 보기에는 정진영을 모티브로 만들어졌을 것 같습니다. 그리고 한편으로 경찰에서는 '도대체 우리 사회에서 이들과 같은 인간형이 어떻게 출현하게 되었는가?'를 연구하지 않을 수 없었어요. 아마 구독자 여러분들께서 인터넷 검색을 열심히 하더라도 막가파와 관련해서 자세한 자료를 찾는 것이 쉽지 않을 것입니다.

김윤희 어렵게 찾았다면 그것은 아마도 교수님께서 정리하신 자료일 것입니다.

김복준 이제부터는 두목인 최정수에 대해서 설명을 드리려고 합니다.

김윤희 조직원 대부분이 20세이거나 채 20세가 되지 않은 젊은이들이었습니다. 어쨌든 스무 살이라고 하더라도 리더 격인 인물의 경우에는 도대체 어떻게 조직을 이끌었는지, 그리고 어떻게 이 정도로 잔인하고 폭력적인 범죄를 저지르게 되었는지에 대해 한번쯤 눈여겨 볼 필요가 있다고 생각합니다.

김복준 일단 조직의 구성원들부터 간략하게 소개하겠습니다. 두목 최정수는 20세이고 무직입니다. 폭력 등의 전과 8범이었어요. 나이가 겨우 20세에 불과한데 전과 8범이었어요. 그리고 앞에서 말씀드린 것처럼 사건 현장인 소금 창고가 있는 경기도 화성에서 살았어요. 최정수는 고향집도 그곳에 있습니다. 다음으로 부두목 박지원도 20세이고 무직입니다. 박지원은 전과 3범이었어요. 충남 당진에서 살았어요. 그리고 행동대장인 정진영도 20세이고 무직입니다. 전과 7범이고 충북 충주에서 살았어요. 마지막으로 네 번째 서열의 유삼봉도 20세이고 전과 3범인데 충북 충주에 살았습니다.

김윤희 여기까지는 인터넷 등에 나와 있는 이름이어서 실명을 공개했습니다.

김복준 네, 이제부터 실명을 공개하지는 않겠습니다. 조직원 박○○는 21세이고 전과는 없으며 성남 시흥동에서 살았습니다. 박○○은 현장에서 검거되지 않았고 나중에 자수하는 조직원 가운데 한 명입니다.

김윤희 네, 맞습니다. 나머지 행동대원 4명은 11월 2일에 자수를 했습니다. 그래서 조직원 전체를 검거하게 됩니다.

김복준 그리고 나머지 조직원인 김○○은 20세였고 무직이었는데 전과는 없었고 은평구 불광동에서 살았습니다. 정○○은 19세였고 전과는 없었으며 성남시 수정구 신정동에 살았어요. 이○○은 17세로 가장 어렸어요. 이○○은 앞서 강남 경찰서의 박 경위의 추궁에 '사람을 납치해서 죽였다.'고 자백했던 '이 군' 입니다.

이렇게 해서 조직원이 9명인데, 이 중에서 두목 최정수가 아주 특이합니다. 최정수에게 '존경하는 사람이 있느냐? 당신이 세상에서 가장 존경하는 사람이 누구냐?'고 물었더니 '깡패'인 조양은을 세상에서 가장 존경하는 인물이라고 말합니다. 그리고 전국적인 규모의 조직폭력단을 만들어서 운영할 계획이었는데 이에 필요한 자금을 조달하기 위해서 범행을 했다는 이야기를 아주 당당하게 밝혔다고 합니다.

김윤희 이 사건이 일어났던 1990년대 후반에는 조폭들을 미화한 영화와 드라마가 많이 만들어졌고 대중적으로도 상당히 흥행을 했던 시기였습니다. 그래서 저는 막가파의 범행과 관련해서 미디어의 영향도 있었다는 생각이 들었어요. 《보스》라는 영화는 실제 조직폭력배 두목인 조양은의 이야기를, 조양은이 직접 주인공으로 출연해서 만든 것이었습니다. 실제로도 막가파의 조직원들이 《보스》라는 영화를 봤다고 하더라고요.

김복준 네, 맞습니다. 제가 나중에 조직폭력배에 대해서도 설명을 드리겠지만, 조양은이라는 인물은 아주 유명한 조직폭력배입니다. 그의 이름을 따서 '양은이파'라고 폭력조직을 만들었어요. 한때는 김태촌의 '서방파', 그리고 조양은의 '양은이파', 그리고 광주 지역을 중심으로 활동했던 이동재의 'OB파' 이 세 조직을 '3대 폭력조직'이라고 했습니다.

김윤희 저희가 한 번 다뤘었죠.

김복준 조양은이 3대 조직폭력 중에서 '양은이파'의 보스였어요. 조양은이 '양은이파'를 만든 날이 자기 아버지의 제삿날입니다. 아버지 제삿날에 후배들, 즉 깡패들을 모두 불러다놓고는 '오늘부로 양은이파를 결성한다.'고 선포하면서 '양은이파'가 된 거예요. 조양은에 대해서는 나중에 다시 설명을 드리겠습니다.

아무튼 '막가파'의 최정수가 가장 존경했던 인물이 조양은이었다고 했는데 조양은이 쓴 책을 보고 감동을 했고 그래서 존경하게 되었다는 것입니다. 최정수도 그렇지만, 최정수가 존경한다고 했던 조양은이라는 사람도 어이가 없어요. 개과천선을 했다고 하면서 《보스》라는 영화에서는 조양은이 직접 주연을 했어요. 그리고 통역사인 김○○이라는 여성과 교회에서 결혼했어요. 그리고 신학대학교에서 석사학위도 받았어요. H대학교입니다. 제가 봤을 때에는 웃기지도 않는 일이에요. 조양은 같은 인간이⋯⋯.

김윤희 실명으로 그렇게 이야기 하시면 저는 조금 떨려요.

김복준 아니, 잘못된 말이 없잖아요. 그 학교에서 학위를 받은 것은 사실이니까요. 그 부분은 아무런 문제가 되지 않을 거예요. 아무튼 최정수는 조양은의 책을 보고 감동해서 조양은을 존경하게 되었고, 그래서 조양은을 흉내를 내려고 했다는 것입니다.

최정수의 성장기와 가정환경을 살펴보겠습니다. 최정수의 아버지는 농업에 종사했다고 합니다. 3남 1녀 중에 차남인데요. 최정수가 4세가 되던 1980년에 어머니가 가출을 합니다. 그래서 할머니의 손에서 자랍니다. 학력은 중학교 졸업이 끝입니다. 할머니가 날품팔

이를 해서 생계를 유지했다고 합니다.

전북 진안에서 살았는데 1978년에 안양 평촌으로 이사를 하면서 할머니가 아이들을 돌봐왔던 것 같아요. 아버지의 경우에는 노동판을 전전하면서 살았던 것 같아요. 진안에서 노동판을 전전했기 때문에 한곳에 정착하지 못하고 한번은 충청도로, 그리고 한번은 경기도로 이동하면서 대략 6번 정도 이사를 했다고 합니다. 당시에 최정수는 뭔가를 못마땅해 했는데 아버지의 재혼이 결정적이었던 같아요. 아마 어머니의 가출에 대해서도 좋지 않은 감정이 있었지만 아버지가 재혼한 후에는 아버지와의 인연을 끊고 가출을 해버립니다.

김윤희 아버지와 굉장히 사이가 좋지 않았다고 하더라고요.

김복준 그래서 20세가 되기도 전에 이미 구치소를 8번이나 들락거려서 전과 8범이 되었던 거예요. 최정수는 일찍부터 가출해서 떠돌이 생활을 하고 있었는데, 1996년 3월에 수원에 있는 최정수를 집으로 데리고 와서 신체검사를 받게 합니다. 대한민국 남성은 반드시 군대를 가야 했기 때문이죠. 신체검사를 받고 1996년 10월 7일이 입영 예정일이었어요. 최정수는 10월 7일이 군대 가는 날인데 10월 5일에 사람을 죽였잖아요. 입대를 앞두고 범행을 저질러버린 것이죠. 막가파의 두목 최정수는 조양은이 끼친 악영향의 '최고 수혜자' 라고 할 수 있을 것 같습니다.

김윤희 그래서 막가파에 대한 이야기를 할 때 항상 같이 나오는 내용이 미디어의 폭력성이 미치는 영향과 관련된 것입니다. 조직폭력배들의 의리처럼 범죄의 세계를 미화해서 표현한 내용들이 대중, 특히 청소년들에게 상당한 영향을 미친다는 것입니다. 어쨌든 '막가파'의 조직원들은 모두 20세, 또는 20세 미만의 미성년자까지도 포함되어 있었잖아요. 이들에게 폭력적인 내용을 미화했던 미디어가 일정 부분 영향을 미쳤다고 해서 미디어 폭력성이 미치는 영향을 이야기할 때 중요한 케이스로 다루어지기도 합니다.

김복준 조양은과 조직폭력배들이 우리 사회에 미치는 악영향은 정말 엄청나다고 할 수 있습니다. 저는 《보스》라는 영화도 봤어요.

김윤희 교수님은 보셨어요? 저는 아직 못 봤습니다.

김복준 조직폭력배이고 '깡패'였던 조양은이 직접 주연으로 나온다고 해서 직접 영화를 봤거든요. 저는 기본적으로 깡패나 '조폭' 같은 놈들을 사람으로 대하지 않습니다. 현직에 있는 동안에도 깡패들을 정말 많이 취급했습니다. 저에게 잡혀 와서 처벌을 받은 깡패나 조폭들이 상당히 많습니다.

김윤희 교수님 손이 굉장히 큰 데요.

김복준 손이 크지는 않고 아주 매운 편입니다. 아무튼 조양은 같은 인간이 책을 쓰고 영화도 만드는 등 언론과 미디어에서 조양은을 미화했기 때문에 막가파와 최정수 같은 몬스터가 만들어졌던 거예요. 거기에 부두목 박지원, 행동대장 정진영을 비롯한 나머지 조직원들도 중학교 또는 고등학교를 중퇴하고 가출을 했잖아요. 그런데 여전히 학교 주변에서 폭력배와 유사한 형태로 '양아치 짓'을 하고 있었는데 최정수에게 포섭이 되었던 것입니다. 자기들 생각에는 엄청난 조직을 결성하겠다고 모여서 했던 행동이 바로 여성을 납치해서 생매장을 하는 잔인한 범행이었던 것입니다.

'반성과 교화'에서 다시 생각해야 하는 것

김윤희 교수님, 이들은 어떤 판결을 받았나요?

김복준 판결로 넘어가기 전에 몇 가지를 짚고 싶은 부분이 남아 있어요. 조직원 중에 은평구 불광동에 살았던 20세의 김○○이 있었잖아요. 이 김○○의 문신에 대해서도 이야기하지 않을 수가 없습니다. 김○○은 팔뚝과 배에 '사이고마데(さいごまで)'라는 문신을 했는데 사이고마데가 '마지막까지, 최후의 순간까지'라는 뜻이라고 하던데 맞나요? 저는 일본어는 모르겠는데 혹시 김윤희 프로파일러 께서는 일본어 공부를 하셨어요?

김윤희 저도 일본어는 모릅니다. 제2 외국어로 프랑스어를 했거든요.

김복준 저는 제2 외국어로 독일어를 했어요.

김윤희 저는 프랑스어를 했는데 아무것도 기억이 안 나요.

김복준 우리 구독자 분 중에 '도쿄짱'이라는 분이 있어요. 아마 그분이 사이고마데에 대해서 정확히 댓글을 올려주실 것 같아요. 아무튼 팔뚝과 배에 '최후의 순간까지'를 의미하는 '사이고마데(さいごまで)'와 천지신명(天地神明), 그리고 지렁이 같이 생긴 뱀 문신 등이 가득 있었다고 합니다. 그림과 문자를 문신으로 하고 있었는데 제가 김○○의 문신 이야기를 하는 이유가 있습니다. 형사들이 조폭들을 검거해서 돌아오면 반드시 윗옷을 벗게 합니다. 요즘에는 바지까지 벗기기도 합니다. 웬만한 조직폭력배들은 전신에 문신을 두르고 있어요. 그런데 그 문신만 봐도 조직폭력배들의 수준을 파악할 수 있어요. 문신에도 레벨이 있다는 것입니다. 공을 들인 문신, 즉 정교하고 화려한 문신을 통해서 조직폭력배들의 세계에서 나름

대로 위치를 가늠할 수가 있거든요. 그런데 김○○를 비롯해서 막가파 조직원들의 문신은 '야매'로 해서 너무 싼 티가 났다는 겁니다.

김윤희 레벨이 다르다는 것이네요. 교수님, 저는 조직폭력배들의 세계는 잘 몰라서 그런데요, 그럼 용 문신은 아무나 할 수 없는 것인가요?

김복준 그렇지는 않아요. 누구나 할 수 있어요. 그런데 용을 그리려면 비용이 많이 들 것 아니겠어요. 용 문신은 비늘 하나하나까지 정교하게 그려야 되잖아요. 뱀은 그냥 간단히 그릴 수 있지만 용은 비늘 하나하나까지, 그리고 머리에 뿔이나 수염, 그리고 심지어 불을 뿜는 것까지 그려야 하기 때문에 비용이 많이 들어요. 용 문신을 못하는 이유는 비용 문제 때문일 것입니다. 만약에 온몸을 휘감고 있는 정교한 문신을 하고 있다면 '급'이 있는 조폭이라고 볼 수 있어요. 야쿠자들의 경우를 보면 예술작품 같은 문신을 온몸에 두르고 있는 인물들이 있잖아요. 아마 야쿠자를 모방해서 우리나라의 조폭들도 문신을 했던 것 같아요. 그런데 일부의 조폭들을 검거한 후에 옷을 벗겨 놓으면 문신이 아주 허접하기가 이를 데가 없어요. 너무 허접해서 문신을 하지 않느니만 못한 조폭들도 있어요.

김윤희 문신을 할 때 굉장히 아프다고 들었어요.

김복준 엄청나게 고통스러워요. 전신 문신을 하다가 쇼크사로 목숨을 잃는 일도 있어요.

김윤희 그래서 한번에 다 하는 것이 아니라 조금씩 기간을 두고 해야 한다고 하더라고요.

김복준 가끔 아주 호기 있게 '아이, 귀찮으니까 한번에 합시다. 나는 아픈 것 정도는 잘 참아요. 칼침도 참았는데 문신 정도는 문제없으니까 오늘 한번에 끝냅시다.' 라고 하는 조폭들이 있는데 그렇게 하면 쇼크사로 죽을 수도 있거든요. 제가 그 사건을 직접 취급했어요. 제가 근무했던 지역에 참을성 없고 성격이 아주 급한 조직폭력배가 하나 있었어요. 그 놈이 문신을 하는데 문신을 하시는 분이 땀을 뻘뻘 흘리면서 '오늘 더 이상 하시면 안 됩니다. 굉장히 위험합니다.' 라고 말렸는데 '아, 그냥 오늘 해치워. 내가 참는다.' 고 하면서 큰소리쳤다가 죽었어요. 나중에 부검 결과를 확인했는데 사인이 '쇼크사' 였어요. 제가 국립과학수사연구원으로 가서 부검에도 참관했고 직접 확인했어요. 함부로 문신을 하다가 목숨을 잃는 수도 있어요. 조금 전에 말씀드린 것처럼 문신만으로도 조폭들의 레벨을 알 수 있다는 것이고요.

또 범행 이후에 보여준 이들의 엽기 행각을 이야기하지 않을 수가 없습니다. 이들을 검거한 이후에 경찰에서 이들의 행적을 조사해봤더니 훔친 승용차에 여자 친구들을 태우고는 전국 방방곡곡을 다녔다는 것입니다. 그 사실이 드러나면서 당시 우리 사회에 상당한 충격을 줬어요. 이런 깡패들에게도 여자 친구가 있었나 봐요. 더구나 19세의 조직원 정○○은 검거했을 당시에 충주의 집에서 10대 이 양과 동거를 하고 있었다고 합니다.

김윤희 저는 '자기들이 그렇게 잔인한 방법으로 살해했던 피해자의 차량에 여자 친구들을 태우고 싶었을까?' 라는 생각이 듭니다.

김복준 엄밀하게 이야기하면 이들은 사회에 대한 비뚤어진 증오심이 있었어요. 이들은 부유한 계층의 사람들을 증오했다고 하거든요. 실제로 이들은 조사과정에서 '서울 강남 일대의 부유층들이 늘 증오스러웠다.'는 말을 자기들의 입으로도 했어요. 또 두목인 최정수는 '외제차나 타고 다니면서 편하게 사는 사람들을 모두 죽여 버리고 싶었다.'는 이야기를 했습니다. 수사 과정이나 재판 과정을 통해서 이들은 본인들이 이 사회에 대해 갖고 있는 적개심을 공격적으로 표현했어요. 그 중에서 두목인 최정수가 했던 몇 마디는 굉장히 유명했어요. '왜 사람을 죽였냐?'는 질문에 최정수가 '돈 많은 사람들을 모두 죽이고 싶었다. 내가 조금 전에 이야기한 것처럼 영화 《보스》를 보고 감동을 받았고, 그래서 폭력조직을 만들어야겠다는 결심을 했다. 어차피 막 가는 인생인데 화끈하게 살다 죽고 싶었다.'이 말은 최정수가 직접 했던 이야기에요. 그리고 이 이야기는 《주유소 습격 사건》이라는 영화의 모티브가 됐죠. 어이가 없습니다.

김윤희 '막 가는 인생'이라고 생각했으면 본인 혼자 그렇게 살면 되는데 왜 다른 사람들까지 끌어들여서 자기 인생처럼 그렇게 만들어버리는지를 모르겠어요

김복준 이들에 대한 재판은 1997년 7월 24일에 열렸어요. 형사 3부에서 재판을 시작했고 항소도 하고 상고도 했어요. 결국 최정수는 강도살인으로 사형이 선고됐어요. 겨우 21세의 나이로 사형수가 되었던 것입니다.

아무튼 그렇게 해서 최정수는 현재 광주 교도소에 있습니다. 최장수 사형수입니다. 지금까지도 수형생활을 하면서 살아가고 있습니다. 그리고 최정수는 교도소에서 신앙에 몰두해서 서울 구치소에서 간증도 하면서 아주 잘 살고 있는 것 같아요.《그것이 알고 싶

다》 등의 프로그램을 봤는데 '피해자 가족에 대한 참회의 마음으로 하루하루 살고 있다. 그리고 본인 스스로도 왜 그런 끔찍한 범죄를 저질렀는지에 대해 이해할 수가 없다.'는 이야기를 하면서 신앙생활을 열심히 하면서 살아간다고 하더라고요. 김윤희 프로파일러께서 보시기에도 최정수가 자신의 행위를 반성하면서 신앙생활을 열심히 하는 것이 맞습니까?

김윤희 저는 본인이 정말로 신앙생활을 열심히 하고 있고, 또 자신이 과거에 했던 행위를 뉘우치고 반성하면서 피해자에게 사죄하는 마음을 가지고 있다면 이렇게 자신을 언론에 노출시켜서 많은 사람들이 알 수 있게 하는 행동을 하지는 않을 것이라고 생각해요. 자신의 존재가 거론된다는 것 자체가 피해자 유족들에게는 엄청난 영향을 끼칠 수 있거든요. 실제로 막가파의 범죄가 살인사건만 있는 것이 아니잖아요. 그들에게 피해를 당한 사람들이 굉장히 많고 지금도 생존해 있잖아요. 그 사람들은 최정수가 미디어에 노출될 때마다 엄청난 충격을 받기도 해요. 그리고 최정수 같은 범인들이 '저는 종교에 귀의했고, 이제는 새 사람이 됐어요. 제가 도대체 왜 그랬는지 모르겠어요.'라고 하면 그들에게 희생되고 피해를 입은 피해자들은 어떻게 되는 것인가요?

김복준 아, 그렇네요. 피해자들의 입장에서는 황당할 수도 있겠네요.

김윤희 저는 본인들이 이렇게 반성했다고 이야기하면서 '나는 새 사람이 됐어요.'라고 하는 것은 '이제 나를 과거와 다르게 봐주세요.'라고 하는 것인데, 저는 이런 것 자체가 말이 안 되는 일이라고 생각해요.

김복준 그러면 방송이나 언론에서는 왜 최정수 같은 범죄자들을 띄워주는 것이죠?

김윤희   이것이 교화라고 생각하기 때문일 것입니다.

김복준   교화라는 어떤 성과를 강조하기 위해서 그렇게 한다는 것이죠?

김윤희   네. '사람은 얼마든지 바뀔 수 있다.' 라는 것을 이야기하기 위한 것이라는 생각이 들어요. 교도소에서 정말로 피해자에게 사죄를 하는 마음을 갖고 자신의 행위를 반성하는 수형자들은 결코 이런 방식으로 행동하지 않아요. 제가 봤을 때 이것은 자신을 보이기 위한 일종의 '쇼' 라는 생각이 들어요.

김복준   최정수 같은 경우에도 그렇다는 말씀이시죠.

김윤희   네. 저는 이들이 자신의 행동을 반성하고 사죄하는 마음이 있더라도 그냥 조용히 살았으면 좋겠어요.

김복준   재판 과정에서도 정말 어이없는 일이 있었어요. 일단 최정수는 사형을 선고받았고요. 다음으로 부두목 박지원과 행동대장 정진영이 있었잖아요. 검찰에서는 이들 2명에게도 사형을 구형했지만 무기징역으로 끝이 났어요. 3명 중에서 한 사람만 사형이고 나머지는 무기징역을 받았어요. 그리고 검찰에서는 9명 중에서 나머지 6명에 대해서는 5년~15년을 구형했는데 재판에서는 1년 6월에서 집행유예 3년으로 감형이 됐어요. 대표적인 3명에 대해서만 한 명은 사형, 두 명은 무기징역을 선고했던 거예요. 그런데 재판 과정에서 엄청나게 황당한 상황이 벌어졌죠. 판사가 최정수는 사형, 박지원과 정진영은 무기징역이라고 판결을 했어요. 그때 이들이 피고인석에서 일어나서 '야, 이 새끼야! 네가 무슨 판사냐?' 라고 하면서 판사를 향해 욕을 했어요. '야, 이 새끼야! 네가 판사면 다냐? 너는 평생 살 것 같아? 내가 나가면 죽여 버릴 거야.' 라고 판사에게 협박을 하면서 난동을 피운 거예요. 그래서 감치 10일 받습니다. 감치는 법정에서 소란을 피우거나 난동을 부리면 형량과 관계없이 유치장에 가두는 것이라고 보시면 됩니다.

김윤희 이들에게 감치 10일은 아무런 의미도 없었어요.

김복준 이들은 이미 무기징역을 선고 받았는데 감치 10일이 무슨 의미가 있습니까?

오늘도 제가 사형제도에 대해서 이야기를 해야 될 것 같습니다. 사형을 집행하지 않기 때문에 없애야 한다면 저지른 모든 죄에 대한 형량을 합산해서 몇백 년을 선고하거나 감형 없는 종신형 제도가 필요하다고 생각합니다. 무기징역이 아니라 절대적 종신형을 선고하고 교도소에서 노역을 시켜서 범죄자들이 벌어들이는 돈을 피해자나 피해자의 유족에게 피해보상금으로 전달하는 방법 같은 것도 한번 생각해 볼 필요가 있어요. 그래야 피해자의 억울함이 덜어지지 않겠어요?

아무튼 이들이 재판정에서 난동을 부렸기 때문에 '법정에서도 막간막가파.' '막가파 법정 난동'이라는 표제로 우리나라의 모든 일간지를 도배를 했던 일도 있었습니다. 이 일은 제 기억에도 남아 있어요. 그리고 1997년 12월 12일에 대법원에서 최정수는 사형이 최종적으로 확정됐음에도 불구하고 지금까지 생존해 있습니다. 그리고 박지원과 정진영도 무기징역으로 형이 확정됐어요. 이들의 죄목은 '살인, 사체 유기, 범죄단체 결성' 이렇게 세 가지였습니다.

김윤희 그런데 저는 최정수에 대해 사형을 집행하지 않은 이유가 무엇일까를 생각해 봤어요.

김복준 최정수의 '작전'에 말린 것은 아닐까요?

김윤희 저는 개인적으로 그 이유보다는 최정수가 어렸기 때문이라는 생각이 들었어요. 최정수의 나이가 20살이었잖아요.

김복준 그때는 21세였어요.

김윤희 네, 저는 사형을 당했던 사람들이 모두 30대 이상이었던 것으로 알고 있거든요. 최정수의 경우에는 이제 20대에 접어들었기 때문에 사건에 대한 것보다는 '최정수의 어린 나이를 고려한 결정이 아니었을까.'라는 생각을 했어요. 사실은 저도 사형을 찬성하지 않았던 사람입니다. 제가 범죄와 관련된 일을 했지만 아직까지 저도 최정수의 사형과 관련된 부분에는 의문이 남아 있어요. 아무튼 저는 사형제도에 대한 찬반과 관계없이 기준은 반드시 필요하다고 생각해요. 사형을 선고하거나 집행하는데 있어서 나이에 따라서 어떤 결정을 내리기보다는 범죄의 정황을 봐야 한다는 것이죠.

김복준 그렇죠. 판결이나 법의 집행은 범행으로 따져야 해요.

김윤희 네, 범행의 질이죠. 범행의 질과 흉악성을 보고 따져야 된다는 것입니다. 저는 범행의 질이나 흉악성이 재기의 가능성과 관련이 있다고 생각하거든요. 어떤 범인이 자신의 잘못에 대해 반성의 기미를 보이고, 새롭게 출발할 수 있다는 가능성을 가장 잘 보여주는 것은 범죄 자체라고 생각해요. 범죄가 흉악할수록, 그리고 죄질이 나쁠수록 재기할 수 있는 가능성이 낮아지거든요. 범행을 저지르는 사람의 내부에 어떤 마지노선과 같은 아주 작은 브레이크가 있었다면 그 정도에서 멈췄을 거예요. 절대로 이 정도까지 나가지 않거든요.

그런데 그것과 상관없이 범인의 나이가 어리다거나 사건의 피해당사자가 많지 않다는 이유만으로 형량을 낮춰주거나 사형을 집행하지 않는다는 것은 타당하지 않다고 생각해요.

김복준 1997년 12월에 최종선고가 내려졌고 1997년 12월 30일에 23명에 대한 사형집행이 이루어졌는데 '왜 최정수가 빠졌을까?' 라는 의문을 저도 가지고 있었어요. 그런데 지금 김윤희 프로파일러의 이야기를 들어보니 아마 그 당시에 최정수의 나이가 21세에 불과했기 때문에 그렇게 했을 가능성이 있어 보입니다.

김윤희 네, 저는 그렇게 생각했습니다.

김복준 1997년 12월 30일은 제 머릿속에서 평생 지워지지 않을 날입니다. 제가 담당형사였던 의정부 김순경 총기 살인사건의 범인인 김순경의 사형이 12월 30일 대구 교도소에서 집행됐기 때문입니다. 담당형사였기 때문에 제가 가끔 면회도 갔었어요. 그리고 언젠가 기회가 닿으면 김순경 사건에 대해서도 여러분들 앞에서 설명할 기회가 있을 것 같습니다. 김순경 사건의 경우에는 주차문제로 시비가 생겼고, 그래서 네 명을 총으로 쏴서 살해했다고 알려져 있지만, 실제 사건의 내용과는 다른 부분이 있습니다. 제가 직접 피해자 심문조서를 받았고 그 사건을 처음부터 끝까지 전담했던 형사였기 때문에 김순경 사건과 관련해서 누구보다 전후의 사정들을 낱낱이 알고 있습니다. 이 사건에 대해서는 제가 언제까지고 가슴 속에 묻고 말하지 말아야 된다고 나름대로 생각을 했는데, 언젠가 기회가 되면 사실과 다르게 알려진 부분에 대해서는 한 번 정도 말할 필요가 있다는 생각도 들더라고요. 아마도 《사건 의뢰》를 하면서부터 느끼기 시작했던 것 같아요. 언제 적당한 기회에 어느 정도 수위를 조절해서 구독자 분들께 김순경 총기 살인사건을 브리핑 하도록 하겠습니다.

아무튼 1997년 12월 30일에 대한민국에 있던 23명의 사형수들에 대한 사형이 집행됐고, 그때 최정수는 집행에서 **빠졌다**는 것입니다. 그해에 10월부터 복역을 했기 때문에 최정수의 범행에 대한 형이 확정되고 2달 만에 사형집행이 있었던 겁니다. 그리고 김윤희 프로파일러의 말씀처럼 21세의 어린 나이를 고려해서 사형의 집행을 보류했던 것 같아요.

막가는 인생의 '아류'들

김윤희 네. 그리고 막가파의 두목인 최정수가 조양은을 존경해서 양은이파를 모방했다고 했지만, 실제로 그들의 행동강령이나 조직체계 자체는 지존파에서 모티브를 얻었다고 이야기한 적도 있었다고 해요. 그리고 이 사건이 일어난 지 얼마 지나지 않은 1999년에는 '영웅파'가 나오지 않습니까. 이들 막가파가 영웅파들에게는 아주 멋있게 보였다는 겁니다. 우리 사회에서는 있어서는 안 될 범죄를 저지른 잔인하고 흉악한 범인일 뿐이지만, 어떤 비행을 저지르는 사람들에게는 이들의 범행 자체가 자기네들이 모델이 되고 그 구성원들이 일종의 영웅이 됐던 것이죠.

실제로 이 사건과 관련해서 이야기되는 것들 가운데 하나가 일본에서 있었던 '어둠 사이트 살인사건' 또는 '야미 사이트 살인사건'이라고 하는 인터넷 범죄모의 사건입니다. 최근에는 우리나라에서도 이런 성향이 생겨나고 있는데 아마 교수님께서도 들어보셨을 거예요. 실제로 인터넷 사이트에서 범죄조직을 구성해서 절도 등의 범죄를 저지르는 거예요. 그래서 '왜 이런 성향이 계속해서 늘어나는 것일까?'의 문제를 생각하는 것이죠. 불시에 서로 잘 알지도 못하는 사람들이 모여서 범죄를 모의하는 것이잖아요. 사실 막가파도 마찬가지로 서로 잘 알았던 것은 아니잖아요.

김복준 서로 잘 알았던 것은 아니죠.

김윤희 최근에는 서로 아주 가깝지도 않고 긴밀하지도 않은 사람들이 한데 모여서 극단적인 선택을 결행하기도 해요. 일탈하고 싶은 욕망, 또는 억눌린 욕구를 가진 비슷한 성향의 사람들이 인터넷 사이트에서 모이는 거예요. 그렇게 사람들이 모여 있기 때문에 스스로 '괜찮아. 조금 더 해도 괜찮아.'라는 생각을 갖게 되면서 자기 안에 억눌려 있던 욕구나 욕망들을 마음껏 표출하는 거예요.

김복준 죄책감이 희석되거나 분산되는 것이죠.

김윤희 네, 그렇죠. 만약 혼자있었다면 그렇게 '막가자.'는 식의 이야기가 나오지 않았을 거예요. 그런데 같이 여럿이 그리고 또래의 아이들이 모이면서 '그래 한 번 더 해보자.'라고 했던 거예요. 아마도 그래서 하루에 주유소를 세 번이나 털 수 있었을 것 같아요.

김복준 정말로 어이가 없고 기가 막힌 이야기입니다. 하루에 주유소 세 곳을 강도짓 한다는 것은 절대로 쉬운 일이 아니거든요. '너희들 전부 미친 것 아니야.'라고 형사가 이야기를 했는데 '남자답게. 남자니까. 그것이 막가파의 강령이고, 남자다운 행동'이라고 말하는 것을 보면 정말로 그렇게 생각했을 것 같아요. 아마 기본적으로는 이들의 비뚤어진 심성 때문이었다고 봐야겠죠.

김윤희 저는 여기서 하나 더 짚고 싶은 것이 있어요. 1990년대 후반에 이와 유사한 사건들이 계속해서 일어나고 있잖아요. 1990년대 중후반에는 '압구정동 오렌지 족'으로 대표되는 경제적인 풍요 속에서 성장해 향락을 추구하는 일부 부유한 계층의 일탈적인 생활을 미디어에서 자주 다루었어요. 그런데 성장의 혜택에서 소외된 사람들은 갑자기 부유해진 사람들이 누리는 풍요로운 생활을 부러워하면서, 다른 한편으로는 그들의 부도덕성에도 주목했어요. 그것 때문인지 일부 부유층을 대상으로 하는 범죄에 대해서 미화하는 것 같은 분위기가 있었던 것도 사실이에요. 그런 사회적 분위기 속에서 범죄자들 스스로가 마치 '로빈훗'이라도 된 것처럼 자신의 범행을 아무렇지도 않게 이야기하는 내용들이 미디어를 통해 그대로 사람들에게 전달되었어요. 저는 일부 부유층의 향락적이고 일탈적인 생활로 인해 범죄자들의 행위가 미화되면서부터 범죄의 심각성에 대해 우리 사회에서 체감하는 정도가 전체적으로 떨어졌다고 생각하거든요. 그리고 1990년대와 동일한 상황은 아니지만 2020년대 현재의 상황이 당시의 분위기와 유사하게 흘러가는 것 같아서 우려하고 있습니다.

김복준 그 부분은 굉장히 우려되고 걱정됩니다.

김윤희 범죄의 심각성에 대한 체감 정도가 낮아지면 굉장히 수위가 높은 범죄가 발생하고 있음에도 불구하고 '이 정도는 괜찮아.'라고 생각하게 되거든요. 예를 들어, 꽤 오래 전부터 문제가 되었던 댓글과 관련된 사안을 보면 사실 개인에게 피해를 입힐 정도로 폭력적인 내용을 담고 있는 댓글들이 굉장히 많아요. 포털의 기사에 달린 댓글만 보더라도 굉장히 폭력적이라고 느껴지는 것들이 많거든요. 그러면서도 '이 정도는 괜찮을 거야.', '저 정도로 잘못했으면 욕을 들어도 돼.' 라는 식의 반응을 보이는 경우가 아주 많아요.

김복준 그것은 정말로 말도 안 되는 이야기를 하는 것입니다.

김윤희 그렇죠. 어떤 경우에도 폭력을 미화하거나 정당화할 수는 없음에도 우리 사회에서 이와 유사한 현상이 일어나고 있고, 또 그와 같은 현상을 미디어에서 부추기고 있는 것처럼 보이는 부분에 대해서는 범죄심리학을 공부하는 사람으로서 걱정이 됩니다.

김복준 폭력이라는 것이 물리적인 힘을 행사해서 상대에게 피해를 입히는 것만을 의미하지는 않습니다. 의도하지 않고 아무렇지도 않게 그냥 쓴 댓글 한 마디도 명백하게 폭력이 될 수 있습니다. 때로는 댓글과 같은 말 한 마디가 칼이나 송곳 같은 흉기보다 무서울 수도 있습니다. 그런 '폭력' 으로 인해서 스스로 극단적 선택을 하는 사람들이 실제로도 많잖아요. 댓글을 쓸 때도 자신의 한 마디가 누군가에게 폭력이 될 수 있다는 사실을 한 번 정도는 신중하게 생각해볼 필요는 있을 것 같습니다.

김윤희 1990년대에 우리 사회에서는 빈부 격차에 관한 문제가 많이 부각됐잖아요. 물론 빈부 격차는 지금도 여전히 우리 사회에서 풀어야 할 중요한 숙제로 남아 있는데 오히려 과거에 비해 더욱 심각해진 측면도 있는 것 같습니다. 저만 해도 공부만 열심히 하면 성공할 수 있다는 생각을 가지고 있었는데, 요즘의 젊은 친구들은 '흙수저', 또는 '금수저' 같은 이야기를 하잖아요. 과거에 비해 계층

이동이 어려워졌다는 의미인 것 같습니다. 아마도 이런 문제들 때문에 불만도 갖게 되고 좌절감을 느낄 수도 있지만, 이를 부정적인 방법으로 해소하지 않았으면 좋겠다는 생각입니다.

김복준 저희가 말씀드리려는 이야기는 그런 사회적인 현상에 영향을 받았다는 것일 뿐이지, 막가파가 저지른 행동을 정당화하려는 것은 아닙니다. 앞에서 저희가 조양은에 대한 이야기를 했잖아요. 조양은이 만든 영화는 《보스》이고, 조양은이 쓴 책은 《어둠 속에 솟구치는 불빛》입니다. 조양은이 썼다고 하는데 제가 봤을 때는 그렇지도 않은 것 같아요. 《나두야 간다》라는 영화에 나오는 것처럼 조폭 두목이 이야기를 하면 이름 없는 소설가가 대필을 했을 가능성이 아주 높아요. 그것을 영화로 만든 것이 《보스》입니다. 조양은이 감독하고 주연까지 하면서 만든 영화예요. 그 영화를 보면 조양은이 엄청난 인물로 그려지고 있지만, 실제로 그런 인물이 아니라는 것은 모두 잘 아실 겁니다. 조양은에 대해서 잠깐 설명하고 넘어갈까요? 조양은은 1950년생입니다. 그럼 지금 나이가 어떻게 됩니까?

김윤희 70, 일흔 정도 됐어요.

김복준 이제는 나이도 많네요. 1950년생이고 고향은 광주입니다. 그래서 1970년대에는 조양은의 양은이파, 그리고 김태촌의 범서방파, 그리고 이동재의 OB파를 일반적으로 3대 폭력조직이라고 이야기했습니다. 양은이파는 두목인 조양은의 이름에서 나온 것이고, 서방파는 김태촌이 광주 광산군 서방면에서 성장했기 때문에 그렇게 지은 것이에요. 그리고 OB파는 이동재의 조직이 광주광역시 OB맥주 공장 일대에서 처음 만들어졌다고 해서 경찰에서 붙인 이름입니다. 1970년대에는 이들 세 조직을 '3대 폭력조직', 또는 '3대 패밀리'라고 이야기 했습니다.

이들 3대 폭력조직은 1980년에 전두환 정권이 들어서면서 사회정화운동의 일환으로 조직폭력배들을 검거했는데 대부분 징역 15년을 선고 받았어요. 김태촌 등 조직폭력배 두목은 모두 징역 15년을 선고 받았어요. 그래서 1980년에 교도소에 들어갔다가 1995년에 만기출소 합니다. 조양은은 일체의 감형 없이 징역 15년을 채우고 출소합니다. 징역 15년을 살고 나와서는 스스로 신앙인이 됐다는 고백을 하고 마치 개과천선한 것 같은 제스처를 취합니다. 제가 이것 때문에 조양은을 설명하고 싶었어요. 최정수의 행동이나 교도소에서 생활하는 것이 조양은이 했던 행동과 완전히 똑같잖아요. 이상하게 이들은 교도소에만 들어가면 신앙에 몰두해서 회개한다고 하거든요. 정말 이상한 일이에요. 조양은도 15년 징역을 살고 나와서는 신앙인이 되고 나중에는 목사까지 됩니다. H대학교에서 석사학위를 받고 목사가 되었어요. 물론 나중에 목사직을 박탈당했습니다. 그 즈음에 동시통역사인 김○○이라는 여성을 만나서 결혼을 하고 슬하에 자녀도 생겼습니다. 그렇게 한동안 선교사업도 하고, 간증도 하러 다녀서 신앙생활 열심히 하는 줄 알았는데 1996년, 그리고 2001년에 어떤 사건에 연루되어서 결국 구속이 됐습니다. 조양은은 18살 때부터 '깡패' 생활을 했어요. 조양은이 18세에 만든 조직의 이름이 '화신 8인조'에요.

김윤희 화신 8인조요?

김복준 네, '화신'입니다. 그들의 근거지가 광주 충장로 화신다방이었기 때문에 화신 8인조라는 폭력 조직 결성해서 서울로 상경했어요. 그러다가 조직들을 흡수하면서 세력을 키웠습니다. 이 시기에 조양은이 모시던 보스가 범호남파의 오종철이라는 사람이에요. 그리고 조양은의 라이벌이었던 김태촌이 모시던 사람은 박종석이라는 범호남파 보스였습니다. 김태촌이 모시던 박종석이라는 보스와 조양은이 모시던 오종철이라는 보스 두 사람이 합쳐서 범호남파를 만들었던 거예요. 김태촌과 조양은은 이 두 사람 밑에 있던 행동대장이었어요. 1970년 즈음에 우리나라 최고의 조직폭력배는 명동을 장악한 주먹들이었어요. 그때 명동 장악했던 조직폭력배가 '신상사파'였어요. 신상현이라는 사람이 신상사파의 보스였는데 군대에서 계급이 상사였다고 합니다. 신상사파가 명동을 장악하고 있었던 시기에 제가 조금 전에 말씀드렸던 오종철과 박종석이 전라도에서 상경을 해서 명동 옆에 있는 무교동 인근에서 주류사업을 하고 있었어요. 이들은 언제든지 명동을 치기 위해서 호시탐탐 기회를 노리고 있었어요. 그러다가 이들이 먼저 공격에 나섰던 것이 1975년 1월 2일이에요. 명동에 있는 사보이 호텔에서 신상사파가 조직폭력배를 모아서 신년회를 열었습니다. 갑자기 그때 보스인 오종철의 지시를 받은 조양은이 회칼, 야구 방망이 등을 들고 사보이 호텔에 있는 신상사파를 습격합니다. 이 한 번의 습격으로 신상사파는 와해되어 버립니다. 우리나라의 조직폭력배의 역사에서 신상사파가 사라진 것입니다. 신상사파가 사라지면서 조폭 세계에도 변화가 생깁니다. 그 변화는 조폭들이 그동안 지켜왔던 '연장, 즉 흉기를 사용하지 않는다.'는 것과 '싸움을 할 때는 집단 린치를 가하지 않는다.'는 불문율이 사라진 것입니다. 사보이 호텔을 습격할 때 회칼과 야구 방망이를 휘둘렀기 때문에 '연장을 사용하지 않는다.'는 불문율이 깨졌고 집단적으로 습격했기 때문에 당시의 관행인 '1:1로 대결한다.'는 것도 깨져버린 거예요. 그리고 흔히 '뒷통수를 노리지 않는다.'고 해서 기습적으로 공격을 하지 않고 정정당당하게 싸운다는 것인데 기습을 했기 때문에 그 부분에 대한 불문율도 깨진 것이죠. 결국 건달 세계에서 지켜져 왔던 3가지의 불문율이 이 사건을 계기로 완전히 사라져버린 것입니다. 그래서 1975년 1월 2일은 범죄와 관련된 역사에서는 중요한 날일 수도 있습니다. 보스 오종철의 사주를 받은 조양은과 조직원들이 명동 사보이 호텔에 있는 신상사파를 공격하면서 조직폭력의 세계에 있던 불문율을 완전히 깨버린 날이기 때문입니다. 그때부터 '회칼의 시대'가 시작되었던 거예요.

당시의 상황을 조금만 더 설명하자면, 김태촌의 보스 박종석과 조양은의 보스 오종철이 범호남파의 양대 산맥이었잖아요. 그런데 조양은이 신상사파를 없애버렸기 때문에 상대적으로 팽팽했던 균형이 무너졌을 것 아닙니까? 결국 보스 박종석은 김태촌에게 조양은의 보스 오종철을 습격하라고 명령합니다. 1976년 3월에 무교동 엠파이어 호텔 주차장에서 김태촌이 보낸 번개파 조직원들이 조양은의 보스 오종철의 아킬레스건을 끊어서 불구로 만들어버렸어요. 당연히 조양은이 몹시 화가 났겠죠. 그때부터 김태촌과 조양은의 쫓고 쫓기는 '3년 전쟁'이라는 구도가 형성되는 것입니다.

김태촌과 조양은은 처음에 상경했을 때에는 범호남파에 속해서 각 각 보스를 모시고 있었는데 서로가 보스들을 위해 싸우다가 적이 되었고, 또 서로가 쫓고 쫓기는 상황에서 몇 년을 보낸 후에 청송 교도소에서 다시 만나게 됩니다. 청송교도소에서는 김태촌과 조양 은이 같은 방에서 생활했다고 해요. 나이는 1949년 생인 김태촌이 한 살 많아요. 조양은과 관련해서는 이 정도로 하겠습니다. 제가 다음에 조폭 관련된 것은 설명할 기회가 있으면 자세하게 준비해서 하겠습니다.

아무튼 조양은의 영향을 받은 최정수가 막가파라는 범죄조직을 결성했다는 것, 그리고 최정수가 교도소에서 자신의 잘못을 뉘우 치고 반성하면서 신앙인으로 사는 것이 진심이기를 바랍니다. 하지 만, 조양은이 했던 행태를 그대로 따라하고 있다는 사실은 꺼림칙 한 부분이 있다는 것이고, 지금도 여전히 사형수로 교도소에서 잘 살고 있다는 말씀을 드리고 싶었어요.

김윤희 저희가 사건을 다루면서 항상 죄송하게 생각하는 분들이 있어요. 피해자 분과 그 유가족들입니다. 사건을 이야기하면서 그분들의 상처를 다시 건드리지나 않을까 항상 고민이 됩니다. 혹시 이 방송 을 보고 계시는 피해자 분이나 관련되신 모든 분들께는 죄송하다 는 말씀을 드립니다. 그리고 이 사건으로 희생되신 분들의 명복을 빌겠습니다.

김복준 제가 몇 마디 덧붙이면 미처 제가 생각하지 못한 부분까지 말씀해 주시는 김윤희 프로파일러께는 항상 고맙다고 말하고 싶습니다. 최정수는 사형수이기 때문에 지금도 교도소에 있는 것이 분명합니다. 그리고 무기징역을 선고받은 박지원과 정진영은 감형이 되어서 출소했는지 여부는 모르겠습니다. 그 이외에 많게는 7년 적게는 집행유예를 선고받은 막가파 조직원들은 지금 사회생활을 하고 있겠죠. 혹시라도 저희 방송을 본다면 평생 동안 지은 죄를 속죄하는 마음으로, 그리고 억울하게 희생당한 피해자 분들께 참회하는 마음으로 살아줬으면 좋겠어요. 정말 사람답게, 더 열심히, 봉사하는 마음으로 살아가는 것이 본인들 위해서도 그렇고 돌아가신 분들에 대한 최소한 예의라는 생각이 들어요. 혹시라도 《사건 의뢰》를 본다면 제가 지금 말씀드린 것을 잊지 않았으면 좋겠습니다.

김윤희 네. 삼가 고인의 명복을 빌며 마무리하도록 하겠습니다.

7장

자신을 괄시했던
사람들을 찾아다닌 '살인기계',
천병선

- · 떠돌아다니는 '살인기계'
- · '폭행을 당하는 일이 얼마나 괴롭고 비참한 일인지 보여주고 싶었다.'
- · 대한민국에서 진행된 '최초의 프로파일링'
- · 연쇄살인, 연속살인, 대량살인, 다중범죄, 난동범죄
- · 연쇄살인을 예방하는 유일한 방법

김윤희 《대한민국 살인사건》입니다 범인의 이름은 천병선입니다. 사건 당시에는 이천, 단양 연쇄살인사건이라고 알려져 있었어요. 3일 동안 4명을 살해했던 사람입니다.

김복준 굳이 분류를 하면 천병선 연속살인 사건입니다. 흔히 사용하는 연쇄살인 사건이 아니라 연속살인 사건이라는 용어를 사용하는데 그 부분에 대해서는 마지막 부분에 가서 연속살인, 연쇄살인, 다중살인, 그리고 '램페이지rampage', 즉 난동을 구분해서 설명하도록 하겠습니다. 천병선은 52세이고 특수절도 등 전과 7범이었어요.

사건이 발생한 것은 2000년 4월 12일 4시 25분입니다. 경기도 이천시 중일동 소재의 건강원에서 사건이 발생했습니다. 건강원에서 개 사육장을 따로 운영했다고 하는데, 아마 주로 개소주를 내리는 건강원이었던 것 같아요. 지금은 조금 줄었지만, 2000년대 이전에는 그렇게 하는 곳이 상당히 많았어요

김윤희 시골에서 건강원과 개사육장을 같이 운영하는 것이죠.

김복준 네, 건강원 주인이 개사육장도 소유하고 있어요. 개를 키워서는 자기 소유의 건강원에서 개소주를 내려서 판매하는 것입니다.

김윤희 저도 고향이 시골이었는데 어쩌다 시내로 나가서 골목으로 들어가면 건강원이 있었어요. 저는 그곳에서 뱀이나 구렁이를 많이 봤거든요. 아마 뱀탕을 끓여주는 곳이었던 것 같아요.

김복준 김윤희 프로파일러의 고향은 뱀이 많은 동네였나 보네요.

김윤희 네, 제 고향은 산이 많은 동네였어요.

김복준 아주 시골이었네요. 출세하신 거죠? (웃음)

김윤희 네, 요즘 젊은 분들은 상상이 안 될 것 같은데 저는 자료를 보자마자 바로 머릿속에 그 모습이 그려지더라고요. 당시에 그곳에는 항상 아저씨들이 많았어요. 뜨내기손님들도 있었던 것 같은데 지금 생각해 보면 아마 산에서 뱀을 잡아오는 아저씨들이 대부분이었을 거예요.

김복준 땅꾼들 말씀이군요.

김윤희 네, 맞아요. 땅꾼으로 보이는 아저씨들이 그곳에 앉아서 '고스톱'을 치는 장면을 어렸을 때도 많이 봤거든요.

김복준 땅꾼들을 보면 얼굴에서 무엇인지는 모르겠지만 어떤 느낌을 풍겨요. 뱀 이야기가 나왔기 때문에 본격적으로 사건에 들어가기 전에 뱀탕과 관련된 이야기를 잠깐 하고 넘어갈까요. 어떤 이야기가 나오면 그것과 관련해서 지난 시절에 있었던 일들이 생각이 납니다. 32년 동안 형사를 하면서 온갖 사건들을 다루었기 때문인 것 같습니다. 뱀탕 이야기를 들었는데 제가 검거했던 '제비'가 생각이 나네요.

김윤희 지금 천병선에 대한 이야기를 시작하기도 전에 개에서 뱀, 이번에는 제비로 가고 있습니다.

김복준 네, 그렇군요. 그 사건은 꽤 오래 전의 사건이었는데 정확한 시기는 기억이 나지 않습니다. ○○○경찰서에 있을 때의 일입니다. ○○○중학교의 여교사 한 분이 제비에게 걸려들었던 적이 있어요. 그런데 여성분이 어느 날 실종이 됐어요. 솔직히 말씀드리자면 지금까지 여성분의 사체를 찾지 못했습니다. 영구 실종사건인데요. 저희 입장에서 여러 가지 자료들을 근거로 해서 실종된 여교사가 만났던 제비를 유력한 용의자로 지목 했어요. 용의자의 동선을 쫓으면서 확인했더니 차를 몰아서 양평으로 갔다는 사실을 알게 되었어요. 그래서 형사들이 양평에서 검거하려고 했지만, 용의자가 차를 강으로 몰았고 결국 강에 빠져서 사망해 버렸습니다. 결과적으로 그 사건은 영구 미제사건으로 종결됐습니다.

그때 저희는 여교사의 사체를 찾기 위해서 전경과 경찰들을 동원해서 용의자가 차를 몰고 왔던 용문산 주변 일대의 야산 곳곳을 매일같이 탐침봉으로 찌르고 다녔던 기억이 있습니다. 제비 생활을 했던 용의자가 고의로 차를 강물 쪽으로 몰아갔는지, 운전 미숙으로 강물에 빠졌는지, 또는 자신의 죗값으로 천벌을 받아서 강물에 빠져서 죽었는지를 확인할 수는 없습니다. 하지만 그 용의자가 죽어 버리는 바람에 사체를 찾지도 못한 상태에서 사건은 종결되었어요.

나중에 용의자가 용문산 근처에 왜 그렇게 자주 갔는지를 조사했는데 그 과정에서 용의자가 사용했던 수첩보다는 장부에 가까운 노트 한 권을 찾았어요. 용의자가 기재한 수입과 지출 내역이 기록되어 있는 그 노트를 압수해서 조사를 했더니 왜 용문산 근처에 그렇게 자주 갔었는지를 알겠더라고요. 용문산 근처에 가면 뱀탕을 하는 집이 많아요. 경기도 양평의 용문산에 가면 아주 큰 은

행나무가 있는데 그 은행나무를 중심으로 주변에 뱀탕집이 많았어
요. 제비 생활을 했기 때문에 나름대로는 투자를 한 것이더라고요.

김윤희 아, 자신의 몸에 투자를 한 것인가요?

김복준 자기 몸에 투자하느라고 뱀탕을 엄청나게 사 먹었던 거예요. 그러
니까 제비 노릇을 해서 여성분들을 등쳐서 마련한 돈으로 뱀탕집
을 거의 일주일 간격으로 한 번씩 다녀갔더라고요. 그래서 용의자
가 다녀갔던 뱀탕집마다 일일이 찾아다니면서 수사를 하는데 뱀탕
집에 가면 뱀들이 그물망이나 속이 깊은 플라스틱 통에 담겨 있거
든요. 수십 마리가 한데 얽혀서 구물구물하는 모습을 보고 있는
데 기분이 이상했어요. 형사들도 뱀은 무서워하거든요. 문득 그 사
건의 용의자였던 제비가 생각이 나네요.

김윤희 말씀하신 것처럼 여러 마리가 엉겨 있는 뱀을 보고 있으면 징그럽
잖아요. 그런데 제 고향에서는 어렸을 때 아이들이 서로 뱀을 잡아
왔는데 그것이 일종의 담력 싸움이었어요. 아무튼 저는 그 기억이
강력하게 남아있는데 건강원 이야기를 하시니까 그곳에서 고스톱
을 치고 있던 아저씨들의 모습이 너무 선명하게 떠오른 것입니다.

김복준 김윤희 프로파일러께서 학교에 다니실 때였나요?

김윤희 네, 아주 어렸을 때였어요.

김복준 제가 조금 전에 시골에서 출세했다고 한 것은 농담이었어요. 김윤
희 프로파일러는 고향에서 학교에 다닐 때 공부를 아주 잘 했습니
다. 그리고 서울에 진학해서도 대학을 수석으로 졸업했어요.

김윤희 교수님, 방금 우리 피디님이 비웃으시는 것 들으셨어요.

김복준 피디님, 비웃으시면 안 됩니다. 김윤희 프로파일러 전교 1등 했던

수재입니다. 절대 거짓말 아니에요. 구독자 분들이 계신데 거짓말 하겠어요. 제가 확인한 겁니다. 공부를 정말로 잘 했어요.

김윤희 이 부분은 편집 부탁드립니다.

김복준 아무튼 건강원을 운영하면서 동시에 개사육장도 운영을 했던 것입니다. 천병선은 그곳에서 개사육장에서 일을 했다고 합니다. 개사육장 내에서 함께 일을 했던 동료들이 있었겠죠. 그 동료들 중에서 51세의 이 씨라는 사람과 39세의 김 씨라고 하는 두 사람이 도박을 했던 것 같습니다. 맞고는 아니고 아마 '도리짓고땡'이라는 것을 했을 거예요.

김윤희 제가 담당형사님의 인터뷰를 봤는데 원래는 천병선의 동료인 이 씨와 김 씨, 그리고 천병선까지 세 사람이 고스톱을 치고 있었다고 해요. 그런데 천병선이 돈을 모두 잃었나 봐요.

김복준 밑천이 떨어져서 천병선이 빠졌고, 남은 두 사람이 맞고를 쳤거나 도리짓고땡과 같은 도박을 했다는 것이네요. 두 사람이 도박을 계속했는데 자연스럽게 먼저 빠진 천병선이 심부름 등을 하면서 흔히 '뽀찌'라고 하는 개평을 받았던 것으로 보입니다.

김윤희 고스톱이나 도박을 하지 않는 분들은 '뽀찌'나 개평이 무엇인지 모르실 것 같은데요.

김복준 거의 아시지 않을까요. 김윤희 프로파일러와 달리 여성분들은 모를 수도 있을 것 같네요. 설명해 주세요.

김윤희 개평은 고스톱 같은 것을 노름이나 도박에서 가진 돈을 다 잃어 무일푼이 되었을 때 돈을 딴 사람이 자신의 몫에서 일정 부분을 되돌려주는 것입니다. 저는 시골 할머니들이 이 개평 때문에 싸우는 경우를 자주 봤어요.

김복준 엄청 많아요. 점당 10원 고스톱을 치면서 싸우는 경우도 많거든
요. 그런데 여기서는 천병선에게 잃은 돈을 돌려준 것이 아니라, 두
사람이 노름을 하고 있었기 때문에 둘이서 주고받는 것에 대해서
증인의 역할도 하고 심부름도 하면서 일정 금액의 수고비를 개평
으로 받았던 것 같아요. 그런데 천병선이 개평으로 2,500원을 챙기
려고 하다가 51세의 이 씨와 시비가 있었어요.

천병선은 52세고 이 씨는 51세로 한 살 차이였는데 같은 '또래' 라
고 할 수 있잖아요. 아마 이 씨가 개평을 주지 않으려고 했을 거예
요. '조금 전에 받아갔는데 왜 또 가져가는 거야?' 라고 했을 것이
고 천병선은 '내가 심부름을 다하고 있는데 조금 더 받아야지.' 라
고 해서 시비를 하다가 두 사람이 싸움을 하기 시작했던 것 같아
요. 둘이서 싸움을 했기 때문에 39세의 김 씨가 가운데서 말렸어요.
그런데 천병선이 싸움을 말리는 김 씨를 흉기인 식도로 찔러서 중
상을 입힙니다. 완전히 이성을 잃은 것이죠.

김윤희 천병선이 식도를 미리 준비했던 것은 아닙니다.

김복준 네, 집에 있던 것입니다.

김윤희 집에 있던 것을 들고 나왔습니다. 개사육도 함께 했기 때문에 칼이
필요한 일이 있었던 것 같습니다.

김복준 식도를 가지고 나와서는 자신과 싸우던 이 씨가 아니라 싸움을
말리던 김 씨를 찔러서 중상을 입힌 거예요. 천병선이 칼로 김 씨를
마구 찌르는 것을 눈앞에서 본 이 씨는 큰일이 났다는 생각에 깜
짝 놀라서 도망을 갑니다. 천병선은 도망치는 이 씨를 쫓아가니

다. 쫓아가서는 가슴과 머리, 그리고 목 부위를 칼로 찔러서 살해
합니다. 제가 봤을 때는 사건 자체는 계획범죄가 절대로 아니에요.
우발적으로 일어났던 사건이 분명해 보입니다. 그렇지 않습니까?

김윤희 교수님께서도 잘 아시잖아요. 사건의 현장을 조사하다 보면, 생각
보다 우발적인 사건이 많이 일어나잖아요.

김복준 그렇죠.

김윤희 이 사건은 살인사건이지만, 실제로 도박장이나 노름판에서는 폭력
사건이나 상해사건이 굉장히 많이 일어나거든요.

김복준 말도 못합니다.

떠돌아다니는 '살인기계'

김윤희 이 정도에서 사건이 끝났다면, 천병선이 거기서 행동을 멈췄다면 지
금 우리가 다루는 주인공이 될 수 없었을 거예요. 하지만, 그렇지
않았습니다. 처음 사건을 저지른 지 채 한 시간이 지나기도 전에
다시 살인을 하게 됩니다.

김복준 천병선은 처음 칼로 찌른 김 씨가 칼에 찔려서 죽었다고 생각했을
거예요. 김 씨가 천병선에게 공격을 당해서 쓰러지는 것을 보고 이
씨가 도망을 갔거든요. 천병선 입장에서 '말리지마. 너는 왜 편 들
어.' 라는 생각으로 김 씨를 마구 찔렀기 때문에 이미 죽었다고 판
단했을 거예요. 그런 다음에 도망가는 이 씨를 쫓아가서 죽였잖아
요. 본인 입장에서는 두 사람을 죽였다고 생각했던 거예요. 지금까
지는 우발적이고 충동적인 사건이었어요. 이때부터 천병선이 자포
자기를 해버립니다. '이미 사람을 죽였는데, 두 사람이나 죽였는데

이왕에 이렇게 된 것 지금까지 나를 업신여기고 무시했던 사람들을 전부 죽여버리겠다.' 는 마음을 먹었던 거예요. 이때부터는 본격적인 계획범죄인 것이에요. 이제부터는 우발적인 범행에서 계획적인 범행으로 바뀌는 것입니다.

김윤희 첫 번째 범행현장에서 1.9km 떨어진 곳이더라고요.

김복준 그렇습니다. 이천시 창천동이에요.

김윤희 왜냐하면 천병선이 주로 활동했던 지역이 이 부근이었어요. 당연히 원한을 가지고 있었던 사람들도 이 일대에서 살아가는 사람이었던 것이죠.

김복준 건강원과 개사육장이 있었던 곳이 이천시 중일동입니다. 조금 전에 김윤희 프로파일러께서 말씀하신 것처럼 1.9km, 5리 정도 떨어진 곳에 창천동이 있습니다. 이왕에 사람을 두 명이나 죽였다고 생각한 천병선이 자신을 괴롭힌 사람들을 응징하겠다는 생각으로 가장 먼저 찾아간 곳이 1.9km 떨어진 창천동에 있는 ○○○ 주점이라는 곳이었습니다.

김윤희 아, 그래서 y주점이라고 나오는 것이군요.

김복준 창천동에 ○○○ 주점이라는 곳이 있는데, 그곳의 사장이 49세의 박 씨였습니다. 천병선은 2년 전부터 개사육장에서 일을 했는데, 개사육장에서 일하기 전에는 창천동 ○○○ 단란주점 옆에서 붕어빵을 팔았다고 합니다. 주점을 운영하던 박 씨가 붕어빵 장사를 하는 천병선을 '왜 남의 영업장 앞에 자리를 잡아서 영업을 방해하느냐.' 고 하면서 때렸다고 합니다. 천병선이 왜소하고 약했거든요.

김윤희 네, 163cm의 키에 몸무게는 55kg이었어요.

김복준　왜소하고 약했던 천병선이 당시의 기억을 떠올리면서 '2년 전에 가게 앞에서 붕어빵 장사를 할 때, 영업 방해한다고 하면서 나를 때리고 괴롭혔지. 이번 기회에 내가 죽어 버리겠어.' 라는 마음으로 찾아갔던 겁니다. 5시 30분이었습니다.

김윤희　천병선이 163cm, 55kg에 불과한 왜소한 몸집의 소유자였기 때문에 ○○○ 주점 사장인 박 씨와 1대1로 싸웠다면 죽일 수 없었을 거예요. 그런데 ○○○ 주점 사장인 박 씨가 잠들어 있었어요.

김복준　네, 자고 있었어요. 주점을 운영하는 사람이었기 때문에 낮밤을 바꾸어 살았을 거예요. 오후 5시 30분이면 한참 잠들어 있는 시간일 수도 있어요. 깨어날 무렵의 시간이라고도 생각이 되거든요. 천병선이 흉기를 들고 있었잖아요. 그대로 가서 잠자는 박 씨를 흉기로 공격해서 살해합니다. 주점 사장인 박 씨는 잠을 자다 살해당한 것입니다.

김윤희　이때쯤에 경찰에서는 천병선을 용의자로 특정을 하면서 추적하게 됩니다. 그리고 경찰은 천병선이 이천에서 이동하고 있다는 것을 알고 있잖아요. 그런데 조사를 하는 과정에서 수사진이 어려움을 느낀 이유는 단서가 될 만한 것이 없었기 때문입니다. 거주지도 불분명하고 일하면서 가까이 지낸 사람도 없었다고 합니다.

김복준　거의 외톨이였어요.

김윤희　거의 외톨이였기 때문에 이 사람을 추적할 수 있는 단서가 거의 없었다는 것이죠. 그런 상황에서 항상 떠올리는 것이 고향이잖아요.

김복준　두 번째 사건까지 마저 설명을 드리면, 일단 천병선이 단란주점 사장인 박 씨를 살해하고 현금 3만 원을 훔쳐 나옵니다. 첫 번째 사건과 같은 날이잖아요. 4월 12일 4시경에 자신은 두 사람을 죽였다고 생각했는데 한 사람은 살았고 나머지 한 사람은 죽었어요. 그렇게 첫 번째 범행을 저지른 다음에 1.9km 떨어진 곳까지 가서 두 번째로 범행을 했던 시간이 5시 30분이란 말이에요. 그곳에서 3만 원을 가지고 나왔어요. 그리고 다시 2일 지났어요. 이틀 후에 천병선이 다시 나타난 곳은 충청북도 단양입니다. 4월 14일 오후 2시 30분에 충북 단양으로 갑니다. 충북 단양 반갑죠?

김윤희 네, 제 고향 근처라서요.

김복준 충북 단양군 연춘면에 ○○사라는 절이 있는데 천병선이 그 절을 찾아갑니다. 천병선이 이 ○○사라는 절에서 3일 정도 기거를 했던 적이 있다고 해요. 1999년 6월에 ○○사에서 3일 정도 기거를 했을 때, 주지스님이 자신을 때리고 구박했다는 거예요. 주지스님 석 씨가 72세, 그리고 그의 아내 이 씨가 69세였어요. 그 두 분을 칼로 수차례 찔러서 살해합니다.

김윤희 그런데 흉기뿐만 아니라 둔기도 사용했어요.

김복준 네, 둔기로 머리를 때렸습니다.

김윤희 네, 이렇게 다양한 범행도구를 사용한다는 것은 그만큼 원한이 있고 감정대립이 많았다는 의미라는 것으로 볼 수 있습니다. 그렇게 해서 스님 부부 두 분을 살해하게 됩니다.

김복준 그런데 여기에 숨어있는 범행이 1건이 더 있었어요. 제가 자료를 봤는데 일반적으로 3건이라고 나와 있더라고요. 그런데 3건의 사건 외에 미수 사건이 하나있었어요. 그 미수 사건이 충격적이었어요. 앞에서 4월 12일 개사육장에서 두 사람을 찔러서 죽였다고 생각했고, 같은 날 단란주점 사장도 죽였잖아요. 그리고 이틀 후에 ○○사에서 주지스님 부부를 살해했다고 나오잖아요. 그런데 그 사이에, 즉 4월 13일 12시경에 천병선이 또 다른 범행을 실행합니다. 아마 미수에 그쳤기 때문에 빠진 것으로 보입니다. 천병선은 자신의 큰아버지가 아버지를 욕하고 구박했는데, 큰아버지가 아버지의 사망에 영향을 주었다고 생각해 왔던 거예요. 그 일로 인해서 큰아버지에 대해 앙심이 있었나 봐요. 그런데 큰아버지는 이미 사망했기 때문에 큰아버지의 장남인 사촌형 천 씨를 살해하기 위해서 조치원으로 갔습니다. 사촌형 천 씨가 운영하는 공장이 조치원에 있었는데 그곳에서 천 씨를 만나지 못했어요. 만약에 천 씨를 만났으면 사촌형도 죽였을 것입니다. 결과적으로는 4월 12일에 두 사람을 죽이고, 4월 13일에 조치원으로 찾아가서 사촌형을 죽이려다 사촌형을 만나지 못해서 미수에 그치고, 4월 14일 단양으로 갔던 거예요. 그리고 절에서 두 사람을 죽였던 것입니다. 무서운 사람이에요.

김윤희 천병선에 대한 분석은 나중에 말씀드리겠습니다. 쉴 새 없이 '살인기계'처럼 살인을 하고 다닙니다. 경찰에서는 원한으로 인한 살인이라는 것은 파악을 했어요. 첫 번째 사건과 두 번째 사건은 원한에 의해서 천병선이 저지른 사건이라는 것을 알았는데 다른 사건의 경우에는 나중에 천병선에 의해 저질러진 사건이라는 사실을 알게된 거예요. 나머지 사건들은 워낙 멀리 떨어져 있었기 때문이었을 것입니다. 천씨를 조사하면서 주변에 친한 사람이 한 명도 없었고 그래서 소재지를 조사했어요. 그 과정에서도 여전히 단서는 없었지만, 천병선이 떠돌이 생활을 하는 과정에서 사찰에서 생활을 많이 했다는 것은 알아냈더라고요.

김복준 맞습니다.

'폭행을 당하는 일이 얼마나 괴롭고 비참한 일인지 보여주고 싶었다.'

김복준 이제 천병선이 어떤 사람인가를 살펴보겠습니다. 앞에서 말씀드린 것처럼 특수절도 등 전과 7범이에요. 충남 연기군 출생입니다. 천병선이 5세 때 생모가 사망을 하고 아버지가 재혼을 했는데, 계모가 어린 천병선을 잘 돌봤던 것 같습니다. 그런데 계모마저도 사망을 해요. 만약 계모가 사망하지 않았으면 천병선의 운명이 바뀌었을지도 모르겠어요. 계모가 사망한 후에 아버지는 또 재혼을 합니다. 두 번째 계모 밑에서 1년 정도 있었어요. 그렇게 아버지하고 잘 살았으면 괜찮았을 것 같은데 다시 1년이 지나고 천병선이 6세 되던 해에 이번에는 아버지가 사망해 버립니다. 그 상황에서는 두 번째 계모 밑에 있을 수가 없잖아요. 그래서 천병선이 6세 되던 해에 자신과 6살 차이가 나는 누나와 대전에 있는 고아원으로 갈 수밖에 없는 상황이었어요. 아버지마저 사망했기 때문에 돌봐줄 수 있는 사람이 없어서 어쩔 수 없었던 거예요. 그렇게 고아원 생활을 시작했는데, 천병선이 키도 크지 않고 체격도 왜소하다보니 고아원에서 아이들에게 괴롭힘을 많이 당했다고 합니다. 괴롭힘을 견디지 못한 천병선은 고등학교 1학년 무렵에 학교를 중퇴하고 고아원을 나와 무작정 상경합니다.

김윤희 이후에 30년 이상 객지생활을 하면서 돌아다녔던 거예요. 동대문 평화시장에서 노점상도 했고요, 영등포에서 구두를 닦기도 했어요.

김복준 네 맞아요. 온갖 일을 다 했어요.

김윤희 결혼을 못했잖아요. 그것에 대해서 한이 맺혔다고 합니다.

김복준 그런 부분이 있었다고 합니다.

김윤희 거처도 없고 돈도 없었기 때문에 잠 잘 곳이 필요할 때에는 포교원이나 교회에 들어가서 잠자리를 얻었는데 그것도 여의치 않을 때에는 노숙을 했다는 거예요. 교수님께서도 많은 사건들을 다루는 과정에서 보셨겠지만 노숙자들이 가장 많이 잠을 자는 곳이 교회나 성당이에요.

김복준 맞아요.

김윤희 기도실이나 예배실에서 잠을 많이 자요. 그리고 추울 때는 불을 피우다가 화재를 일으키는 케이스도 많거든요. 천병선도 그런 곳에서 기거를 했다는 것입니다. 조금 전에 말씀드렸지만, 사찰에서 생활을 하기도 했습니다. 또한 탁발승으로 떠돌면서 시주를 받아서 생활했던 적도 있었다고 합니다.

김복준 말씀하신 것처럼 떠돌이 생활하다가 1997년 6월에 충남에 있는 사찰에서 승려자격을 얻어서 절에서 생활하기도 했어요. 그런데 천병선은 규율을 지키면서 살아가는 생활이 익숙하지도 않고 열등의식도 아주 심해서 동료 승려들과 마찰이 심했던 것 같아요. 결국 절에서도 쫓겨납니다. 승려자격을 얻었는데 절에서 쫓겨나는 거예요. 그래서 어쩔 수 없이 탁발승 생활을 했던 것일 뿐입니다. 절에서 쫓겨난 이후에 이곳저곳을 떠돌다가 누나가 살고 있는 경기도 이천으로 왔던 거예요. 그리고 앞부분에서 말씀하신 것처럼 구두닦이도 하고, 또 붕어빵 장사도 했잖아요. 그렇게 노점상을 하다가 범행 직전에 건강원에 취업을 해서 개사육을 하면서 살아왔던 것입니다. 1969년 3월에 첫 번째 전과가 생깁니다. 폭행죄였는데 1969년 3월에는 소년범이었기 때문에 소년원으로 갔습니다. 그리고 1974년 2월에는 절도로 구속이 됩니다. 그리고 1992년까지 7번이나 교도소를 들락거리게 됩니다.

김윤희 이렇게 이야기 하는 것이 이상하게 들리실 수도 있지만, 전과자들이 보여주는 교과서적인 과정인 것 같아요.

김복준 네, 전형적인 패턴이라고 할 수 있습니다.

김윤희 그렇습니다. 청소년 시기에 폭행으로 범죄를 시작해요. 그 다음이 절도입니다. 말하자면 상점에서 절도를 하기도 하는데 의외로 많은 것이 오토바이 절도입니다. 달리고 싶은 충동을 이기지 못해서 저지르는 것 같은데 의외로 오토바이 절도가 굉장히 많거든요. 다음으로 가지고 있는 기술이 없을 때 저지르게 되는 범죄가 강도, 그리고 강간입니다. 마지막 단계인 살인까지는 갈 수도 있고 가지 않을 수도 있거든요. 천병선은 교수님 말씀처럼 전과자들이 전형적으로 가는 길을 '스텝 바이 스텝'으로 밟아온 사람입니다.

김복준 검거는 의외로 쉬웠어요. 경찰에 검거됐을 당시에 사람들에게 상당한 충격을 줬어요.

김윤희 네. 제가 담당형사 분들이 인터뷰 하신 내용을 봤어요.

김복준 그것을 이야기해주세요.

김윤희 처음에 수사를 시작했는데 아무런 단서도 없었잖아요. 그런데 형사 분들이 천병선에 대해서 조사를 하다 보니 승려 생활을 했다는 것과 노숙 생활을 했다는 사실을 알아냈잖아요. 아마 갈 곳이 없으면 과거에 가봤던 곳으로 갈 것이라는 생각을 했다고 합니다. 두 번째 사건, 즉 단양에서 사건이 일어나기 전에 천병선이 머물렀던 모든 절에 형사들을 보내서 탐문하게 하고 잠복을 시켰다고 합니다. 그리고 전에 노숙을 했던 경력이 있기 때문에 천병선이 나타날 수 있는 예상지역인 용산과 종로의 파고다 공원에도 형사들이 잠복을 했다고 합니다.

김복준 출몰 예상 지역에 형사들이 출동한 것이죠.

김윤희 그런데 첩보가 들어왔다고 합니다. 종로의 조계사 근처에 가면 불교용품을 판매하는 곳 있잖아요. 그곳에서 천병선을 봤다는 첩보를 듣고 잠복에 들어갔는데 서대문역이 있는 대로변에서 검거했다고 하더라고요. 그렇게 12일 만에 검거를 했는데 형사님들은 그동안 계속해서 잠복했을 거예요.

김복준 천병선이 과거에 떠돌았던 동선을 살폈는데, 너무 많은 사찰들을 떠돌았던 거예요. 이천경찰서에 강력형사가 불과 몇 명 정도였을 거예요. 2000년대에는 이천경찰서에 형사가 아무리 많아도 10여 명을 넘지 않았을 거예요. 2인 1조로 움직여야 했기 때문에 파출소 직원들까지 모두 동원해서 조를 짠 다음에 천병선이 나타날 것 같은 장소에 가서 기다렸을 거예요. 절에 가서 무작정 기다리기도 했다고 합니다. 이천경찰서의 형사들이 고생이 많았습니다.

검거를 했는데, 검거되는 순간에도 범행에 사용했던 흉기를 소지하고 있었다고 해요. 이 이야기는 바꿔서 말하자면, 그동안에 자신이 감정이 있다고 생각하는 사람들을 죽였잖아요. 그런데 정처 없이 떠돌아다녔기 때문에 천병선이 생각하기에 감정이 있는 사람들이 아주 많았을 거예요. 엄밀히 이야기해서 경찰이 빨리 검거하지 않았다면 그 사람들 모두가 천병선에게 살해될 수도 있었던 사건이었습니다. 어떻게 보면 이런 사람들이 가장 위험한 범인이라고 할 수 있습니다.

김윤희 천병선은 자신이 추적당하고 있다는 것을 알고 있었기 때문에 약간 위축되어 있었던 것뿐이에요. 교수님께서도 느끼셨겠지만 기회가 된다면 누군가를 다시 살해했을 거예요.

김복준 자기가 살아오면서 만난 사람들 중에서 조금이라도 자신을 괄시했던 사람은 모두 떠올렸을 거예요. 천병선이 그런 사람들을 머리에 떠올려서 한 사람이라도 더 공격하겠다는 계획을 실행하는 과정에 붙잡힌 거예요. 그렇지 않았으면 우리가 연속살인이라고 이야기하는 대형사건으로 비화될 수 있는 사건이었어요. 연속살인에 대해서는 김윤희 프로파일러께서 잠시 후에 자세히 설명하겠지만, 연쇄살인과는 다른 종류의 범행입니다. 이 경우에는 첫 번째 사건이 일어났을 때 경찰청에서 연속살인으로 분류를 했어요. 왜냐하면 유감이 있는 사람들을 찾아다니면서 계속해서 범행을 저지를 가능성이 있었기 때문이에요. 그렇게 연속살인으로 분류했다가 나중에 '연쇄성 살인', 연쇄살인이 아니라 연쇄성 살인으로 재분류하는데 제가 보기에 크게 의미가 있는 것 같지는 않아요.

김윤희 학자들의 입장에서는 의미가 있을 것 같아요.

김복준 그렇겠죠. 그리고 앞에서 말씀드렸던 것처럼 한 번 살인을 한 이후에 내친김에 자신을 구박했던 사람들을 모두 죽이겠다는 생각에서 연속적으로 범행했던 것이잖아요. 천병선이 검거된 이후에 이야기한 것이 있어요. '폭행을 당하는 일이 얼마나 비참하고 괴로운 것이지를 보여주려고 했다.'라고 했답니다. 한이 맺힌 거예요. 자기가 폭행을 당하고 무시당했던 부분들, 즉 피해의식으로 머릿속이 가득했던 것 같습니다. '니네들도 내가 폭행당할 때의 고통과 괴로움을 당해봐라.'는 생각을 하고 있었고 실제로 '니들도 당해봐라. 그래서 범행을 했다.'고 서슴없이 말했다는 것입니다. 그런 것들로 미루어보면 천병선은 물리적 폭력도 그렇지만, 사람들이 무시하거나 냉대하는 시선으로 인한 고통이 더 컸던 것 같아요.

김윤희 담당형사님이 인터뷰 내용 중에 '실제 천병선의 범행 동기를 원한이라고까지 할 수는 없다. 서운함과 섭섭함이 쌓여 있다가 폭발했다고 보는 것이 맞을 것이다.'라고 이야기한 부분이 있었어요.

김복준 그렇죠. 우발적으로 사람을 죽인 다음에 실제로는 사람을 죽일만한 동기도 아닌 것으로 사람을 죽이는 거예요. 죽일 사람을 굳이 찾아내겠다고 생각하는 거예요. 천병선은 '나에게 조금이라도 잘못한 사람이 누구지? 다음에는 누구를 죽일까?'라는 식으로 짜낸다고 하는 것이 적절한 것 같아요. 자포자기 상태에서 생각하고 행동하는 것이기 때문에 엄청나게 위험한 사람인 것이죠.

김윤희 이 사건이 아주 많은 것을 시사한다고 생각해요. 누군가 살해할 때는 얼마만큼의 부정적인 에너지가 필요할까를 생각해 보는데 그 에너지가 너무나 엄청나기 때문에 원한이라는 표현을 쓰는 것이거든요. 그런데 생각해 보면 그 사건이 일어나기 전까지 천병선은 '원한'이라고 할 만한 것이 없었어요. 단지 자기가 전과 7범이었음에도 불구하고 '나는 사람은 살해하지는 않았다.'라는 생각을 가지고 있었던 것 같아요. 자신은 전과 7범이지만 교도소에 갔다 왔다는 정도의 생각으로 살아가고 있었는데, 첫 번째 사건이 일어났을 때 이미 2명을 살해했을 것이라고 인식하고 있었잖아요. 그 상황에서는 '나는 이미 끝장났다. 나는 어차피 감옥에서 나올 수 없다. 그렇다면 나에게 조금이라도 잘못한 사람들은 모두 죽여버리고 같이 가겠다.' 는 생각을 했다는 것이잖아요.

김복준 얼마나 위험한 이야기입니까?

김윤희 제가 봤을 때에는 피해당한 분들이 살해당할 정도로 원한을 살 일을 하지 않았어요. 3일 동안 구박했던 주지스님도 원한을 품을 정도는 아니잖아요.

김복준 그럼요, 부부를 모두 죽였잖아요.

김윤희 이 사람에게는 '그냥 생각나는 사람', '자신에게 폭행을 가했던 사람', '당해도 싸다고 생각하는 사람' 이 기준이었던 것 같아요.

김복준 자기 합리화 아닌가요. 한 번 살인을 한 후에는 내친김에 죽인다는 생각으로 자신을 구박했다거나 감정이 있는 사람은 모두 죽인 거예요. 천병선의 내재된 폭력성은 고아원에서부터 싹트지 않았을까요?

김윤희 고아원도 그렇지만, 천병선은 어딘가로 갈 때마다 계속해서 맞았던 것 같아요.

김복준 고아원에서 자신을 때린 사람들이 있잖아요. 천병선이 전과 7범이 되는 과정에는 그 사람들과 관련된 사건도 하나가 있습니다. 전과자가 된 이후에 같은 고아원 출신 중에 자기를 괴롭힌 사람을 망치로 때려서 구속된 사건도 있거든요.

김윤희 전조가 있었던 거예요.

김복준 그렇죠. 전조가 있었는데 우리가 그것을 파악하지 못했던 것이에요.

김윤희 군대에서는 선임들에게 폭행을 당해서 탈영했다고 하더라고요.

김복준 제가 봤을 때에는 특별히 어떤 방식으로 이루어지는 폭행에 대한 피해의식이 다른 사람들에 비해 월등히 컸던 것 같아요.

김윤희 나중에 연속살인에 대해 설명할 때 말씀드리겠지만, 연속살인범의 특징 중의 하나이기는 해요. 내재된 분노, 좌절감, 절망감 등이 큰 사람들이 연속살인을 저지른다고 하거든요.

김복준 그렇군요. 그렇다면 논리적으로 성립이 되는 것 같아요. 고아원에서 자랄 때 자신을 괴롭힌 사람을 전과자가 된 이후에 망치를 들고 가서 폭행하는 사례를 보면 그때부터 연속살인의 징후가 드러난 것은 맞는 것 같아요.

김윤희 네, 연속살인의 특징을 간단히 설명해 볼게요. 천병선은 연속살인범의 특징을 보여주는 전형적인 인물인 것 같아요. 연속살인범의 특징 중 하나는 과거에 불우한 환경에서 자랐고 피해의식이 강하고 사회에 융합되지 못해서 하층민의 생활을 하는 사람들이 많다는 것이에요. 그래서 나중에 교수님께서 말씀하시겠지만 천병선 사건 때문인지는 알 수 없는데, 이때쯤에 경찰청에 범죄 심리분석 자문위원회가 생겼다고 하더라고요.

김복준 그때가 처음입니다.

대한민국에서 진행된 '최초의 프로파일링'

김윤희 당시에는 우리나라에 프로파일러가 없을 때였거든요. 그래서 당시에 정신과 의사분들과 범죄 연구하시는 분들이 모여서 천병선과 면담을 하고 분석결과를 제출했다고 하더라고요.

김복준 '도대체 이 사람은 어떤 사람이야?' 라는 생각이 들 정도로 희귀했어요.

김대두 사건의 경우에는 아예 개념조차 없을 때에 사건이 벌어진 것이고요. 2000년에 접어들면서 천병선이 범행을 했는데, '아니, 그 정도의 일로도 사람을 죽이려고 날뛰면서 돌아다니나?' 라고 생각했거든요. 그래서 조사한 것이 앞에서 말씀드린 고아원에서 괴롭혔던 사람을 성인이 되어 찾아가서 망치로 보복했던 사건이었어요. 이런 것들과 연계해서 봐도 일반적인 상식의 선에는 도저히 살인의 이유를 찾을 수가 없었던 거예요. 그래서 연구 가치가 있다고 판단했고 정신과 의사, 범죄관련 자문위원 등으로 구성된 자문위원회에서 면담을 진행했던 겁니다. 당시에 경찰청에는 프로파일러나 범죄 심리 분석시스템이 없었기 때문입니다. 그때 이 연구를 우리나라 최초의 범죄 심리 연구라고 봐야겠죠. 그래서 연속살인이라는 말이 나오게 된 것입니다.

김윤희 이분들이 발표했던 결론 부분을 제가 읽어드리겠습니다. "성장 과정의 결손에서 비롯된 인성장애와 사회 부적응, 폭력에 의한 피해의식과 강박관념이 복합적으로 결합돼 범죄를 저지른 것이다."라는 의견을 냈다고 합니다.

김복준 지금에 와서 들어봐도 상당히 타당성이 있어 보이지 않습니까?

김윤희 인성장애는 요즘에는 성격장애, 즉 성격에 문제가 있다는 이야기를 하는 것이고 사회부적응은 사람들과 잘 어울리지 못했다는 것이잖아요. 형사 분들이 천병선을 추적했는데 지인이 없다고 했잖아요. 그런 부분들이라고 생각할 수 있을 것 같아요. 폭력에 의한 피해의식은 이미 교수님께서 말씀하신 부분이고, 강박관념은 자신에게 불안이나 고통을 유발하는 특정한 사고를 의미하는데 저는 여기서 강박관념을 찾지 못했어요. 이 부분은 아마 면담과정에서 나왔던 부분일 수도 있을 것 같아요.

김복준 그분들이 이렇게 몇 가지 분류를 하기는 했어요. "피해자의 연속 범행은 연쇄살인과 다르며 돈 때문에 일어난 우발적 사건이 아니라, 폭력에 대한 피해의식과 법의 차별성에 대한 강한 불만이 복합적으로 작용했다."라는 분석과 함께 "보육원, 군대, 교도소를 거치면서 지속적 폭행을 경험했고 거기 더해서 다섯 살에 부모를 잃고 보내진 보육원에서 특히 힘센 형들에게 수시로 매를 맞았고 군대에서는 고참한테 폭행을 당해서 탈영까지 했는데 이런 것들로 인해서 잠재된 피해의식이 강한 대항욕구를 가져와서 이렇게 범행한 것으로 보인다."라고 분석했더라고요.

경찰청에서 분석한 자료를 가져 왔는데 조금 읽어드릴게요. "교도소에서 인간적 무시로 약한 사람은 법에 호소를 해도 소용없다는 불신을 가지게 됐고 억울한 일은 내가 직접 해결한다는 심리로 이어졌다."

김윤희 아, 그 부분이 강박인 것 같아요.

김복준 네, "억울한 일을 법에 호소해도 약한 사람에게는 도움이 되지 않았다. 억울한 일은 내가 직접 해결한다는 심리로 이어졌다."는 것은 본인이 교도소에서 직접 느꼈던 이야기라고 해요. 이 부분이 강박 같아요. 그리고 "결혼을 못해서 증폭된 정서불안, 고통에 대한 강박관념으로 교도소에서 고생하느니 차라리 사형을 당하자는 쪽으로 자포자기의 상태에 빠진 것으로 보인다. 스스로 개발한 논리로 자신만의 세계를 구축했다."고 되어 있어요. 당시로서는 아주 파격적인 분석결과를 제시했어요. 그리고 마지막 부분에서는 "성격 불안 증세를 보이면서 범행 상황을 정확하게 기억하고 아직도 자신의 범행을 합리화한다."라고 하면서 "피의자는 심리적 불안, 공격성, 성장환경, 사회적 편견과 차별, 제도적 불평등의 부산물이다. 만약에 체포되지 않았다면 연쇄살인으로 발전가능성이 현저히 높았던 사건이다."라고 결론을 내렸습니다. 범죄학자들의 시각이 경찰청 보고서에는 이렇게 나와 있었어요.

김윤희 저는 마지막 문장에 대해서는 반대한다는 것을 밝힙니다. 저는 절대로 연쇄살인은 될 수 없는 사건이라고 생각합니다.

김복준 그것은 그렇네요. 연쇄성 살인입니다.

김윤희 이때까지만 해도 '멀티플 머더multiple murders' 이라고 하는 '다수살인'에 대한 개념이 없었어요. 다수살인에는 대량살인, 연속살인, 연쇄살인이 포함되어 있는데 연속살인과 연쇄살인은 범죄자의 특성에서 생각보다 뚜렷한 차별점이 있어요. 연속살인은 '스프리 머더spree murder' 라고 하는데 이런 식의 범죄를 저지르는 사람들은 생각보다 검거가 쉬워요. 전형적인 살인범으로 표현되고 계획적인 살인이 아니라 우발적인 살인이 이어진 경우가 많아요. 저희가 다루고 있는 인물인 천병선의 경우도 보면 범행이 들쑥날쑥 하잖아요. 그래서 검거가 쉬운 편이고 연쇄적으로 이어지는 것이 쉽지 않아요. 연쇄살인은 연속살인과는 완전히 달라요.

김복준 재판결과를 말씀드릴게요. 재판부에서는 판결문에서 "피의자의 범행 수법이 극히 잔인하고 악랄하다. 체포 시까지 사람을 죽이기 위해서 흉기를 소지하고 있었으며 수사과정에서 끝까지 범행을 부인하는 반인류적 행위를 했다. 따라서 이 사람은 영원히 격리할 필요가 있으므로 사형을 선고한다."라고 밝히고 있습니다. 천병선은 현재 생존해 있는 사형수 61명 중의 한 사람입니다.

천병선 본인은 교도소에서 '나는 다른 사형수들에 비해서 크게 사회적인 물의를 일으키지 않았다. 유전무죄라서 중형을 받은 것뿐이다. 억울하다.'라고 하면서 자주 난동을 부린다고 합니다. 천병선의 말대로 하자면 도대체 어떤 것이 사회적인 물의인지를 잘 모르겠어요. 앞서 말씀드린 것처럼 천병선은 사형이 집행되지 않은 사형수 61명 중 한 명입니다.

연쇄살인, 연속살인, 대량살인, 다중범죄, 난동범죄

김복준 제가 이 사건을 선정한 이유는 결국은 저희가 대한민국에서 일어난 살인사건에 대한 이야기를 하면서 '연쇄살인', '연속살인', '대량살인', '다중범죄', '난동범죄'라는 이야기를 계속해서 하는데 오늘 그 성격 규정을 깊숙하게 다루지는 못해도 대략적으로는 알려드리고 싶었기 때문이었어요. 구독자 분들께서도 어느 정도 경지에 올라 있는 분들이 많지만 그렇지 않은 분들도 계시잖아요. 그렇게 이해해 주시면 고맙겠습니다.

김윤희 천병선의 경우에는 정확하게 분류를 하자면 연속살인에 해당됩니다. 연쇄성 살인이라고 하기에는 애매한 부분이 있습니다. 저는 프로파일러들이 주로 이용하는 CCM, 즉 미국 FBI에서 관습적인 상황에 맞게 만들어 놓은 범죄분류매뉴얼Crime Classification Manual이라는 것을 기준으로 대량살인, 그리고 연속살인과 연쇄성 살인을 분류하도록 하겠습니다. 실제로 《위키피디아》나 포털사이트에서 검색해 보면 많이 나와 있는 것 같아요. 제가 생각했을 때에는 이 기준이 가장 널리 사용되고 있고 실제로 현장에서 사용하는 기준이기도 합니다.

먼저, 다중살인, 매스 머더mass murders라고 합니다.

김복준 매스 머더, 또는 다중범죄라고 해서 매스 크라임mass crime이라고 부르기도 해요.

김윤희 한 장소에서 다수의 사람을 살해하는 것을 매스 머더라고 합니다.

김복준 3명 이상입니다.

김윤희 네, 그런데 기준이 조금씩 달라요. 3명을 기준으로 하는 경우도 있고요. 《위키피디아》에 보면 '3명 살해, 10명 부상' 이라는 식으로 표현하기도 하는데 CCM에는 4명 이상이라고 나와 있습니다. 한국에서 거의 3명이라고 합니다.

김복준 3명 이상, 학자들의 절대다수가 3명으로 분류를 합니다.

김윤희 왜냐하면 4명이라고 하면 다중살인에 들어가는 케이스가 절대적으로 줄어들기 때문입니다. 논문이나 연구서를 보면 3명을 기준으로 해서 연구한 경우가 많아요. 다중살인의 현장은 사람들이 많이 모이는 곳이기 때문에 대로변, 집, 빌딩, 학교, 우체국 등이 많아요. 기준을 3명으로 하면 집이 포함되는 경우가 많아지겠지만, 기본적으로 한계는 없어요.

김복준 다중살인을 연쇄살인과 함께 설명하는 것이 구독자 분들이 개념을 이해하는데 도움이 될 것 같아요. 다중범죄가 한 장소에서 3명 이상의 사람을 살해하는 것을 의미합니다. 그런데 여기에서 중요한 것 한 가지가 있는데 연쇄살인을 설명할 때 반드시 등장하는 냉각기와 휴지기라는 개념입니다. 다중살인은 냉각기와 휴지기 없이 3명 이상의 사람을 살해하는 경우라고 설명하는 것이 좋을 것 같다는 생각을 했어요. 이에 대해서는 일반적으로 잘 알려진 사례를 말할 수 있을 것 같아요. 2007년에 일어났던 조승희의 버지니아공대 캠퍼스 총기난사 사건입니다. 당시에 32명이 살해당했잖아요. 이 경우가 전형적인 다중살인입니다.

김윤희 그런데 매스머더를 구분할 때, 조금 더 섬세하게 구분을 하면 총이나 칼로 직접 살해하는 경우와 폭탄이나 사고를 위장해서 실행하는 대량살인의 경우도 있어요. 개념을 협소하게 보는 사람은 4명 이상의 사람을 직접 살해하는 것을 대량살인이라고 보는 경우도 있지만, 최근에는 폭탄 사고에 의한 살인도 넓게 보면 매스 머더에 포함시키는 경우가 있습니다. 교수님께서 말씀하시는 조승희 사건이나 우리나라에서는 우범곤 순경 사건이 있습니다.

김복준 우범곤 순경 사건은 학자들에 따라서 다르게 구분하는 경우가 있어요. 저도 이에 관련된 논문을 썼는데, 우범곤의 경우에는 장소를 이동하면서 대량살인을 했어요.

김윤희 그래서 이 사건을 대량 연속살인이라는 카테고리로 묶어서 분류하는 경우도 있어요.

김복준 네, 그렇게 세분화하는 분들도 있어요.

김윤희 그리고 대구 지하철 방화사건도 예로 들 수 있고, 최근에 있었던 안인득 사건도 여기에 해당됩니다.

김복준 그래서 일반적으로 통용되는 매스크라임, 또는 다중범죄의 기준은 장소를 이동하지 않고 하나의 장소에서 3명 이상을 살해한 케이스라고 보시면 될 것 같습니다.

김윤희 대량살인범의 특징은 연속살인범과 비슷하지만, 사회에 대한 적대감이 특별하게 강해요. 자신의 잘못을 사회 때문이라고 재단하는 경우도 많아요. 특히 대량살인은 범행 대상이 불특정 다수인 경우가 많아요. 범인이 대상을 지정하는 경우도 있지만, 일반적으로는 대상을 지정하지 않고 범행을 저지르기 때문에 '무동기 살인'이라는 용어가 자주 등장하는 사건 중의 하나가 대량살인의 케이스입니다.

김복준 우리나라에서는 발생이 쉽지 않아요. 이 범죄의 특성상 총기나 폭탄을 사용한 공격이 많은데 우리나라의 경우에는 총기와 폭탄을 취급하는 사람이 제한되어 있기 때문이에요. 그런데 우리도 조심해야 합니다. 우리도 초소나 군부대의 경우에는 총기를 취급하고 있기 때문에 언제든지 발생할 수 있습니다. 위험한 범죄라는 인식을 가질 필요가 있어요.

김윤희 그래서 '테러'를 대량살인의 범주에 넣는 경우가 있는데, 일반적으로 테러는 대량살인에 포함되지 않습니다. 다음은 연속살인, 스프리 머더라고 하는데, 이것은 앞에서 다룬 천병선처럼 여러 장소를 이동하면서 범죄를 저지르는 것입니다. 이것이 연쇄성 범죄와 다른 첫 번째 포인트는 교수님께서 말씀하셨듯이 냉각기의 여부입니다. '냉각기가 뭐지?'라고 하시면 일반적으로 범죄를 저지른 후에 자신의 일상생활로 돌아가는 기간이 있느냐 없느냐 라고 이해하시면 될 것 같아요. 스프리 머더의 경우에는 맹목적으로 목적을 향해 가는 것입니다. 죽이는 것 자체가 목적일 수도 있고 돈이 목적일 수도 있습니다. 흔히 '대한민국 최초의 연쇄살인범'이라고 하는 김대두의 경우에는 따져 보면 연쇄살인이 아니라 연속살인이라고 할 수 있습니다.

김복준 그렇죠. 연속살인입니다.

김윤희 돈을 목적으로 하든, 그렇지 않으면 사람을 죽이는 것 자체를 목적으로 하든 계속해서 범행을 하는 것입니다. 자신 일상으로 돌아와서 살인을 하는 순간의 환상이나 짜릿함을 유지하는 것이 아니기 때문에 연쇄살인과는 차이가 있습니다. 그리고 또 다른 차이점은 연쇄범죄를 '조직범죄'라고 하거든요. 연쇄살인범들은 체계적이고 계획적이기 때문에 쉽게 발각되지 않아요.

김복준 교활하고 치밀하고 계획적인 부분이 있어요.

김윤희 네, 이에 비해 스프리 머더는 무계획적이에요. 빨리 쉽게 검거되기도 하고 일반적으로 봤을 때 연쇄살인범들에 비해 '덜떨어진' 범죄자라고 생각할 수도 있어요.

김복준 조금 전 설명했던 매스 크라임(다중범죄)과 스프리 크라임(연속범죄)도 차이가 있어요. 다중범죄는 하나의 장소에서 범행을 한다면, 연속범죄는 두 개 이상 장소를 이동하면서 범행을 한다는 것입니다. 그래서 우범곤 순경 사건이 연속범죄인 것입니다. 우범곤이 동네를 이동하면서 56명을 살해했잖아요. 그래서 우범곤 순경 사건은 연속범죄에 포함되는 것입니다. 물 흐르듯이 순차적으로 다니면서 범행을 하기 때문에 엄청난 수의 사상자가 발생하는 특징이 있죠.

김윤희 스프리 머더를 조사해 보면 일반적으로 범죄 후에 자살을 하거나 '자살을 끌어낸다.' 고 표현할 수 있는 방법, 즉 본인 스스로 경찰에게 사살을 당하는 방식으로 자신의 마지막을 선택합니다. 살아남는 경우에는 천병선과 같은 태도를 취하는 경우가 많아요. 재판 과정에서 '나는 무죄였다.' 라고 하거나 '심신상실 상태였다.' 고 주장하는 것도 스프리 머더의 특징이에요.

김복준 사건이 우발적으로 발생하는 것이 특징이기도 하고요. 조금 전에 말씀하신 것처럼 스스로 사살되거나 그렇지 않으면 스스로 극단적인 선택을 하는 경우가 많아요. 대체적으로 사회적 참사로 기록되는 사건들이 많죠. 우범곤 사건만 떠올려도 바로 이해가 되실 것입니다. 연속범죄는 스프리 크라임, 또는 컨티뉴어스 크라임continuous crime이라고도 불립니다. '계속범죄' 라고 분류하기도 해요. 연쇄살인과 구분되는 것은 이것도 냉각기나 휴지기가 없다는 것입니다.

김윤희 그리고 이 사람들의 특징 중의 한 가지는 탈출계획이 없기 때문에 도주 중에는 익숙한 장소로 갈 수밖에 없거든요. 그래서 연속살인이 벌어졌을 때 범인이 살아있는 경우에는 예측이 가능합니다.

김복준 다음 도주로를 예상하기 쉬운 거예요. 천병선도 다음 장소를 예측해서 미리 잠복할 수 있었잖아요. 연속범죄의 특징입니다.

김윤희 우리나라에서도 이제는 조사나 연구가 많이 이루어져서 분석과 예측이 실제로도 상당 부분 일치한다는 것을 알고 있어요. 하지만 천병선 사건을 연구할 때만해도 체계적으로 범죄를 분석했던 것이 아니었잖아요. 어떻게 보면 천병선 사건은 굉장히 의미 있는 사건입니다.

김복준 연속범죄 사건으로는 굉장히 의미 있는 사건입니다.

김윤희 그리고 이제 마지막으로 여러분들이 가장 많이 들었고, 또 가장 많이 알고 있는 시리얼 머더, 즉 연쇄살인과 관련해서 피해자가 3명 이상이냐, 2명 이상이냐의 문제와 관련해서 많은 주장들이 있는데 저는 3명 이상이라고 생각해요.

김복준 저는 2명이라고 생각해요. 학자마다 주장이 다를 수 있습니다. 제 논문에서는 제가 나름의 논리를 전개하면서 2명 이상이라고 주장을 했고, 그렇게 분류했습니다. 표창원 씨는 3명 이상이에요. 염건령 교수는 저와 같은 2명 이상이에요. 그것을 이론적으로 설명하는 것은 복잡하고 그렇게 의미가 있는 것은 아닙니다. 어쨌든 시리얼 크라임(연쇄범죄)에서 피해자가 2명 이상이라는 주장과 3명 이상이라는 주장이 있는데, 제 생각에 연쇄범죄의 가장 중요한 특징은 냉각기와 휴지기입니다.

김윤희 냉각기나 휴지기가 있다는 것은 범죄를 계획하고 행동을 통제할 수 있다는 의미입니다. 그래서 피해자를 선정할 때도 자기가 노출되지 않는 방법을 선택하고 자기가 원하는 피해자를 선택하는 경우가 많아요. 하지만 자기가 원하는 대상자가 없다고 해서 범죄를 멈추지는 않거든요. 연쇄살인범들은 살인 자체가 목적인 경우도 아주 많아요. 연속살인범은 우발적이거나 금전을 목적으로 하는 경우, 복수나 원한과 관련된 경우, 심지어 먹을 것을 목적으로 하는 경우도 있어요. 하지만 시리얼 머더는 죽음 그 자체, 또는 살인 그 자체를 목적으로 하는 경우가 많기 때문에 악랄하다고 이야기하는 것입니다.

김복준 연쇄살인범들은 사전에 계획을 하는데 치밀하고 교활합니다. 그래서 연쇄살인에 관한 연구에 많은 노력을 기울이는 것입니다. 분명한 것은 휴지기가 아주 중요한데 우리나라의 휴지기와 미국의 휴지기는 구분될 필요가 있어요.

김윤희 실제로 미국에서는 연쇄살인범을 아주 엄격하게 나눠요. 미국의 기준을 따르면 유영철은 솔직히 애매한 부분이 있습니다.

김복준 미국의 기준으로 판단을 하면 유영철은 연쇄살인범이 아닙니다.

김윤희 휴지기의 기간이 짧을 수도 있는데, 유영철 같은 경우에는 일상으로 돌아온다는 느낌보다는 계속적으로 죽인다는 행위가 연결되어 있거든요. 실제로 살인의 행위를 멈추기도 하지만, 대체적으로 검거될 수 있는 위험에 노출되었기 때문에 범행을 멈추는 것이에요. FBI의 기준으로 엄격하게 따지면 연쇄살인범이 아닌 것이죠.

김복준 FBI의 기준과 우리의 기준이 다를 수 있어요. 그것은 문화의 차이일 수도 있다고 생각해요. 아무튼 휴지기가 짧게는 수일에서 수주까지, 길게는 수년까지 가는 경우도 있다고 합니다. 몇 년이 지난 다음에 범행에 나서서 피해자들을 살해하는 경우도 있었어요. 얼마 전에 70명 이상을 살해했던 90세가 된 연쇄살인범이 잡혔잖아요. 이것은 미국의 경우입니다. 약간이라고 해도 우리와는 차이가 있는 것 같아요.

김윤희 네, 저는 그래서 냉각기만으로 연쇄살인범을 구분하는 것이 우리나라에서 크게 의미가 없다는 생각이 들어요. 오히려 어떤 점에서는 '살인을 어떻게 바라보느냐.' '살인을 통해 어떻게 욕구를 충족하고 만족을 느끼느냐.'를 하나의 기준으로 봐야 한다는 생각이 들고요. 실제로 미국의 경우에는 워낙 대국이기도 하지만 범인을 검거할 수 있는 체계도 우리나라만큼 좋은 편이 아니에요. 우리나라는 지문이나 DNA 감식 체계도 잘 갖추어져 있고 검거 체계도 하나의 네트워크로 잘 연결되어 있거든요. 휴지기나 냉각기의 기간은 생각해볼 필요가 있을 것 같아요.

김복준 그리고 이것은 학자들이 분류한 범죄는 아닙니다만 참고로 이야기하면 '렘페이지 크라임rampage crime' 난동범죄라고 하는 것이 있습니다. 연속범죄와 다중범죄가 중첩되어 있는 것입니다. 이것은 학자들이 만든 개념이 아니에요. 렘페이지 크라임은 《뉴욕타임즈》의 헤드라인에서 나온 것입니다. 컬럼바인 고등학교 총기 난사 사건이 있었잖아요. 《뉴욕타임즈》의 1주기 추모기사 헤드라인에 '렘페이지 크라임'이라고 적혀 있었어요. 학교에서 일어난 총기 난사 사건을 설명하다보니 난동범죄라는 용어가 창출된 것 같아요. 그래서 학문적인 입장에서 정리된 범죄 용어는 아닙니다.

김윤희 어떻게 구분할 것인가의 문제에는 학자들의 주관적인 시선도 포함되어 있어요. 제가 CCM이라는 범죄분류매뉴얼에 따라서 분류를 하는 이유는 CCM이 검거를 목적으로, 현장 상황을 기준으로 분류를 하기 때문입니다.

김복준 맞아요. 우리나라 경찰에서는 그것을 차용해야 해요.

김윤희 대량살인과 연속살인 범죄자들은 비슷한 면이 많아요. 하지만 연쇄살인범은 다른 종류의 범죄자들과는 전혀 달라요. 검거 방식도 다르고 경찰이 현장에서 대처하는 방법도 다르기 때문에 분류가 필요 없다고 생각할 수도 있지만, 사실은 바로 그렇게 전혀 다르기 때문에 필요한 것입니다.

김복준 맞습니다. 램페이지 범죄는 난동범죄, 발작범죄라고 하는 분도 있는데 순간적인 심리적 발작상황, 또는 삭히지 못한 분노의 표출 등으로 인해 다수의 불특정 피해자들을 대상으로 특정 장소에서 범행을 하는 것입니다. 이 설명을 들으면 생각나는 범죄가 있을 겁니다. 여의도 차량 돌진 사건입니다. 우리나라에서 일어난 전형적인 난동범죄라고 할 수 있을 것 같습니다. 사회적 테러의 성격이 강하죠.

김윤희 저는 논문에서 정한 기준을 모두 옳다고 생각하지는 않는데, 제가 읽은 논문에 따르면 대량살인, 또는 다중살인이 늘어나고 있다고 하더라고요. 통계로 대량살인을 분류한 것은 아니었고요. 범인 한 사람당 살해한 피해자 수를 기준으로 정리한 거예요. 공범이 있는 경우에는 피해자의 비율이 줄어들지만, 1인이 다수를 살해한 경우에는 피해자의 비율이 늘어나는 거예요. 우리나라의 경우에는 연쇄살인범이 많지 않기 때문에 연속살인이나 대량살인이 늘어나고 있다는 주장을 통계로 뒷받침한 것이었어요. 대량살인이나 연속살인범은 내재된 분노나 자기 좌절을 타인을 향한 공격성으로 드러낸 것이거든요. 그런 범죄가 늘어났다는 것은 그만큼 우리 사회의 구성들의 분노 게이지가 높다는 의미이기 때문에 논문을 읽는 동안에 조금 위험하다고 느꼈어요.

연쇄살인을 예방하는 유일한 방법

김복준 사회가 꽉꽉해서 사람들이 스트레스를 받고 있다는 의미겠죠. 우리가 처한 환경적 요건의 영향을 받는 범죄가 늘어난다는 것은 상당히 심각한 문제에요. 제가 《사건 의뢰》를 진행하면서 가장 많이 받는 질문이 "연쇄살인을 막을 수 있는 방법이 없냐?"는 것입니다. 그래서 연쇄살인 막을 수 있는 유일한 방법은 범인을 검거하는 것이라고 이야기 합니다. 검거하는 것밖에 없어요. 사람을 죽이는 것이 삶의 목표이고 그것을 통해서 희열을 느끼는 범죄를 예방할 수 있는 방법이 아직까지는 없습니다.

김윤희 저도 그와 비슷한 이야기를 많이 들어요. 연쇄살인범에 대한 연구는 많이 진행됐고 연쇄살인범이 어떤 특징을 가지고 있다는 것을 이야기하지만, 환경적인 요소가 결정하는 것도 아니고 그렇다고 해서 유전적인 요소가 결정하는 것도 아니라는 것입니다. 아직 의견들이 분분하거든요. 영화에서처럼 사이코패스의 조짐을 보이는 사람들을 골라낼 수도 없는 것이잖아요.

김복준 어렸을 때 불장난 많이 하는 아이, 작은 동물을 죽여서 해부하는 아이, 오줌싸개 등이 징후라고 말하고 있지만 그것이 정확하게 부합되는 것은 아니잖아요. 오줌싸개가 연쇄살인범이 되는 것은 아니니까요. 징후와 관련된 이야기들이 있지만 어디까지나 연구의 한 영역일 뿐이거든요. 그래서 연쇄살인을 예방하는 방법은 제가 아무리 찾아봐도 하루빨리 잡아서 희생자를 한 명이라도 줄이는 것밖에는 생각이 나지 않더라고요.

김윤희 우리가 시리얼 킬러를 연구하는 이유는 그들만이 갖고 있는 패턴이 있어서 다음 사건을 추적하거나 다음 피해자를 예측할 수 있거나 사건발생 지역을 예측할 수 있기 때문입니다. 이들을 선천적으로 뿌리 뽑을 수 있는 방법에 대해서는 저도 아는 바가 없습니다.

김복준 오죽하면 일본의 범죄 심리학자인 니시무라 유키 박사는 사이코패스를 '양복을 입은 뱀Snakes In Suits' 이라고 불렀겠어요. 이웃집의 친절하고 싹싹하고 착한 청년이 10여 명을 토막 내 죽인 범인으로 나타난 것이잖아요.

김윤희 시리얼 킬러를 연구하다가 나온 개념이 '사이코패스' 입니다. 이들에게는 재교육이나 교정 프로그램이 필요 없다는 사실이 증명되면서 이것을 오히려 이용하고 있다는 것을 알아낸 것이 하나의 발전된 부분이라고 할 수 있을 것 같아요. 이와 관련된 많은 연구들이 진행되고 있어요. 그래서 뇌는 변할 수 있기 때문에 끝까지 사이코패스가 아닐 수 있다는 주장도 있거든요.

김복준 한때는 전두엽이 녹아서 그렇다는 주장도 있었어요. 물론 그럴 가능성도 있죠.

김윤희 실제로 사이코패스에 대해서 연구했던 학자가 MRI로 뇌를 찍었어요. 그런데 자신의 가족들의 뇌 MRI를 찍어서 대조군으로 했는데, 자기 집의 소파에서 가족들의 MRI사진을 확인하다가 사이코패스의 MRI와 똑같은 것을 발견했던 거예요. 오류가 발생했다고 생각해서 연구소에 가서 MRI를 찍은 과정들을 살펴봤는데 충격적인 사실은 아무런 오류 없이 찍힌 MRI였던 거예요. 그리고 그 뇌 MRI의 주인공이 바로 자기 자신이었다는 겁니다. 자기는 사이코패스를 연구하는 학자가 됐지만 자신의 뇌는 사이코패스라는 것이었죠. 그래서 자신의 적나라한 과거들과 자신의 이야기를 실제로 책으로 담았어요. 저도 충격적이었는데 어떻게 보면 교육이라는 것을 악용

할 수도 있지만 교육을 통해서 인간다움을 잃지 않는 것이 사이코 패스나 연쇄살인마를 예방할 수 있는 유일한 방법이 아닐까 라고 생각하지만, 교수님께서는 그것은 너무 이상적이라고 이야기하실 것 같아요.

김복준 그럴 것 같습니다. 오늘은 연쇄범죄, 연속범죄, 다중범죄, 그리고 한 발 더 나가서 언론에서 만든 난동범죄까지 간단하게 살펴보고 구분도 해 봤습니다. 깊이 들어가면 한도 끝도 없고요. 구독자 분들은 이 정도 선에서 이해해주시면 앞으로 방송을 들으실 때 조금은 도움이 되지 않을까 하는 마음에서 준비했습니다. 물론 저희보다 이 부분에 대해서 훨씬 많이 연구하고 식견을 가진 분들도 있을 거예요. 그분들 입장에서는 아주 기초적인 것들을 이야기한다고 생각할 수도 있겠지만, 이해해 주시면 좋겠습니다.

김윤희 오늘은 천병선에 대해서 다뤄봤고요. 그와 함께 '멀티플 머더'에 대해서 기초적인 개념을 정립을 해 봤습니다. 많은 도움이 됐으면 합니다.

8장

거절하지 못하는
아이들의 마음을 읽은 사이코패스,
정성현

김윤희 《대한민국 살인사건》입니다 피의자 이름은 정성현입니다. '정성현 사건'이고 초창기에 피의자가 잡히지 않았을 때에는 '안양 초등생 납치 살인사건'이라고 알려졌던 사건입니다.

김복준 제가 현직에 있을 때 있었던 사건인데 굉장히 이슈가 되었던 사건이었거든요. 2007년이면 김윤희 프로파일러께서도 현직에 있을 때였던 것 같은데요.

김윤희 네, 저도 현직에 있을 때였는데 이 아이들의 전단지가 있었잖아요.

김복준 지금도 잊혀지지 않아요.

김윤희 그 전단지에 아이들이 해맑게 웃는 모습이었어요. 25만 장이 전국에 배포되었다고 합니다.

김복준 사건 개요를 간단하게 설명할게요. 조금 전에 말씀하신 것처럼 범인의 이름은 정성현입니다. '안양 초등생 납치 살인사건'이라고 부르기도 했고, 발생날짜는 2007년 12월 25일이에요.

김윤희 크리스마스였죠.

김복준 네, 크리스마스인 2007년 12월 25일 오후 5시 30분경이에요. 경기도 안산시 만안구 안양 8동 ○○ 하이츠 빌라 앞 노상이에요.

김윤희 그곳에서 납치가 된 것이죠.

김복준 그곳에서 귀가 중이던 이○○, 당시 10세에 초등학교 4학년이었습니다. 다음은 우○○, 당시 8세에 초등학교 2학년이었습니다. 이 아이들 두 명을 범인 정성현이 안양 8동의 사건현장 근처에 있는 자신의 셋방으로 끌고 가서 성추행을 하고 살해한 다음에 사체를 훼손합니다. 그리고 본인이 렌터카를 이용해서 같은 날 두 번에 걸쳐서 사체를 유기합니다. 먼저 이 양은 밤 9시 50분경에 수원시 권선구 호매실동에 있는 호매실IC 인근 야산에 암매장합니다. 그리고 우 양의 경우에는 사건 다음 날 새벽 02시 30분에 시흥시 정왕동에 있는 군자천에 시신을 유기했습니다. 정성현의 검거는 3월 16일에 이루어집니다. 여기까지가 개괄적인 범죄 사실입니다.

김윤희 처음에는 이 사건이 납치라는 것을 몰랐어요. 아이들이 실종된 이후에 피의자가 검거되는 상황까지 하나하나 살펴보도록 하겠습니다. 2007년 12월 25일에 이 아이들이 15시 30분에 동네의 한 놀이터에서 친구들과 헤어졌던 것 같아요. 4시 10분 CCTV에 아이들의 모습이 포착되었습니다. 이때가 마지막으로 아이들이 목격된 상황인 것입니다.

김복준 범인 정성현을 먼저 이야기하는 것이 좋겠습니다. 정성현은 당시에 38세였고, 직업은 대리운전기사였습니다. 컴퓨터 수리공으로도 일을 했어요. 특수절도 등 전과 7범이고요, 안양 8동에서 살았어요. 사건 당일에 대리운전을 마치고 대학동창인 김 씨를 만났어요. 대리운전은 주로 늦은 밤과 새벽에 하기 때문에 대리운전을 마치고 아침시간에 만났던 것 같아요. 아침시간에 대학동창인 42세의 김 씨를 만

나서 소시지를 안주로 맥주 500cc를 마시고 헤어졌어요. 아침에 친구를 만나서 맥주 한 잔을 하고 헤어진 것이죠. 그러고는 집으로 갔는데, 정성현은 집에 도착해서 맥주 2,000cc를 더 마십니다.

김윤희 술이 부족했던 모양이죠.

김복준 밖에서 친구와 맥주 500cc를 마시고 집으로 돌아와서 맥주 2,000cc를 마신 후에 본드를 흡입합니다.

김윤희 이 부분은 정성현의 진술이에요. 확인된 것은 아니에요.

김복준 네, 그렇죠. 정성현이 본드를 흡입했다고 진술했던 것은 아마도 심신미약을 주장하기 위해서였을 것입니다. 나중에 말씀드리겠지만, 본드 흡입하고 환각상태에서 사체를 훼손했다는 것인데, 사체를 살펴보면 굉장히 정교하게 훼손되었다는 것을 알 수 있습니다. 정교함이 극에 달해 있었거든요. 본드를 흡입하고 환각상태에서 사체를 훼손했다면 그렇게 정교하게 절단하거나 훼손할 수 없어요. 그래서 경찰에서는 본드를 흡입했다는 진술은 거짓말일 가능성이 높다고 판단하고 있습니다.

김윤희 경찰 진술에서 정성현은 아침부터 술을 마셨고 본드까지 흡입했다고 진술합니다.

김복준 본인의 말대로 하자면 본드를 흡입한 후에 담배를 사러 나갔다고 합니다. 담배를 사러 나가서 피해자인 두 아이를 만났다는 거예요. 두 아이는 교회에서 예배를 마치고 크리스마스 케이크를 사러 가던 중이었어요. 그 모습을 본 정성현이 아이들에게 접근을 했어요. 근처에서 살고 있는 이웃이었기 때문에 정성현이 아이들을 알고 있었다고 합니다.

김윤희 네, 친밀한 사이는 아니지만 서로 얼굴 정도는 아는 사이였다고 하더라고요.

김복준 서로 인사를 하는 정도였겠죠.

김윤희 우 양과 이 양의 집에서 직선거리로 불과 100m 정도 떨어진 곳에 살았던 이웃이었어요. 두 아이들은 정성현을 동네 아저씨 정도로 생각하고 있었겠죠.

김복준 그랬던 것 같아요. 담배를 사러갔다가 아이들을 만났는데 '우리 집에 내가 기르는 강아지가 있다. 그런데 강아지가 아프다. 너희들이 강아지를 보고 도움을 줄 수 있겠냐?' 고 말을 합니다. 아이들의 동정심을 이용한 거예요.

김윤희 흔히 아이들을 납치할 때 가장 많이 하는 말이 '너의 도움이 필요해.' 또는 '네가 아니면 아무도 도와줄 수 없어.' 라는 것입니다.

김복준 게다가 두 명이잖아요. 마음 놓고 갔던 것이죠. 이웃에 살고 평상시에 얼굴을 아는 사이잖아요. 이처럼 미성년자 관련 사건은 아는 사람에 의한 범행이 대부분이잖아요.

김윤희 흔히 '모르는 사람을 따라 가지 마라.' 고 말씀하시거든요. 이 방송을 보시는 어머니들께서 유의할 점은 아이들을 대상으로 하는 범죄, 특히 성과 관련된 납치사건은 면식범에 의한 경우가 많다는 것입니다. 나중에 소아성애자들을 분류하면서 다시 설명드리겠지만, 비면식범에 의한 범죄는 극히 일부고요. 대부분은 면식범, 즉 아는 사람들에 의해서 범행이 일어나기 때문에 '모르는 아저씨 따라 가지 마.' 라고 하기 보다는 '아는 아저씨도 조심해야 해.' 라고 해야 한다는 것입니다.

김복준 '아는 아저씨를 더 조심해야 해.' 그렇게 이야기해야 합니다. 말을 하면서도 씁쓸하네요. 아무튼 '강아지가 아픈데 너희들이 도움을 줄 수 있니? 강아지를 보고 나서 아저씨가 너희들 차에 태워서 시내 구경도 시켜줄게.' 라고 말하면서 아이들을 유인한 거예요. 집으로 가서는 한 시간 정도 유사강간을 시도했던 것 같아요. 유사강간을 시도한 이후에 흔히 저희들이 말하는 비구폐색 질식이라는 것이죠. 입과 코를 막아서 차례로 살해하는 범행을 저지른 거예요.

김윤희 이것도 당연히 정성현의 진술이에요. 처음부터 아이들을 살해할 목적이었는지는 확인할 수가 없어요. 정성현의 진술에 따르면 아이들이 거부하고 반항했는데 아이들을 제압하는 과정에서 살해를 하게 되었다고 했는데 실제로 재판에서 받아들여졌습니다. 계획적인 범행이 아니고 우발적인 범행이라는 정성현의 주장이 받아들여졌다는 것입니다.

김복준 두 아이를 비구폐색, 즉 입과 코를 막아서 살해하고 자기 집 화장실에서 시신을 훼손합니다. 나중에 화장실에서 혈흔이 도출되었어요. 화장실에서 톱을 사용해서 시신을 훼손합니다. 이 양의 시신을 먼저 훼손했던 것 같아요. 훼손된 사체를 빨간색 플라스틱 통에 담아서 렌트한 자동차 트렁크에 싣고 호매실IC 인근 야산에 30cm정도의 구덩이를 파서 암매장을 했다고 합니다. 이 양의 사체를 먼저 유기했어요. 천하의 죽일 놈이에요.

김윤희 아마 이 양이 10세였기 때문에 먼저 당했던 것 같아요.

김복준 네, 본인 입장에서는 순서로 봤을 때 8세의 우 양보다는 10세의 이 양을 먼저 제압하는 것이 효율적이라고 판단했을 거예요. 그래서 이 양을 먼저 제압하고 먼저 살해한 후에 시신도 먼저 처리한 것 같아요. 그렇게 암매장을 하고 집으로 돌아와서는 사망해 있는 우 양을 처리해야 했겠죠. 이미 자정이 넘었기 때문에 12월 26일로 넘어갔습니다. 앞서 이야기했던 것처럼 02시 30분에 동일한 방식으로 우양의 시신을 훼손하고 렌트한 자동차에 실었어요. 그리고 이번에는 시흥시 정왕동의 군자천으로 가요.

김윤희 서로 다른 곳에 유기하는 것인가요?

김복준 제가 판단할 때는 이 양의 시신을 야산에 암매장하는 과정에서 정성현이 조금 지쳤던 것 같아요. 그래서 암매장이 아니라 유기하는 방법을 선택한 것 같아요. 일반적으로는 똑같은 방법으로 암매장을 하거든요. 장소를 달리하더라도 암매장을 하는 것이 일반적이지만, 너무 지쳤기 때문에 시흥시에 있는 군자천에 사체를 유기합니다. 한군데에 유기하는 것이 아니라 이곳저곳에 뿌리는 형태로 사체를 유기합니다.

김윤희 나중에 사체가 발견되더라도 한 아이의 사체만 발견되면 한 아이의 살해만 인정하면 되기 때문에 이 전략을 선택했던 것 같아요. 그런데 안타까운 것은 나중에 다시 이야기하겠지만 우 양의 경우에는 시신의 일부를 찾을 수 없었어요.

김복준 이 사건을 조사하면서 그 부분도 너무 가슴이 아프더라고요. 이 양은 사체를 모두 발견했지만, 우 양은 사체의 일부를 찾지 못했어요. 상체의 일부를 못 찾아서 부모들이 화장을 하는 것으로 정리했는데 마음이 너무 아프더라고요. 천하의 죽일 놈 정성현은 아이들의 사체를 훼손하고 유기한 다음 날 아침에 전날 같이 술을 마셨던 대학동창 김 씨의 회사로 갑니다. 그곳에서 컴퓨터를 수리해요. 자신의 컴퓨터를 수리하고 오후 3시경에 시신을 운반할 때 사용했던 렌터카를 반납합니다. 제가 계속해서 렌터카를 강조하는 이유는 이 사건을 해결하는데 있어서 렌터카가 아주 중추적인 역할을 했기 때문입니다.

아이들 둘이 없어졌으니 난리가 났을 것 아니겠습니까. 12월 25일 밤까지 찾아다니고 기다리다가 도저히 그냥 기다릴 수가 없어서 다음 날인 0시 20분, 즉 12월 26일 밤12시 20분경에 두 아이의 부모가 경찰에 실종신고를 합니다. 그리고 수사가 개시됩니다.

크리티컬 타임과 공개수사

김윤희 일반적으로 금전적인 문제 등의 이유가 있으면 협박전화가 오고, 아이가 가출을 했다면 그와 관련된 신호들이 있기 마련이거든요. 그런데 금품을 요구하는 협박전화도 오지 않았고 아이들의 가출 여부도 확인했는데 아무런 신호가 없었던 것 같아요. 휴대전화가 없었기 때문에 위치추적을 할 수 없었고, 게임 아이디 등으로 접속 여부도 확인했는데 아무런 단서가 나오지 않았던 것이죠.

김복준 네, 맞습니다. 실종신고를 접수하고 나서 이 아이들의 마지막 행적을 살펴봤더니 12월 25일 오후 4시 10분경에 안양문예회관의 야외 공연장을 지나가는 모습이 CCTV에 잡혀 있었어요. 그리고 같은 날 오후 5시경에 문예회관 인근 시장상가에서 주민들이 목격했다는 진술도 나왔어요. 이것이 아이들의 마지막 행적이에요. 더 이상은 행방이 묘연한 거예요. 경찰에서는 조금 전에 말씀하신 것처럼 몸값을 받기 위한 유괴는 아니라고 하더라도 유괴나 납치의 가능성이 있다고 봤습니다.

김윤희 네, 아이들의 집에서 놀이터까지는 500m, 안양문예회관까지는 400m 정도 떨어져 있었다고 합니다. 아이들이 가출을 했다면 훨씬 멀리서 찍혀 있어야 하기 때문에 가출은 아닌 것이잖아요. 엄마, 아빠의 입장에서 이곳에서 마지막으로 목격자가 나왔기 때문에 범죄 가능성이 높아서 굉장히 마음고생을 하셨을 거예요.

김복준 말해 뭐하겠어요.

김윤희 실제로 경찰의 수사에서 효과를 거두지 못했기 때문에 공개수사를 시작했던 것이죠.

김복준 경찰은 그렇게 마지막 행선지까지 확인한 후에 냉정 치안센터에 바로 수사본부를 설치했습니다.

김윤희 파출소에 수사본부를 설치했다고 하더라고요.

김복준 네, 냉정 치안센터에 수사본부를 설치하고, 사건 초기에 수사관 60명이 배치됩니다. 그래서 실종 장소 인근에 있는 우범자들, 특히 이런 경우에는 실종자가 여자아이들이기 때문에 성폭력 출소자들을 집중적으로 조사합니다. 성폭력 출소자 33명을 포함해서 전과자 200명 이상의 대상자를 선정해서 하나하나 알라바이 확인에 들어갔습니다. 그렇게 수사가 개시됐고요. 그리고 인근에 수리산과 청계산이 있어요. 수리산과 청계산 수색에 동원된 인력을 모두 합치면 8,600명 정도였습니다. 그렇게 하고도 아무 성과가 없었습니다. 이 사건처럼 어린아이들이 실종된 경우에는 공개수사를 하지 않습니다. 절대로 공개수사를 하지 않습니다.

김윤희 일반적으로 공개수사를 하지 않습니다. 공개수사는 범죄에 대한 의심이 굉장히 강했을 때, 그리고 공개수사 외에 다른 수사방법이 없을 때 최종적으로 선택하는 것입니다. 앰버 경고라고 하죠. 우리 나라에서 2007년 4월 9일에 경찰청 주도로 시도했는데 이것이 아시아 국가에서는 최초의 시도였다고 합니다. 아마도 들어보셨을 거예요. 제주도에서 있었던 양지승 어린이 실종사건 당시에 처음으로 앰버 경고를 발령했습니다.

김복준 12월 31일에 공개수사로 전환하거든요. 항상 말씀드리지만 납치 의심이 있는 경우에 경찰에서는 공개수사를 하지 않습니다. 왜냐 하면 공개수사로 전환하는 순간 아이의 목숨이 위험할 수 있기 때 문입니다. 일반적으로 '크리티컬 타임'이라고 하잖아요. 아이들을 구출하기 위한 최적이 시간이라고 이해하시면 됩니다. 골든타임은 일반적으로 구조나 구호 활동에서 사용하는 용어이고, 아이들의 유괴나 납치 사건에서는 크리티컬 타임이라고 이야기합니다. 그렇게 해서 12월 31일에 공개수사로 전환을 하는데 아이들 부모님의 적극적인 요구가 있었습니다. 도저히 이렇게 수색을 해서는 아무런 성과도 없었기 때문에 공개수사를 해달라고 해서 전단지 30만 장 만들었고 포상금이 무려 3,000만 원이었습니다.

김윤희 포상금은 처음에 2,000만 원이었는데…….

김복준 네, 1,000만 원을 올렸어요.

김윤희 사실 포상금 3,000만 원은 역대 급입니다.

김복준 네, 엄청난 포상금이었습니다. 그럼에도 불구하고 목격자가 없었 어요.

김윤희 이렇게 상황이 전개되면 주변 사람들을 의심할 수밖에 없어요. 아이가 목격될 수밖에 없는 짧은 거리를 이동했다는 것이 확실하고 그 방향으로 수사를 진행하고 있는데 그럼에도 불구하고 성과가 없었기 때문이었던 것이죠.

김복준 심지어 전단을 배포하고 이아들이 다니던 초등학교 학부모, 시민단체 회원, 안양 주민들까지 힘을 합쳐서 안양역과 범계역 부근의 주택가 골목길을 누비면서 찾았고요. 그다음으로는 인근에 있는 하수구, 건물 옥상, 맨홀까지 조사하고 수리산 일대는 전체를 수색했는데 성과가 없었어요. 그 상태로 시간은 계속 흘러가고 3월 6일이 되었습니다. 사건이 발생한 지 석 달이 지나버린 거예요. 그때까지 경찰 수사에서 아무런 성과가 없었기 때문에 국민 여론이 굉장히 비판적이었어요. 제가 그때 일을 지금까지 생생하게 기억하고 있을 정도였어요.

김윤희 저도 기억을 하거든요. 이 사건은 경기지방경찰청 관할의 사건이잖아요. 당시에 저는 서울지방경찰청 소속이었는데 이 사건 관련 자료를 받아서 봤던 기억이 있어요. 사건이 일어나면 관할 경찰청 내에서 해결하려고 하는 것이 일반적이에요. 그런데 다른 지방경찰청에까지 사건을 공개하는 것은 아주 이례적이고 그만큼 중요한 사건이라는 의미인 것이죠. 그래서 저도 이 사건은 자료를 본 적이 있어요.

김복준 특별한 사건이라는 거예요. 그래서 국민들의 비난이 말도 못했어요. 12월 25일에 아이들이 없어졌는데 이듬해 3월이 되도록 수사가 제자리걸음을 하고 있었기 때문에 경찰이 국민들로부터 엄청나게 비난을 받았어요. '경찰은 뭐 하나?' 이런 식으로 하고도 월급을 받느냐?' 정말 어마어마하게 욕을 먹었어요. 당시 어청수 경찰청장이 안양경찰서를 방문해서 원점수사를 지시합니다. 어청수 경찰청장에 대해서 할 이야기가 많지만 여기서는 하지 않겠습니다. 그래서 원점수사에 착수합니다.

김윤희 원점수사라는 것은 기존에 좁혀 놓은 용의자나 유력한 정보들이 있잖아요. 그런데 그것들을 전부 없애버리고 처음부터 다시 수사를 하는 것입니다.

김복준 지금까지 수사했던 것은 백지상태로 돌려버리고 이 사건이 처음 발생했을 때로 돌아가서 다시 수사하라는 거예요.

김윤희 부담이 엄청납니다.

김복준 엄청난 거예요. 원점재수사 지시를 내리면 처음부터 다시 시작해요.

지리적 프로파일링, 그리고 범인의 검거

김복준 그렇게 원점재수사를 시작했는데 정말로 하늘이 있는 거예요. 저는 그렇게 생각해요. 3월 11일 오후 4시 45분이에요. 정말로 이 아이들의 한을 풀어주기 위해서 지정된 시간인 것 같아요. 3월 11일 오후 4시 45분경에 수원시 권선구 금호동입니다. 호매실 IC 인근 야산에서 예비군 훈련이 진행 중이었어요. 예비군 훈련을 하던 33세의 예비군 송 씨가 토막난 사람의 머리를 발견합니다.

김윤희 그것이 이 양이었어요.

김복준 긴 머리를 하고 있었던 이 양의 머리 부분이었어요.

김윤희 아이들이 실종된 후 78일만입니다. 이것을 '법칙'이라고 말할 수는 없지만, 실제로 실종사건이 겨울에 일어나면 거의 봄에 발견되는 경우가 많더라고요.

김복준 땅이 녹아내리고 얼음이 풀리면서 흙이 푸석해지면 짐승들이 땅을 파헤쳐서 시신이 드러나는 경우가 종종 있어요.

김윤희 이동하는 사람들, 특히 등산객들이 많아지기 때문인 것 같아요.

김복준 봄에는 살해된 사람이 아니라도 사체가 발견되는 일이 많습니다. 전에도 말씀드렸는데 양주 쪽은 관할지역이 넓어서 근무를 하다 보면 봄에 나물 캐러 갔던 아주머니들이 거의 정신이 나간 상태에서 신고를 해요. 나물 캐다가 시체를 발견해서 혼비백산해서 신고를 하는 거예요. 어떤 경우에는 발견된 사체가 한 사람이 아닌 경우도 있어요. 저는 하루에 11구의 시신을 발견해서 11구의 변사사건을 처리했던 적도 있습니다.

그런 경우도 꽤 있는데, 이 경우는 3월이고 봄이 왔잖아요. 겨울에 30cm의 구덩이를 파서 묻었지만 날이 풀리면서 아이가 너무 억울해서 얼굴을 드러낸 것 같다는 생각이 들어요. 예비군 훈련을 하던 송 씨가 아이의 얼굴을 발견하고 신고를 해서 발굴 작업에 들어갑니다. 다른 유류품은 발견하지 못했고요. 시신은 수습을 했어요. 근처에 다 같이 묻었는데 사체를 발굴해서 수습해 보니 신장이 142cm, 그리고 발사이즈 200mm, 머리카락이 길고 어린이용 머리끈을 묶고 있었어요. 이것을 확인한 경찰에서 직감했겠죠. 어려서 지문을 대조할 수는 없었지만 치아 상태로 봤을 때 8세~10세로 추정을 했고 DNA를 대조했더니 이 양이 맞았어요.

김윤희 부모님들이 아동의 실종신고를 하면 부모님들의 DNA를 저장하게 되어 있어요. 사체가 발견됐을 때 '매칭'을 해보는데 이 양의 부모님과 매칭이 된 것입니다.

김복준 경찰은 5개 중대를 동원해서 주변을 집중적으로 수색합니다.

김윤희 왜냐하면 아직 우 양을 찾지 못했기 때문입니다.

김복준 시신이 발견된 장소와 그 장소 주변으로 과학수사팀이 들어가서 폴리스라인을 넓게 친 다음에 현미경을 들여다보듯이 사체가 발견된 주변의 흙을 일일이 살펴봅니다. 혹시 범인의 머리카락이라도 떨어트렸는지, 범인의 유류물이 있는지를 조사합니다. 시신이 발견된 현장에서 과학수사팀이 거의 며칠 동안을 핀셋과 현미경으로 살펴봤습니다. 하지만 현장에서 범인의 머리카락 등은 확보하지 못했어요. 그런데 이때 인근에서 아주 큰 사건이 일어납니다. 이호성 사건입니다.

김복준 이 시기에 대형사건이 많이 일어났어요.

3월 2일 이호성이 4명을 살해한 사건입니다. 남성의 경우에는 사체를 훼손해서 수원 신대저수지에 유기했잖아요. 그런데 호매실 IC 야산에서도 사체가 발견되었기 때문에 굉장히 어수선했습니다. 일단 이 양의 시신은 찾았습니다.

김윤희 그렇게 사체를 발견하게 되면서 수사가 활발해지기 시작했어요. 그런데 저는 정성현이 특정됐다는 것은 알겠는데 그 과정에 대해서는 미스터리로 남아 있어요. 제가 찾은 자료에서는 그 부분에 대한 내용이 없었어요.

김복준 그러면 정성현이 특정된 이유를 살펴보겠습니다. 사체를 찾았으니 사망한 것은 명백해졌잖아요. 그리고 아이들이 없어진 그 지점에서 발견된 CCTV와 목격자가 마지막으로 아이들을 확인한 지점 등을 가지고 지리적 프로파일링을 했던 거예요. 그렇다면 이아들을 데리고 갈 수 있는 사람은 인근에 사는 사람이고 아이들의 특성상 면식범 가능성이 많다. 아이 둘을 데리고 가서 살해했다면 혼자 사는 남성일 것이다. 엄밀히 이야기하면 프로파일링을 해서 정성현을 특정한 것입니다.

김윤희 그전에 이미 프로파일링의 결과는 나와 있었을 것 같습니다. 정성현을 특정한 것에 대해서는 아직 설명이 충분하지 않은 것 같습니다.

김복준 그리고 차량을 이용했을 것이다. 차량을 이용했다면 본인 소유의 차량보다는 렌터카를 이용했을 가능성이 높다고 생각했던 거예요. 이렇게 착안을 했던 것입니다. 그리고 앞에서 말씀드린 것처럼 아이들이 없어진 지점과 마지막으로 발견되고 녹화된 지점을 계산하면 근처에 사는 사람일 것이다. 시신을 유기했다면 차량을 이용했을 것이다. 그렇다면 렌터카일 가능성이 많다. 아이들이기 때문에 분명히 면식범이고 면식범 중에서도 혼자 사는 남성일 가능성이 많다. 그래서 프로파일링이 정말로 중요한 것 아니겠습니까?

김윤희 앞에 세 가지는 수사를 하면서 이미 알았을 것이고, 이것들과 함께 차량을 이용한 부분으로 용의자가 특정이 됐을 것 같아요. 시체가 발견되면서 범인이 이동했다는 것과 차량을 이용했다는 것이 명백해졌기 때문에 특정할 수 있었던 것 같습니다.

김복준 그렇죠. 그래서 렌터카를 수사하기 시작했던 거예요. 아이들이 없어진 장소에서 이 양이 발견된 장소까지는 들쳐 업고 가거나 들고 갈 수 없는 거리이기 때문에 차량을 이용할 수밖에 없고 일반적으로 이런 상황에서는 본인의 차량을 이용하지 않잖아요.

김윤희 범행을 할 때에는 자기 소유의 차량을 이용하지 않고 렌터카를 이용하는 경우가 많아요.

김복준 왜냐하면 범인도 수사를 통해 압박해서 들어올 것이고 내 차에 흔적이 남아 있으면 잡힐 수 있다는 판단을 했을 것이기 때문에 자기 소유의 차량을 사용하지 않거든요. 그래서 렌터카에 수사를 집중해요. 어떻게 보면 범인들이 자기 편의대로 렌터카를 이용했기 때문에 수사가 편해진 부분도 있어요.

김윤희 제가 봤을 때 담당형사 분들이 그 부분에서 아주 빨리 진행한 것 같아요.

김복준 3월 14일에 단서가 나와요. 정성현이라는 사람이 안양시 동안구 관양동 근처의 렌터카 회사에서 렌터카를 대여했고 반납한 사실이 확인이 됐어요. 12월 25일 10시에 빌려가서 12월 26일에 반납했다고 하더라고요.

김윤희 시간도 정확히 일치합니다.

김복준 맞아요, 정확하게 일치해요. 사체 운반 자체가 차량이 아니면 불가능했기 때문에 찾은 것입니다.

김윤희 그런데 검거됐을 때 '크리스마스에는 집에만 있었어요.'라고 했어요.

김복준 나쁜 놈이에요. 그렇게 오리발을 내밀었어요. 12월 25일에 빌려갔다가 12월 26일에 반납한 차량을 찾았어요. 그 차를 찾아서 루미놀 시약 검사를 했어요. 혈흔이 발견됐어요.

김윤희 피해자 아이들의 것이었어요.

김복준 네, 두 명 모두 나왔어요. 이 순간에 경찰들은 마지막 희망의 끈을 놓을 거예요. 비관적으로 봤지만 그래도 희망의 끈을 놓지는 않거든요. 그런데 이제 우 양도 명백히 사망했을 것이라고 판단이 되잖아요. 이럴 때가 가장 가슴이 아파요. 이 양의 시신을 발견했기 때문에 우 양의 경우에는 시신이 발견되지는 않았지만 사망했을 것이라고 심정적으로 느끼고 있었을 거예요. 그래도 사람의 심리가 그래요. '우 양은 어디에 숨겨뒀을 수도 있다는 희망을 가지고 수사하자.' 라는 생각으로 수사를 하거든요. 그런데 트렁크에서 두 아이의 혈흔이 발견된 순간 담당형사의 말대로 "하늘이 무너지는 느낌"이 됩니다.

김윤희 게다가 우 양의 부모님도 이 소식을 들었겠죠.

김복준 그렇죠. '두 사람이 죽었구나.' 라는 생각에 담당형사의 말대로 "하늘이 무너진 것 같은 충격"을 받았지만 정성현은 잡아야 하잖아요. 집으로 갔어요. 집에 없어서 휴대전화 위치추적을 했겠죠. 충남 보령의 어머니 집에 있다는 것을 알게 됐어요. 급하게 충남 보령으로 가서 3월 14일 밤 9시 25분경에 검거합니다. 그리고 조금 전에 이야기했던 것처럼 완전히 오리발을 내밀었어요.

김윤희 '전혀 모른다. 크리스마스에 집에만 있었다.' 수사관이 '무슨 말이야? 혈흔이 나왔어.' 라고 했겠죠. '그때 죽이기는 죽였는데요. 제가 일부로 죽인 것이 아니라 자동차에 치인 거예요.' 라고 했어요. 교통사고라고 했다는 거예요.

김복준 그래서 자동차 트렁크에서 발견한 혈흔 외에도 증거를 찾기 위해서 정성현의 집에도 갔겠죠. 화장실에서 미세 혈흔을 발견했어요. 사체를 훼손할 때 남은 혈흔이겠죠. 그리고 나서 정성현이 자백을 하기 전인 1차 조사에서의 이야기가 정말 기가 막히더라고요. '왜 죽였냐?' '안 죽였어요.' '그러면 솔직히 이야기 해 봐라. 혹시 살아있냐?' '몰라요. 안 죽였다니까요.' 12월 25일의 행적과 관련해서 질문할 때 '왜 집에 있었다고 했냐?' '집에 없었어요. 나는 그런 말을 한 적이 없습니다.' 처음부터 끝까지 오리발을 내밀었어요. 그리고 심문하는 형사에게 뭐라고 했냐면 '내가 범인이라는 증거를 내 놓으세요.'라고 했다는 거예요. 정말 대단한 놈이에요.

김윤희 나중에 이야기하겠지만, 뻔뻔하게도 마지막까지 항소를 해요.

김복준 '12월 25일에 집에 없었는데 왜 거짓말을 하냐?' 고 했더니 렌터카는 자신이 대리운전을 하기 위해서 차량을 빌렸다고 말합니다. 그러면 경찰에서는 정성현이 소속된 대리운전업체에 가서 당일 근무기록표를 확인해요. 당일 출근을 하지 않았어요. 거짓말이라는 것이 모두 밝혀졌어요. 이 과정이 꽤 오래 걸렸어요. 3월 13일 밤 9시 25분에 검거했는데 계속해서 오리발을 내밀고 부인하다가 3월 17일에 드디어 정성현이 자백을 합니다. 이제 우 양의 사체를 찾아야 되잖아요. 3월 17일 오전에 자백을 하고 3월 18일 오후 4시 33분에 정성현이 지목한 곳으로 갑니다. 3월 17일 오전에 자백했는데 3월 18일에 찾으러 가거든요. 거의 하루 이상의 시간을 소비했잖아요. 이 시간 동안 정성현이 경찰을 가지고 놀았어요.

자백, 거짓 진술, 그리고 밝혀진 여죄들

김윤희 자백을 하긴 했어요. 그런데……

김복준 자백을 했는데 한 번은 군자천이라고 했다가 또 한 번은 호매실의 야산이라고 하는 바람에 경찰이 몇 번이나 헛다리를 짚습니다. 정성현이 지목한 장소 중 한 곳이 군자8교에요. 심정적으로는 '군자 8교도 거짓말 아니야.' 라는 생각도 하지만, 경찰은 그래도 다 찾으러 가야 하잖아요.

김윤희 어쩔 수 없어요.

김복준 최근에도 고유정이 이야기한 장소를 모두 찾으러 다녔잖아요.

김윤희 실제로 사체 유기는 너무 막연해서 피의자가 지역을 특정해주지 않거나 진술을 하지 않으면 쉽지 않아요.

김복준 막연하게 일대를 모두 뒤지고 다니는 거예요.

김윤희 CCTV가 있더라도 찍히지 않은 부분이 있는데 그 부분은 피의자의 진술에 따라 움직일 수밖에 없다는 한계가 있어요.

김복준 3월 17일 오전에 아이들을 살해했다고 자백을 했어요. 그런데 사체를 유기한 장소는 얼토당토않은 곳까지 여러 군데를 이야기했기 때문에 경찰들이 헛다리짚고 다니느라 꼬박 하루가 걸렸어요. 그리고 정성현이 지목한 장소 중 한군데가 군자천이었거든요. 그곳을 수색하다가 군자 8교 상류 200m 지점에서 허리 깊이의 물속에서 훼손된 우 양의 오른쪽 팔을 발견해요. 참 말하는 것이 불편합니다. 어린아이이기 때문에 더 가슴이 아프고 힘이 듭니다. 한 시간 뒤에는 오른팔을 발견한 곳에서 상류 쪽으로 1km 정도 더 올라간 지점에서 왼쪽 팔과 왼쪽 다리, 그리고 몸통을 발견합니다. 그리고 오후 6시 30분경에 군자 5교 인근에서 오른쪽 다리를 발견했습니다. 정성현이라는 몹쓸 인간이 사체를 이곳저곳에 마구 분산해서 유기를 했던 거예요. 결국 몸통의 윗부분은 못 찾았어요. 정말 말하기도 불편해요. 천사 같은 아이들에게 이렇게까지 잔인한 짓을 한 이런 천인공노할 인간이 우리와 같이 숨을 쉬고 있다는 것이 원통합니다.

김윤희 나중에 국립과학수사연구원에서 DNA 검사를 해서 우 양의 사체가 맞다는 것을 공식적으로 확인하게 됩니다.

김복준 그리고 앞에서 말씀드린 것처럼 '왜 죽였냐?' 는 질문에 '차로 2명의 아이를 치었는데 교통사고로 아이들을 친 것이 탄로 날 것 같아서 집에서 사체를 훼손했다.' 고 발뺌을 했습니다.

김윤희 그런데 교통사고는 흔적이 남잖아요. 그런데 흔적이 발견되지 않았습니다.

김복준 그렇죠. 렌터카로 들이받았다고 했잖아요 아이들을 렌터카로 들이받았으면 흔적이 남아 있어야죠. 거짓말을 한 거예요.

김윤희 게다가 정성현의 집에서 혈흔이 발견되었기 때문에 정성현의 진술이 거짓이라는 사실이 밝혀집니다. 그런데 이 사건 외에도 정성현이 저지른 또 다른 범죄가 있었습니다.

김복준 네, 여죄가 있었어요.

김윤희 2008년에 일어난 사건의 4년 전이면 2004년 사건입니다. 2004년 7월 17일 새벽 1시경에 일어난 사건인데요. 피해자는 경기도 군포시 전화방에서 만난 도우미였습니다.

김복준 네, 어린아이들인 이 양과 우 양을 살해하기 4년 전인 2004년 4월 17일 새벽 1시경에 정성현이 군포시의 한 전화방에 갑니다. 전화방 가서 도우미 정 씨를 만납니다. 전화방은 직접 만나는 곳이 아니라 전화로 연결을 하는 곳입니다. 그 과정에서 정성현의 성적 욕구가 발동됐던 것 같아요. 전화방은 음란전화를 주고받는 곳이잖아요. 이른바 '폰섹' 이라는 것을 하는 곳입니다. 전화를 통해서 음란한 대화를 주고받다 보니 성적 욕구가 발동됐어요. 그래서 '한번 만나자.' 고 해서 성매매를 제안합니다. 도우미 정 씨의 나이는 44세였고 정성현은 32세였어요. 정 씨가 '나이가 있다.'고 했던 것 같아요. 정성현이 '괜찮다. 괜찮으니까 만나자.'고 이야기를 해서 두 사람이 금정역 인근에 있는 모텔에서 만납니다. 성매매 비용과 관련된 문제 때문에 주먹으로 때려서 살해했다고 진술했는데 저는 믿을 수 없어요.

김윤희 저도 그렇게 생각합니다. 믿을 수가 없어요.

김복준 도우미 정 씨는 이미 사망했기 때문에 어쩔 수 없이 정성현이 진술한 내용을 바탕으로 일부 사실만 확인한 후에 수사결과를 발표할 수밖에 없었어요.

김윤희 정성현은 앞의 사건에서도 거짓진술을 많이 했다는 것을 이미 알고 있지 않습니까? 그리고 정 씨의 경우에도 사인을 정확히 확인할 수 없었는데 이 사건 역시 사체를 토막내고 유기를 했기 때문입니다.

김복준 본인 이야기는 성매매 비용에 대한 시비가 있었고 주먹으로 때렸는데 사망했다는 것입니다. '사체는 어떻게 했냐?'고 물었더니 '업고 나왔다.'고 이야기합니다. 모텔에서 숨진 여성을 업고 나와서 모텔 인근의 골목에 앉혀 놨다는 거예요. 골목에 앉혀 놓고는 집에 가서 차를 가져왔다고 합니다. 시신을 차에 싣고 집으로 와서 집안에서 사체를 훼손한 다음에 검은색 비닐봉지에 나눠 담고 집 근처의 야산에다 1차로 암매장했다고 진술합니다. 지금 말씀드린 사건은 이 양과 우 양 사건으로 정성현을 검거한 후에 여죄를 추궁해서 나온 것입니다. 정성현이 앞서 저질렀던 사건이에요. 그렇게 집 근처의 야산에 암매장을 했는데 며칠 뒤에 비가 많이 왔다고 해요. 곰곰이 생각해보니 암매장했던 사체가 드러날 수도 있을 것 같아서 염려가 됐다고 합니다. 그래서 밤에 그곳에 가서 시신을 꺼냅니다. 그러고는 군포에 있는 다른 야산으로 시신을 옮겨서 다시 암매장을 했다고 합니다.

김윤희 '왜 그때는 수사를 하지 않았느냐?'고 말씀하실 수 있는데 경찰에서 수사를 했어요. 실제로 마지막 통화를 했던 사람이 정성현이었기 때문에 그 부분에 대해서 행적 수사를 했다는 것이죠. 그래서 정성현을 찾아가서 조사를 했어요. 그런데 정성현이 대리운전기사를 했잖아요. 정성현이 '이 사람은 대리운전을 해 줬을 뿐이다. 그래서 통화를 했다.'고 했어요. 어쨌든 결국에는 증거를 찾지 못했기 때문에 경찰 입장에서는 검거를 하거나 기소를 할 수 없었던 거예요.

김복준 경찰 조사에 문제가 있었던 거예요. 만약에 이때 검거했으면 이 양과 우 양이 희생되는 가슴 아픈 사건도 없었을 것 아니에요. 저는 이렇게 말씀드릴 수밖에 없어요.

당시에 도우미 정 씨의 통화내역을 조사했더니 마지막으로 통화한 사람이 정성현이었어요. 어떤 면에서는 유력한 용의자예요. 본인이 말한 것처럼 '대리운전하면서 통화한 것 같다.'고 이야기해서 경찰에서는 '그렇다면 그 말이 사실인지 아닌지 확인하기 위해 거짓말탐지기 조사를 하자.'고 했고 실제로 거짓말탐지기 조사까지 했어요.

김윤희 결과는 거짓반응이었습니다.

김복준 네, 거짓반응이 나왔어요. 그러면 매달렸어야 하잖아요. 간단합니다. '그때 대리운전을 하면서 그 여자하고 통화를 했고 당일 대리운전하고 집에 가서 잤다. 나는 모르는 여자다.'라는 이야기를 했다면 정성현이 소속된 대리운전 회사에 가서 일지를 보면 되는 것 아니겠어요. 그런데 그런 확인과정이 없었어요. 거짓말탐지기 조사까지 해서 거짓으로 나왔는데 조사를 하지 않았다는 것이 말이 안 되잖아요.

김윤희 특이한 것은 휴대전화 위치확인 시스템으로 알리바이를 증명했다고 합니다. 아마 휴대전화를 놔두고 움직였던 것 같아요.

김복준 그랬던 거예요. 휴대전화를 놔두고 움직이는 식으로 알리바이를 조작했던 것 같아요. 대리운전을 하는 사람들은 당일 대리운전을 몇 시부터 몇 시까지 했는지에 대해서 시간대별로 회사에 연락한 자료가 남아 있어요. 그렇지 않습니까?

김윤희 네, 맞습니다.

김복준 정성현이 피해자 정 씨와 통화를 했는데 전화방을 이용했어요. 손님으로 이용한 시간대가 있을 것 아니에요. 상당히 길게 했을 것 아니겠어요. 통화내역을 확인하고 이후의 행적을 추적하면 되잖아요. 정성현이 대리운전을 했다면 몇 시부터 몇 시까지 행선지는 어디로 갔는지에 대해 대리운전 회사에 이야기했을 것 아니에요.

김윤희 사체를 토막 내는 식으로 훼손했으면 혈흔이 있었을 것 같은데 정성현은 압수수색을 할 수 있는 조건이 되지 않았던 것인가요?

김복준 거짓말탐지기 조사만으로는 압수수색을 할 수는 없었을 것입니다. 그래서 지금 제가 말씀드리는 거예요. 거짓말탐지기 조사에서 거짓이라고 나왔으면 전화방 도우미 정 씨와 통화한 시간 이후에 대리운전을 했다는 정성현의 알리바이를 확인하기 위해서 대리운전회사에 가서 근무일지를 확인했어야죠. 정성현이 사건 당일에 대리운전을 했다고 하면 대리운전을 했던 근거가 나와야 하는 것이잖아요. 어느 시간대에 어디에 있었는지 손님이 몇 명이었는지도 확인할 수 있거든요. 이런 것은 너무 기본적인 수사잖아요. 저는 도저히 이해할 수가 없어요.

김윤희 당시에 정성현을 검거해서 살인으로 기소를 하고 재판을 받았다면 이런 사간이 발생하지 않았겠죠.

김복준 죽은 피해자는 말이 없기 때문에 일반적으로 살인보다는 상해치사로 기소를 하는 것이 일반적입니다.

김복준 '주먹으로 생각 없이 때렸다. 성매매를 했고 화대 문제로 다투다가 때렸는데 죽어버렸다. 그래서 사체를 훼손했고 암매장했다.' 고 진술을 했기 때문에 결국에는 상해치사로 기소됐어요. 어쩔 수 없는 부분이 있습니다.

김윤희 제 생각에도 안타까운 것이 모텔 같은 곳에서 살인사건이 발생하면 폭행치사나 상해치사가 되더라고요. 그렇게 되면 화대를 두고 싸운 것이 되는 것이잖아요.

김복준 네, 죽은 사람은 말이 없기 때문에 그렇게 처리되는 사건이 많아요. 2004년 사건의 수사는 잘못한 거예요. 백 번 천 번이라도 잘못한 거예요. 2004년 사건의 수사를 성의 있게 하지 않았기 때문에 이런 비극적인 결과가 초래된 것이고요. 그 부분은 경찰이 반성해야 합니다. 아무튼 이 양과 우 양 사건을 끝낸 후에 정성현이 자백을 해서 2009년 3월 27일 군포시 도마교동 야산에서 전화방 도우미 정 씨의 시신을 발견합니다. 시신은 백골상태였습니다.

김윤희 정성현 조사 과정에서 피의자로 수사를 받았던 기록이 있었기 때문에 그 부분에 대해서 다시 한번 조사를 진행하면서 여죄를 추궁했던 것입니다.

김복준 네, 정성현의 여죄를 조사했던 거예요. 이 사건에서는 렌터카를 이용한 범죄였잖아요. 그 과정에서 2004년에 정성현을 용의자로 수사했던 사건 기록이 있었던 거예요. 그래서 속된말로 '바짝 조졌던' 것입니다. 자백을 했는데 정성현이 어쩔 수 없는 상황에 몰려서 상해치사라는 식으로 자백을 했던 것입니다. 최근에 일어난 고유정 사건에서도 고유정이 검거된 후에 우발적인 범행이라고 주장하면서 버티잖아요. 똑같아요. 의도하지 않은 상태에서 때렸는데 사망해서 시신을 훼손했고 유기했다는 것이죠. 죄명은 어쩔 수 없이 상해 치사로 했습니다.

김윤희 정성현이 이 두 사건의 범인으로 밝혀지면서 정성현이 연쇄살인범이 아니냐는 의혹이 굉장히 많았어요. 그 일대에서 실종된 여성이 많았기 때문이었습니다. 그런데 수사를 진행한 후에 다른 사건들과는 관계가 없다는 결론을 내렸어요. 이렇게 결론이 났음에도 불구하고 당시 인터넷에서는 추측성 글들이 엄청나게 올라왔어요.

김복준 그 주변에서 실종사건이 연쇄적으로 있었는데 이것들이 정성현의 소행이 아니냐는 이야기가 있었던 것은 사실입니다. 이 양과 우 양 사건에서 저는 우 양 사건은 구체적으로 말하고 싶지 않았습니다. 그런데 여기까지는 이야기를 하게 되었네요.

성장기에 나타난 사이코패스적 성향들

김복준 여죄까지 이야기를 했기 때문에 이제부터는 정성현이 도대체 어떻게 생겨먹은 인간이냐에 대한 분석을 해 주셔야 할 것 같아요. 개괄적인 내용만 소개할게요. 1969년 7월 13일 충남 보령에서 출생했습니다. 생년월일을 이야기했다고 고소할지도 몰라요. 정성현은 '고소왕' 이에요. 충남 보령에서 태어났는데 아버지가 베트남 전 참전군인 출신이라고 합니다. 직업은 대형 트럭을 몰기도 했고 버스 기사도 했다는 것으로 미루어서 아마 운전과 관련된 일을 했던 분인 것 같아요. 어머니는 미용사였습니다. 그런데 정성현이 초등학교에 다녔던 1981년에 두 사람이 이혼을 합니다. 이혼을 하고 서울로 이사를 했는데 정성현이 초등학교 고학년이 될 무렵에 아버지가 재혼을 해요. 아버지가 재혼을 한 후에 어머니와 갈등이 있었나봐요.

김윤희 네, 새어머니죠.

김복준 새어머니에 대해 정성현은 '의붓어머니가 밥도 안 주고 나를 학대했다. 아버지가 집에 있을 때는 잘 해주다가 아버지가 집에 없으면 나를 괴롭혔다. 내가 조금이라도 잘못한 일이 있으면 아버지에게 일러바쳤고 아버지는 재혼한 어머니의 말만 듣고 나를 때렸다.' 고 진술을 했어요.

김윤희 그리고 아버지와 새어머니 사이에서 아이들이 태어났습니다. 그런데 아버지도 이 아이들을 편애했다고 이야기했습니다.

김복준 정성현을 차별했다는 것입니다.

김윤희 그러다보니 정성현은 그 부분에 많은 불만을 가지고 있었다고 합니다. 그리고 아버지가 자신을 폭행하고 구타를 했다는 진술도 했어요.

김복준 네, 많이 맞았다고 합니다. 정성현이 초등학교 6학년 때는 반장을 했다고 해요. 성적도 상위권이었는데 정성현이 타고난 머리는 좋았던 것 같습니다. 2008년에 법무부에서 정신감정을 했는데 그 당시에 측정했던 IQ가 121이었어요.

김윤희 실제로 사회적인 교육을 많이 받지 않은 상태에서 IQ가 121이면 굉장한 거예요. 물론 전문대학을 졸업했기 때문에 교육을 받지 않았다고 할 수는 없지만 그렇다고 해도 상당히 높은 수치라고 할 수 있습니다. 왜냐하면 단체로 이루어지는 지필 검사와 전문기관에서 개인을 대상으로 하는 IQ 검사는 다르기 때문이에요.

김복준 구속된 후에 법무부에서 실시한 것입니다.

김윤희 네, 그 검사에서 IQ가 121이라면 단체로 했던 지필 검사에서는 130~140 정도의 수준이라고 할 수 있을 것입니다.

김복준 법무부에서 진행된 검사에 IQ가 121이 나왔지만, 성격은 포악했던 것 같아요. 친구들을 향해 폭력을 휘둘렀고 무단결석도 상당히 많았다고 해요.

김윤희 본인도 폭행, 학대를 당했는데 친구들에게는 자신이 폭력을 휘둘렀던 거예요. 정성현은 스스로 집단 따돌림을 당했다고 하지만, 주변인들의 진술을 보면 '나는 그 아이에게 맞았다.'는 이야기들이 많았어요.

김복준 그리고 야뇨증이 있었다고 하네요. 흔히 오줌싸개라고 하죠. 연쇄 살인범의 특징을 보면 어릴 때 오줌싸개들이 많아요.

김윤희 네, 야뇨증이나 동물학대와 같은 특징이 있어요.

김복준 동물학대도 있었다고 해요. 20대 때는 새끼 고양이를 죽인 일도 있었고, 옆집의 개를 수시로 발로 차면서 학대했다고 합니다.

김윤희 야뇨증이라는 것은 학문적으로 증명된 것은 아니지만 성장이나 발달과 관계가 있거든요. 대소변은 자기가 통제할 수 있는 능력이 있어요. 프로이트처럼 유아의 발달 단계를 나누었을 때 어떤 시기에 대소변을 가리는 능력이 있다는 것은 자신을 통제하는 능력과 관계가 있다고 보는 것입니다.

김복준 오줌싸개 부분은 통제 능력과 관련이 있는 것이네요.

김윤희 네, 그런 부분이 있어요. 그렇기 때문에 대소변 통제가 안 되는 것과 감정이 통제가 안 되는 것이 연관이 있다고 하는 것입니다. 실제로 증명이 된 것은 아니고 연쇄살인범을 조사했을 때 발견되는 유년시절의 특징이라고 할 수 있습니다.

김복준 불장난이나 야뇨증은 조금 전에 말씀하신 것처럼 자신의 자율적인 통제와 관련된 의미를 갖는 것 같고, 또 다른 특징인 동물학대는 성격적인 포악성을 보여주는 부분인 것 같아요.

김윤희 생명 경시라는 측면이 있습니다.

김복준 정성현도 그랬어요. 20대 후반에 새끼고양이를 죽이고, 이웃집 개를 발로 차고, 아무런 이유 없이 쓰레기통에 불을 지르기도 했다고 해요. 과거에는 성냥 곽이 있었잖아요. 성냥이 가득 들어 있는 성냥 곽에 불을 붙여서 던지는 것에서 쾌감을 느끼는 아주 이상한 버릇이 있었다고 해요. 이론적으로 정립된 연쇄살인범의 특징들이 보이는 것 같기는 해요.

김윤희 네, 거의 다 일치하는 부분인 것 같아요.

김복준 중2 때는 수시로 가출해서 비행 청소년들과 어울리면서 술을 마시고 다니기도 했어요. 고등학교에 진학한 후에는 폭력 서클을 조직했다고 합니다.

김윤희 반사회적 성향이 굉장히 강한 사람인 것 같아요.

김복준 고3 때는 본드 흡입을 시작했다고 합니다.

김윤희 정말로 모든 과정을 두루 거쳐서 온 것 같아요. 비행이라는 부분도 그렇고 폭력성이나 가학성이라는 부분까지도 다 갖춰진 상태였던 거예요. 청소년기가 중요한 것은 하나의 전환기를 맞는 시기이기 때문이에요. 청소년들의 비행이 바로 연쇄범죄나 강력범죄로 이어지지는 않아요. 지금은 조금 낮아질 수도 있는데 17세나 18세정도에서 비행 청소년들을 구분해요. 19세 이상이 되면 독립을 해서 사회에 나가게 되는데, 자기 인생에 대한 책임을 져야하는 부분때문에 비행을 멈추고 새로운 자신의 길을 향해 나아가는 사람들이 있어요. 그런 경우에는 더 이상 비행을 하지 않고 범죄가능성도적어지겠죠. 하지만 17세나 18세 이상이 될 때까지 범죄에서 벗어나지 않으면 평생 범죄자가 될 가능성이 많다고 생각하거든요. 비행청소년들의 교화 프로그램이나 교정 프로그램에서 가장 마지막으로 효과적인 시기를 청소년기로 정하는 이유도 그것 때문이거든요.

김복준 네, 맞아요. 고3 때 본드를 흡입했다고 하는데 본드의 톨루엔 성분이 환각을 일으키기 때문에 흡입을 합니다. 정성현은 고등학교를 졸업하고 군대도 갔습니다. 하사관으로 지원을 합니다. 지금은 부사관이라고 하잖아요. 하사관으로 지원해서 5년 동안 보병에서 M60이라는 기관총 사수로 근무했어요. 나름대로 5년간 장기복무를 했어요. 장기복무는 대한민국의 남자로 태어나서 국가에충성하는 것이잖아요. 군 동료들도 괜찮은 사람이라고 평가하는사람이 다수였다고 합니다. 물론 군대에서 문화의 밤 행사를 할때 무엇 때문인지 갑자기 탈영을 해서 영창에 갔다고 합니다. 가끔 일탈하는 버릇은 있었던 것 같고요. 군대에서 제대하고 나서 남의 집에 들어가서 비디오를 훔쳤는데, 그때 징역 1년 6개월을 복역하면서 전과자의 길로 들어섰어요.

김윤희 그런데 정성현에 대해서 들여다보다 보면, 어떤 순간부터 포르노라거나 이성에 대한 성욕 같은 것에서 아주 강한 자극을 받는 부분들이 나타나더라고요.

김복준 맞습니다. 앞에서 말씀드린 것처럼 가정집에 몰래 들어가서 비디오를 훔쳤잖아요. 과거에는 비디오가 흔치 않았거든요. 비디오를 훔친 것이 아마 포르노와 연관이 있는 것 같아요.

이제 조금 더 나가볼게요. 1996년에 안양에 있는 D대학 컴퓨터학과 야간에 입학을 해요 1996년에 같이 공부했던 사람들은 정성현을 조용하고 얌전한 학생이라고 이야기하는데 교수가 이야기하는 정성현은 달라요. 술만 마시면 교수에게 덤비고 사람들을 구타하는 버릇이 있었고 옆에 있는 사람들에게도 술을 강권하면서 인사불성이 될 때까지 마셨다고 합니다. 한마디로 '개차반'이었나 봐요. 대학에 다니면서 복사기 회사에 다니고 있었다고 해요.

김윤희 저는 정확하게 진단을 하지는 않았지만, 정성현을 사이코패스라고 생각하는 부분이 바로 그 부분이거든요. 사이코패스는 기본적으로 상당한 학습능력이 있어요. 자신이 어떤 행동을 했을 때 사람들이 보여준 호의적인 반응을 하나하나 익혀서 사회적 모습으로 가지고 있고, 또 자기가 가지고 있는 것 중에서 충동조절이 안 되는 부분은 다른 인격으로 가지고 있으면서 무리 없이 사회생활을 해나가는 것이죠. 그리고 다른 한편으로는 일탈적인 부분과 욕구 불만의 부분을 해소하는 방법까지도 학습해 갔을 것이라는 생각이 들어요.

김복준 정성현은 뒤늦게 대학에 입학했어요. 야간 대학의 컴퓨터학과에 입학하고 복사기 회사에 다니면서 열심히 살아보려고 노력했던 것 같아요. 그리고 1998년에 대학을 졸업했다고 하거든요. 아마 2년제 대학이었던 것 같아요. 과거에는 전문대라고 했어요. 대학을 졸업하고 나서는 어떤 여성을 스토킹 했어요. 이때부터 범죄성이 발현되기 시작하는 것 같아요. 스토킹 하던 여성의 남자친구를 폭행해서 징역 8개월을 살아요. 폭행해서 징역 8개월을 받을 정도면 상당히 심각한 폭력을 휘둘렀던 것입니다. 1999년에는 용산에서 컴퓨터 부품 가게를 운영했어요. 음란 비디오는 이때부터 본격적으로 접했을 거예요. 1년 정도 용산에서 컴퓨터 부품업체를 운영했는데 실패합니다. 그리고 2002년에 만안구 안양동으로 이사를 와서 거주하게 됩니다. 이때부터 본격적으로 비디오의 세계로 들어갑니다. 혼자 거주하면서 음란 비디오와 공포영화를 좋아했다고 합니다.

스너프 필름, 그리고 소아기호증

김윤희 흔히 '스너프 필름'이라고 하는데 유독 좋아했던 것이 아동 음란 동영상이었다고 합니다.

김복준 이 부분이 문제인 것이죠. 스너프 동영상은 살해 장면이나 해부하는 장면들을 여과 없이 보여주잖아요.

김윤희 '스너프snuff'라는 말 자체가 '심지를 자르다. 촛불을 끄다. 사람을 죽이다.'라는 의미를 가지고 있기 때문에 일반적으로는 목숨을 거두는 장면, 극단적 선택이나 자살을 하는 장면, 또는 토막을 내거나 살해하는 장면, 해부하는 장면 같은 것들이 실제로 등장하는 영상을 통털어서 스너프 필름이라고 이야기합니다.

김복준 집에서 70편 정도가 발견됐어요. 경찰이 정성현의 집을 수색했을 때 PC에 음란동영상이 700편 정도 있었어요. 그중에서도 특히 초등학생 성폭행 관련 동영상이 상당히 많았다고 합니다. 그래서 소아기호 성향도 이야기됩니다.

김윤희 소아기호를 가지고 있다고 해서 아이들만 성적 대상으로 여기는 것은 아니에요. 성인에게도 성적인 것을 느끼면서 동시에 아이들에 대해서도 성적 욕망을 갖는 소아성애가 있거든요. 제가 보기에 정성현의 소아기호는 처음부터 그랬던 것은 아닌 것 같고, 아마 나중에 소아성애 성향이 발현된 것이라는 생각이 들어요.

김복준 정성현이 아이들을 예뻐했던 것 같아요. 다른 생각을 가지고 있어서 그랬는지 몰라도 주변 사람들의 이야기에 따르면 옆집에 살던 여자아이들이 정성현의 집에 놀러 가면 과자도 주고 빵도 사주고 했던 것 같아요. 그런데 정성현이 음란비디오를 보고 있을 때 밖에서 아이들이 그 소리를 들었던 것 같아요. 그래서 아이들 사이에서는 변태 아저씨라고 불렀다고 해요.

김윤희 소아기호 같은 경우도 일종의 변태 성향인 것이잖아요. 정성현은 여러 방면으로 변태 성향이 활성화 되어 있었던 것 같아요. 소아기호는 정성현이 가진 여러 변태성향 중에 하나의 요소였던 것 같아요. 소아기호도 여러 형태로 나눠요. 퇴행형이 있을 수 있고 가학형이 있을 수 있는데 정성현은 거의 비슷한 정도로 고착형도 가지고 있고 퇴행형 가지고 있고 가학형도 가지고 있어요. 그나마 가장 뚜렷한 쪽으로 분류를 하자면 가학형이지만 뚜렷이 구분이 안 되는 것 같아요. 저는 뚜렷이 구분이 안 되는 것이 정성현이 가지고 있는 소아기호의 특징이라고 생각해요.

김복준 아이들이 희생되던 날, 같이 술을 마셨던 대학동창 김 씨의 이야기를 들어보면 아이들이 지나가면 그때마다 손을 흔들면서 반가워했다고 해요. 아이들을 정말로 예뻐했거나 아니면 다른 생각이 있었던 것 같아요. 컴퓨터 조립을 기가 막히게 했다고 해요. 그래서 컴퓨터 학과에 입학했던 것 같아요. 2006년에는 동네에 버려진 스피커를 주워 와서 입체적으로 배치한 다음에 영화를 시청하기도 했다고 해요. 보통은 내성적이었는데, 컴퓨터를 고칠 때 누가 말을 붙이면 컴퓨터를 집어던져 버리는 폭력적인 성향도 있었고, 다른 한편으로는 논리적인 달변가이기도 했다고 합니다. 종잡을 수 없는 그런 성향의 사람이었던 것 같아요. 고양이 목을 잘라서 죽인 이유는 예쁜 여성들이 고양이의 얼굴을 닮아서 그랬다고 이야기했답니다.

김윤희 정성현이 직접 이야기했던 살해 원인 중 하나는 여성에게서 버림받은 기억과 관련이 있어요. 동거녀가 사망을 했는데 사망의 원인이 알코올 중독이었어요.

김복준 정성현이 정말로 좋아했던 여성이 있었던 것 같아요. 3명 정도 사귀었는데 그 중에서 한 여성과는 동거를 했어요. 2002년에 알코올 중독, 즉 간암으로 사망했다고 합니다. 정성현이 조사받는 과정에서 그 이야기를 할 때 가장 많이 울었다고 해요.

김윤희 그러니까 본인의 삶이 잘못된 이유로 어머니, 새어머니, 그 다음에는 동거했던 여성을 이야기했어요. 바로 그 여성들 때문에 자신이 이렇게 됐다라고 생각하는 부분이 강했던 것 같아요. 어머니도 그렇고 자기가 좋아했던 여성들은 모두 성인이잖아요. 여성을 좋아하지만, 성인 여성에게는 적대감이 있는 것이에요. 그 상황에서 자신이 좋아할 수 있는 여성은 아동만 남는 것이잖아요. 그런 면에서 성적 욕구가 아이들을 향해 발현된 부분이 있다는 생각이 들어요.

저는 정성현에게 굉장히 '스마트'하면서 동시에 이중적이었던 부분이 있다고 생각하는데, 자신의 충동성을 활용하는 부분에서 잘 드러나는 것 같아요. 충동성이라는 부분은 어쨌든 자기가 성적인 부분을 발달시키고 자신의 욕구 불만을 폭발시키다 보니 활성화된 부분인 것 같거든요. 그래서 저는 정성현이 절대로 울 수 있을 만한 사람이 아니라고 생각하기 때문에 자신의 이야기를 하면서 울었다는 것을 일종의 연극이라고 생각해요. 자신이 살해했던 누군가의 시신을 토막 내고 연쇄살인까지 할 수 있는 사람이 자기에 대한 연민으로 운다는 것은 전형적인 '악어의 눈물'이라고 할 수 있겠죠.

김복준 네, 맞아요. 정성현의 눈물은 믿을 수 없어요. 정성현이라는 사람은 사형수입니다. 평생 동안 자신이 희생시킨 세 사람에 대해 잘못을 빌고 자신의 잘못을 반성해도 시원치 않은데 어이없는 짓을 합니다. 기소를 하고 재판으로 갑니다. 재판을 보면 1심에서 사형이 구형됐어요. 사형이 구형되는데 그때의 죄목이 강간 등 살인입니다. 본인은 술을 마시고 본드를 흡입한 상태에서 우발적으로 범행했다는 주장을 하죠. 재판부가 받아들이지 않아요. '의사결정 능력이 없는 아이들을 상대로 범행을 했고 심신미약 상태라고 주장을 하는데 말도 안 된다. 더 이상 이 사람은 사회에 발붙이지 못하게 하고 예방적인 차원에서라도, 그리고 국민들에게 실망을 준 것을 생각해서라도 사형을 선고' 하게 됩니다.

강간 미수는 아쉬운 부분입니다. 유사강간죄가 생긴 것이 얼마 되지 않았어요. 2014년에 유사강간죄가 생겼죠. 그 이전에는 성기의 삽입만 강간죄로 인정이 됐어요. 그랬는데 성기의 삽입 없이도 강간이 가능하잖아요. 이를테면, 항문이나 구강성교 같은 것도 추행이 아니라 강간에 준하는 범죄라고 본 거예요. 그래서 대한민국 형법 제297조의 2에 유사강간죄를 신설합니다. 비로소 유사강간도 강간이 된 거예요. 지금처럼 유사강간죄가 당시에 있었으면 강간 살인이 되는 거예요. 당시에는 유사강간죄가 만들어지기 전이라 강제추행 살인이라는 죄명이 적용되었어요. 지금과는 적용되는 죄명이 다릅니다. 그리고 앞에서 말씀드린 것처럼 도우미 분의 경우에는 상해치사죄를 적용했어요. 살인죄로 처벌하지는 못했어요. 정성현이 바로 항소를 합니다.

김윤희 대법원까지 가서 사형이 확정됩니다.

김복준 사형이 확정돼요. 죄명이 특가법 상의 영리약취유인, 성폭력 특례법 상의 강간 등 살인죄, 시체 은닉죄를 적용했습니다. 그리고 지금은 국립법무병원으로 이름이 바뀌었지만 당시 공주치료감호소의 최○○ 소장께서도 정성현에 대해서 반사회적 인격 장애, 그리고 성적가학증과 소아기호증이 의심된다는 진단을 했습니다. 김윤희 프로파일러의 의견과 거의 동일합니다. 성적가학증과 소아기호증이 의심된다는 것은 심신미약은 적용될 수 없다는 것입니다.

김윤희 소아기호가 나와서 말씀드리자면 소아는 13세 이하 사춘기가 오기 전 아이들을 말하는데 소아기호는 이 소아에 대해서 성적 환상을 갖는 것입니다. 그리고 DSM^{Diagnostic and Statistical Manual}이라고 해서 정신장애의 진단 매뉴얼이 있어요. 이에 따르면 소아기호증 환자들이 모두 범행을 저지르는 것은 아니에요.

김복준 절대 아니죠.

김윤희 이제 그런 성향이 짙어서 소아기호에 대해서 일종의 정신병이라고 생각하는데 요즘에는 그렇지 않아요. 실제로는 13~15세까지 확대하는 방향도 있어요. 범죄심리학에서는 '청소년 기호'라고 해서 따로 구분해서 세밀화해요. 성향 자체가 다르기 때문이에요. 소아기호증 성향을 가지고 있는 범죄자의 특징은 전면부인이에요. 범행을 부인하는 것이 하나의 특징이에요. 아이들을 상대로 범행을 한다는 것은 범행이 발각되는 것을 은폐하거나 책임을 전가하고 자신에게 유리한 방향으로 사건을 끌고 가기 위해서 피해자를 선택하는 것이기 때문에 범행을 부인하는 것이 특징이에요. 주로 '그때 머리가 하얗게 됐어요. 기억이 안 나요. 술을 먹어서 기억이 안 나요. 내가 소아기호를 가지고 있어서 나 스스로를 컨트롤하지 못해요.'라는 진술을 하는데 소아, 즉 아이들을 상대로 범행하는 사람들의 특징이에요. 이런 부분도 수사하시는 분들이 유념했으면 좋겠어요.

김복준 맞아요. 1심에서 정○○ 차장검사가 했던 이야기가 있어요. '정성현은 지난 10년간 음란 동영상 외에 스너프 동영상 70여 편을 다운받아서 반복 시청했다. 그 영향으로 성탄절 저녁에 외로움과 성적 욕망을 충족할 목적으로 아이들을 유인해서 범행했다.'라고 하면서 사형을 구형한 거예요. 충동적 성향이 있다는 감정결과가 나왔고요. 거기에 '아버지의 구타 속에서 성장하고 두 명 이상 여성과 교제에서 실패한 후에 여성에 대한 배신감도 일정 부분 작용했다.'는 이야기도 덧붙였어요. 이미 김윤희 프로파일러께서 이야기한 내용과 동일합니다. 어머니에게 버림받고 사귀었던 여자들에게 절교를 당하는 등 여성들에 대한 배신감이 작용했다는 이야기도 검사가 구형하면서 했던 이야기였습니다.

김윤희 그런데 그 부분도 핑계일 수 있어요. 진술을 하다보면 그 과정에서 했던 이야기들이 고착되고, 또 자기변명처럼 원인에 대해서 자신들이 생각하는 것들이 포함될 수도 있어요. 그러면 자신의 생각과 다른 부분에 대한 이야기가 나올 때, 그리고 자신의 어머니나 애인에 대한 이야기가 나왔을 때 보이는 반응들이 있거든요. 표정에서 드러나기도 하고 극심한 분노를 표출하기도 합니다. 그렇다보니 아버지로부터 당한 폭력이나 여성들로부터 버림받은 것 등에 대한 이야기들이 나오게 되는데 이를 직접적인 원인이라고 할 수는 없다고 생각합니다. 하지만, 어느 정도 영향을 미쳤다는 것에 대해서는 부정할 수 없는 부분이 있습니다.

김복준 정성현이 천인공노할 정도로 나쁜 인간이지만, 분명히 그런 부분이 있었다는 사실만큼은 인정한 것입니다. 아버지의 이혼으로 인해 어머니로부터 버려진 것이나 사귀였던 여성들로부터 버려진 것이 어느 정도 영향을 미쳤다는 것은 사실이라고 인정한 것입니다. 그럼에도 불구하고 범죄 사실도 명백하게 입증이 되었기 때문에 대법원에서 사형이 확정됩니다. 물론 사형이 집행되지 않고 있기 때문에 교도소에서 잘 살고 있을 것입니다. 이제 60명입니다. 최근에 사형수 한 명이 사망을 했거든요.

김윤희 아내인가 내연녀인가를 살해했던 사람입니다.

김복준 네, 그래서 이제 사형수가 60명이고요. 사형을 집행하지는 않지만 사형수이기 때문에 석방이나 사회로의 복귀에 대한 희망은 없어요. 그래서 구치소에 있으면서 어이없는 행동들을 합니다. 기가 막히더라고요. 정성현이 언론을 상대로 해서 고소를 하기 시작합니다. 동아일보 1월 28일자 보도를 보고 두 달 후인 3월 13일에 동아일보를 상대로 소송을 합니다. 성추행을 한 적이 없고 우발적 사고였고 고의가 아니었는데 납치라고 썼기 때문에 허위사실 유포에 의한 명예훼손이라는 것입니다. 언론사와 기자를 상대로 200만 원 손해배상을 청구했어요. 고소를 하고 200만 원 손해배상을 청구했는데 기자 분이 구치소로 찾아가서 만나기도 했어요. 담당 검사도 5번이나 고소를 했습니다. 5번이나 고소를 했는데 모두 기각되었어요. 그랬더니 이번에는 재정신청까지 했다고 합니다. 참, 말이 됩니까? 다음으로는 수사과정에서 경찰이 협박을 했다는 거예요. 국립과학수사연구소에서 시신부검 감정서에 성추행을 했던 흔적도 없었는데 허위로 의견서를 썼고 자기에게 누명을 씌워서 처벌을 했다는 이유를 들어서 담당형사와 국가를 상대로 각 2,000만 원을 요구하는 소송을 진행합니다. 소송은 당연히 패소했어요. 정말 가관입니다. 이것이 전부가 아닙니다. 2012년 8월에는 교도관들이 자기들의 방을 검사할 때 뒤로 돌아서 쪼그려 앉으라고 하는 등 업무지침에 반하는 행동을 했다고 하면서 교도관 4명을 고소합니다. 물론 그것도 패소합니다.

김윤희 사람을 괴롭히는 방법을 잘 아는 것 같아요. 어떻게 보면 사람을 괴롭히는 방법도 진화하면서 발전하는 것 같아요. 정성현 같은 사람은 어떤 상황에서 어떤 사람을 어떻게 했을 때 가장 괴롭힐 수 있는지를 아는 것 같아요.

김복준 정성현은 사형집행도 되지 않고 솔직히 말해서 아무 할 일이 없기 때문에 자신을 수사했던 경찰, 검사, 그리고 자신의 사건을 보도했던 언론사는 물론 교도관까지 고소하는 거예요. 2014년에는 서울신문을 고소했고 그 후로도 파이낸셜 뉴스, 헤럴드경제 등도 고소를 당했습니다. 모두 200만 원씩을 요구했습니다. 사형수는 징역형을 사는 것이 아니거든요. 구치소에서는 징역을 하지 않으면 돈을 구할 수가 없습니다. 아마 그 이유도 있을 거예요.

김윤희 교수님, 저희도 고소당하나요?

김복준 할 수 있으면 하라고 하죠.

거절하지 못하는 아이들의 마음을 이용하는 범죄

김복준 다시 아이들 이야기로 돌아갈게요. 이 양은 안양시립청계공원묘지에 안장됐어요.

김복준 언제 안양 쪽에 갈 기회가 있으면 한번 가보겠습니다. 이 양은 정성현이 살고 있는 집에서 직선거리로 139m, 우 양은 40m 거리에 살고 있었어요. 골목을 돌아가도 겨우 150m 떨어진 이웃 아이들에게 몹쓸 짓을 하고 살해해서 유기한 것입니다. 정성현은 구치소에서 소송을 할 것이 아니라 진심으로 참회하고 용서를 빌어야 해요.

그리고 제가 더 속상한 것은 직장도 그만 두고 술로 괴로움을 달래던 이 양의 아버지께서 사건이 일어난 지 7년 후에 돌아가셨다는 사실입니다.

김윤희 그러니까 이 양의 시신을 아버지께서는 확인하셨을 것 아니겠어요. 앞에서 교수님께서 나물 캐러갔던 아주머니들이 이 양의 시신을 보고 혼비백산을 했다고 말씀하셨잖아요. 트라우마가 생기거든요. 변사체를 목격하고 발견한 분들의 경우에도 트라우마가 굉장히 오래 간다고 해요. 그런데 아버지나 어머니, 그리고 유족들은 어느 정도일까요? 저도 상상조차 할 수가 없어요.

김복준 자식은 죽으면 평생 자식을 가슴에 묻고 살아야 해요. 그리고 어머니도 마찬가지지만 아버지는 자신이 자식을 지켜주지 못한 무능한 아버지라는 생각이 든다고 해요. 하물며 사건을 담당하는 경찰들도 하나같이 아이들이 죽지 않기를 바랐는데 얼마나 자책을 하고 가슴이 아프겠어요. 가족들의 사망 소식을 듣거나 시신을 확인하는 분들의 자책은 정말 말도 못해요. 꽃다운 아이들이 피어보지도 못하고 비참한 방법으로 살해됐는데 정성현이 소송할 입장일까 싶어요.

김윤희 소아기호뿐만 아니라 유아를 상대로 하는 성폭행 납치범은 대부분 면식범, 즉 아는 사람일 경우가 많아요. 아이들을 유인할 때 아이들에게 도움을 요청하는 방법으로 아이들이 거절할 수 없는 상황을 만드는 경우가 많아요. 그 후에 자신들이 유리한 공간으로 이동하는 경우가 많거든요. 저희 방송을 보시는 분들께서는 반드시 아이들에게 숙지시켜 주셨으면 좋겠어요. 물론 아이들에게 사람을 믿지 말라고 가르치시는 것이 마음에 걸리시겠지만 어쩔 수 없는 부분이 있는 것 같습니다.

김복준 어려운 사람을 돕지 말라고, 주변 사람들을 믿지 말라는 것을 가르쳐야 한다는 사실이 정말 기가 막힙니다. 그리고 맹점이 있어요. 아이들은 혼자 있을 때는 그렇게 행동을 하지만, 이 사건에서 보는 것처럼 여러 명일 때는 괜찮다고 생각할 수도 있어요. 아이들에게 이것도 반드시 알려줘야 해요. 정성현과 같은 범인들은 아이 두세 명을 데리고 가도 괜찮다고 생각해요. 아이들은 충분히 제압이 가능하기 때문입니다. 그리고 아이들의 입장에서는 혼자 가는 것이 아니라 친구와 함께 가기 때문에 상관없다는 생각으로 범인을 따라가는 경우가 많거든요. 정말 최악은 정성현과 같은 범인들이 이런 아이들의 순수한 마음을 이용한다는 거예요. 그렇기 때문에 그 부분까지 예상해서 아이들에게 말해줘야 해요.

김윤희 아이들은 같이 있는 친구를 버리지 못해요. 그래서 도망치지도 못하는 거예요.

김복준 그 부분이 함정이 되고 덫이 돼요.

김윤희 성폭행범들 같은 경우는 수법이 어떻게 바뀔지 알 수 없어요. 하지만 핵심은 하나예요. 아이들은 '너 없이는 아저씨가 어떻게 할 수가 없어. 도움이 필요해.' 라는 것에 가장 약하다는 사실을 알고 이를 이용한다는 거예요.

김복준 구독자 분들 중에는 아이들을 키우시는 분들도 있을 것 같아서 말씀드리는 것인데 이런 사건이 여자아이에게만 해당되는 것이 아니에요. 남자아이들도 범행을 당할 수 있기 때문에 마찬가지에요.

조금 전에 김윤희 프로파일러께서 말씀하신 것처럼 '나 어려우니 도와줘.' 라고 할 때는 정말 씁쓸하지만 거절하라고 가르치고 2명이든 3명이든 인원수를 믿고 따라가는 것도 안 된다고 가르쳐야 해요. 아이들은 구체적으로 가르쳐야 해요.

김윤희 부모님이 있는 곳으로 같이 가자고 하거나 엄마, 아빠에게 직접 전화해서 확인단계를 거치게 하도록 해야 합니다. 이런 것들을 가르쳐야 한다는 것이 너무 안타까워요.

김복준 씁쓸하지만 현실이 그렇습니다.

김윤희 정성현 사건은 선정하면서도 불편했고, 마음이 아픈 사건이었어요.

김복준 다시 한번 아이들의 명복을 빌겠습니다. 아이들은 범죄 없는 천국에 가 있을 것입니다. 부모님들께서도 용기내십시오.

김윤희 정말 죄송한 말씀이지만 한 말씀만 드릴게요. 저도 제가 경찰로서 직무를 열심히 했다고 자신 있게 말할 수는 없지만, 내가 스쳐 지나갔거나 내가 소홀히 다루었던 사건이 나중에 어떤 결과로 나타날지 모르기 때문에 힘드시더라도 조금만 더 신경써서 수사에 임해 주셨으면 좋겠습니다.

김복준 모처럼 김윤희 프로파일러께서 쓴소리를 하시네요.

김윤희 그냥 많이 살펴 봐 주시고 열심히 해주시고 힘들더라도 찾아봐주시고 삼사숙고해 주세요. 욕을 먹더라도 그랬으면 좋겠어요. 그러면 희생을 줄일 수 있지 않을까라는 생각으로 감히 말씀드려봤습니다. 오늘은 여기까지 하겠습니다. 고맙습니다.

9장

'퍽치기',
그리고 최초의 외국인 사형수,
왕리웨이

- '긴 머리 여성'이 타깃이라는 괴담
- 허름한 옷차림의 키가 작은 20대 남성
- '내가 다시 어려운 상황에 처하면 어떻게 할지 모르겠다.'
- 심신미약과 '만들어진' 트라우마
- 비공개 수사원칙과 정보의 공개 사이에서

김윤희 《대한민국 살인사건》입니다. 저희는 범인의 이름으로 살인사건을 이야기하기 때문에 '왕리웨이 사건' 이라고 하겠습니다. 그런데 일반적으로는 '안산 부녀자 망치 연쇄살인사건' 으로 알려져 있어요. 사용한 흉기가 망치뿐만 아니라 돌멩이도 있었습니다.

김복준 이를 '둔기' 라고 합니다.

김윤희 망치도 사용했어요. 한 번 사용했던 것 같아요. 이미 눈치채고 계셨겠지만 왕리웨이라는 사람은 중국인입니다. 한족이에요. 취업을 하기 위해 산업연수생으로 우리나라에 입국한 외국인에 의한 범행인데, 모두 11번에 걸쳐서 범행이 이루어졌어요. 총 11번에 걸친 범행으로 2명이 사망했고 9명이 중상을 입은 사건입니다. 이 사건은 2000년 4월에서 6월 사이에 벌어진 일인데요. 여성들이 계속해서 공격을 당했기 때문에 안산 일대에서는 '늦은 밤에 긴 머리 여성들을 노린다.' 는 소문이 파다하게 퍼졌다고 해요.

김복준 2000년이면 제가 경기도 경찰청 소속으로 재직하고 있을 때였어요. 그래서 이 사건에 대한 기억이 생생합니다.

김윤희 저는 이 사건을 잘 몰랐어요. 인터넷 뉴스 등의 자료를 찾아봤는데 사람들이 느낀 공포심이 굉장했다고 하더라고요.

김복준 이 사건에 대한 기억이 생생한 이유는 제가 현직에 있을 때의 일이고 안산에 근무하지는 않았지만, 제가 근무하던 경찰서 관내에서도 이 사건과 관련된 반상회가 열릴 정도로 심각했던 사건이었기 때문이에요. 당시에는 아파트나 단독주택 할 것 없이 이런 사건이 발생하면 반상회를 통해서 알려주고 그랬거든요. 반상회가 안산뿐만 아니라 경기도 전역에서 열렸다는 것은 당시에 이 사건으로 인해 시민들이 느낀 공포감이 엄청났다는 것을 말해준다고 생각합니다. 광장히 중요하게 다루어진 사건입니다. 지난 번 사건에서도 말씀드렸던 것처럼 우리나라에 61명의 사형수가 있었는데 얼마 전에 1명이 사망했기 때문에 이제는 60명의 사형수가 교도소에서 복역을 하고 있습니다. 사형수라는 명칭은 '사형 확정자'라고 부르는 것이 정확한 표현이라고 합니다. 60명의 사형 확정자 중에서 왕리웨이는 최초의 외국인 사형 확정자입니다.

김윤희 제가 알아봤더니 사형 확정자 중에는 조선족도 2명이 있더라고요. 그런데 이 사람은 중국인이고 한족이기 때문에 우리와 혈통까지 완전히 다른 순수한 외국인으로는 유일한 사람인 것이에요.

김복준 네, 그렇죠. 이 사람은 한족이고 중국 사람입니다. 최초의 외국인 사형 확정자라고 이야기하면 될 것 같아요.

김윤희 최초의 외국인 사형 확정자가 발생했던 사건에 대해서 알아보도록 하겠습니다. 이 사건은 일종의 '퍽치기 사건'의 형태로 보시면 될 것 같아요. 첫 번째 사건은 2000년 4월 25일이었습니다.

김복준 그런데 첫 번째 살인사건은 2000년 4월 28일입니다. 살인사건부터 알아보도록 하죠. 2000년 4월 28일 23시 경기도 안산시 서부동 주택가의 골목길입니다. 피해자는 야근을 마치고 귀가 중이던 24세 여성인 회사원 남 씨입니다. 남 씨가 집 근처까지 왔을 때였던 것 같아요. 집 근처의 골목길에서 뒤통수를 2번 정도 둔기로 가격당하고 안면도 2번 정도 가격을 당했어요. 모두 4번에 걸쳐서 머리 부분을 집중적으로 가격당한 것 같아요. 자세히 묘사하기 그렇지만 일단 사람이 뒤쪽에서 공격을 당하면 돌아보게 되잖아요. 안면을 공격했던 것은 그래서였을 것입니다. 당시 범행에 사용했던 둔기는 돌이었던 것 같아요. 두개골 골절과 두부 파열로 사망을 했어요. 그런데 나중에 남 씨의 사망시간을 추정했는데 당일 밤 9시 30분~10시 사이였습니다. 사체의 경직상태나 혈액의 응고상태로 사망시간을 추정해서 나온 시간입니다.

김윤희 네, 남 씨가 발견된 시간은 밤 11시지만, 실제로 사건이 발생한 시간은 밤 9시 30분~10시 사이라고 추정했던 것입니다.

김복준 그렇습니다. 그리고 현금 3만 원을 강취했어요.

김윤희 당시에는 목격자가 없었어요. 골목길이고 9시 30분~10시 사이라고 하면 목격자가 있을 법도 하지 않나요?

김복준 주택가의 한적한 골목길에서 범행 대상을 노리고 있다가 급습했던 것 같아요.

김윤희 그런데 현금이 없어졌다는 것이죠?

김복준 네, 3만 원입니다. 여기까지는 전형적인 '퍽치기'로 보여요. 퍽치기는 가격해서 기절시키고 돈만 훔쳐서 도망가는 방식의 범죄인데 어쩌면 운이 없어서 사망했을 수도 있어요. 한때는 깨진 보도블록 같은 것으로 행인의 뒤통수를 때리고 금품을 훔쳐가는 퍽치기 사건이 많았거든요.

김윤희 네, 특히 술에 취한 행인들을 노린 퍽치기 사건이 많았어요.

김복준 제가 예전에 다루었던 퍽치기 사건의 피해자는 방위병이었어요. 지금은 아마 공익근무요원이라고 하는 것 같은데 당시에는 방위병이라고 했어요. 술 한잔 마시고 집으로 돌아가는데 뒤에서 보도 블럭을 들어서 뒤통수 때렸어요. 방위병이 무슨 돈이 있었겠어요. 신고를 받고 제가 현장에 갔는데 피해자의 안구가 튀어나와 있는 거예요. 그 정도로 심각한 상처를 남기고 훔쳐간 돈이 불과 5,000원이었어요. 그 사건의 범인 잡느라고 고생했어요. 나중에 파주에서 검거했거든요. 당시에는 퍽치기 사건이 많았어요. 영화 《와일드 카드》인가요?

김윤희 네, 쇠구슬을 이용해서 퍽치기 하던 장면이 저도 기억나요.

김복준 영화에서는 긴 헝겊주머니에 쇠구슬을 넣은 다음 사람을 향해 휘두르는 아주 잔인한 방법으로 퍽치기를 했어요. 그런데 이 사건에서는 돌을 이용해서 길 가는 여성을 구타했어요. 퍽치기를 해서 단지 3만 원을 훔쳐간 것처럼 보이지만 피해 여성이 사망했어요.

김윤희 네, 여성이 사망을 했어요. 그런 사건이 일어나면 현장에서 검시를 하는데 이 사건은 일반적인 퍽치기와는 상당히 다른 형태였어요.

김복준 완전히 달랐어요. 천인공노할 인간이에요. 왜 남의 나라에 와서 그런 범행을 했는지 모르겠어요. 어떤 식이냐면 여성을 때려서 기절시켰잖아요. 현금 3만 원을 챙겼어요. 어쨌든 범행을 하고 사람을 죽였잖아요. 그 와중에 피해여성의 옷을 벗깁니다. 그러고는 중요부위에 나뭇가지를 삽입했습니다. 결과적으로는 자신이 살해한 사람에게 성추행까지 했던 거예요. 한마디로 기가 막히는 일이에요.

김윤희 상상조차 할 수 없는 일인 것 같아요. 저희가 아주 자세하게 묘사하기는 어렵지만, 간단히 상황을 정리해 보면 자신이 뒤통수를 가격해서 피를 흘리고 기절한 상태에 있는 피해 여성의 옷을 벗긴 다음에 자신의 욕구를 해소하고 있었던 것입니다. 일반적인 상식에 비추어 보면 범행 장소가 골목길이기 때문에 발각될 것이 두려워서 일단 도망을 가야 하잖아요.

김복준 그렇죠. 도망가기 바쁘죠. 그런데 그곳에서 피해 여성의 옷을 벗기고 나뭇가지를 이용해서 추행을 했던 거예요.

김윤희 교수님, 그런 상황이 펼쳐져 있는 현장에 나가면 아시잖아요. 이것은 심상치 않은 범인이라는 것을 직감하게 되잖아요.

김복준 그렇죠. 너무 이상한 놈인 거죠. 경찰 입장에서는 그냥 퍽치기 사건이 아닌 거예요. 퍽치기라고 하기에는 너무 이상하거든요.

김윤희 정신적으로 이상하다는 생각이 들어요. 정신병이 아니라 정신적으로 이상한 사람, 즉 변태나 성적인 부분에서 도착이 있는 성도착증이 있는 사람이라는 판단을 해요.

김복준 2000년이었잖아요. 경찰 입장에서 이런 사건이 터지면 가장 먼저 동일수법의 전과자들을 찾았을 것입니다.

김윤희 네, 변태성욕자나 성적으로 각성된 사람, 그리고 퍽치기나 노상강도 등의 전과가 있는 사람들을 추적하게 됩니다.

김복준 그 명단을 뽑아서 하나하나 면담을 하면서 알리바이를 확인합니다. 이런 방식으로 수사를 진행하고 있는데 사건이 다시 발생합니다.

김윤희 이번에도 연달아서 퍽치기 사건들이 발생합니다. 그 와중에 다시 사망사건이 일어납니다.

김복준 앞에서 말씀드린 총 11번의 사건 중에서 피해자가 사망했던 사건 하나를 자세하게 설명했습니다. 그 과정에서 성폭행과 퍽치기 사건이 9번이나 더 있었어요.

김윤희 사실 피해자들이 사망하지는 않았다고 하더라도 가격을 당한 피해자들은 중상해를 입게 되거든요.

김복준 두 번째 사망사건이 일어난 시간은 6월 29일 04시입니다. 첫 번째 사건이 4월 28일이었잖아요. 두 달 남짓 지난 시점이었어요. 사건 장소는 첫 번째 사건이 일어난 안산시 서부동의 주택가 골목에서 1km 떨어진 지점인 안산시 원곡동의 한 주유소 앞길이었습니다. 주유소 앞길에서 이번에 피해를 당한 여성은 40대의 신 씨입니다. 이분은 새벽 기도를 하러 가는 길이었어요.

김윤희 저는 가끔 걱정이 되는데요. 새벽 기도를 하러 가시는 분들의 투철한 신앙심에 대해서는 존중하지만, 새벽에 혼자 다니기 때문에 범행의 타깃이 되는 경우가 많거든요.

김복준 새벽 기도를 하러 가거나 마치고 귀가하는 도중에 강도를 당하는 분들이 생각보다 많은 것은 분명해요.

김윤희 현장에서 그런 사건들을 접하다 보니 그 부분은 항상 걱정이 됩니다.

김복준 저는 가끔 형사계장이나 수사과장과 함께 교회에 가서 목사님을 만나면 '목사님 새벽 기도를 하는 것은 어쩔 수 없는 일이지만, 다만 새벽 기도를 마치고 귀가하시는 분들은 가능하면 한 팀으로 묶고, 또 가능하면 남성 신도 분들이 여성 신도 분들을 집에 바래다주는 것이 좋습니다.' 라는 이야기를 많이 했어요. 제가 근무했던 동두천 쪽에 있는 교회의 목사님들은 새벽 기도를 마치고 신도들을 바래다주는 조를 구축해서 운영하기도 했어요.

김윤희 성경책을 가슴에 품고 가는 모습이 어둠 속에서는 마치 소중한 물건이 들어있는 가방을 들고 있는 것처럼 보이기 때문에 범행의 대상이 되는 경우가 많아요.

김복준 이전에 저희가 방송에서 다룬 사건들 중에도 그런 사건들이 많았잖아요.

김윤희 새벽 기도를 다니시는 분들은 유의하셨으면 좋겠어요.

김복준 목사님들도 참고해 주시면 좋겠습니다. 생각보다 범죄도 많고 사고도 많아요. 새벽 기도를 마치고 차가 다니지 않는 도로를 건너다가 과속하는 차량에 치어서 사망하는 분들도 많거든요.

김윤희 새벽 기도를 다니시는 분들뿐만 아니라, 새벽에 활동하시는 분들은 모두 유의하셔야 할 것 같아요.

김복준 40대 주부인 신 씨는 새벽 기도를 하러 가기 위해서 주유소 앞길을 지나다가 당했던 거예요. 이분은 현장에서 사망하신 것은 아니에요. 다행히 지나가던 행인이 발견해서 병원으로 옮겼지만 너무 늦었던 거예요. 과다출혈로 인한 쇼크사로 사망했어요. 이분은 현금 4만 원과 금목걸이를 빼앗겼어요.

김윤희 이 모든 사건들이 반경 2km 내에서 발생했어요.

김복준 이 지역에 연고가 있는 범인인 것이죠. 버퍼존Buffer zone이 있는 거예요.

김윤희 이럴 때 경찰들은 긴장할 수밖에 없어요. 그 지역에서 사건이 계속해서 발생하고 있는데 그런 상황에서 사망 사건이 두 건이나 발생했기 때문에 긴장상태일 수밖에 없었을 거예요.

'긴 머리 여성'이 타깃이라는 괴담

김윤희 지금은 노상범죄가 CCTV 때문에 거의 사라졌어요. 하지만 제가 알기로 노상범죄는 2000년대 초까지는 검거하기 가장 어려운 사건들 가운데 하나였어요. 증거물 확보도 힘들고 목격자가 없으면 범인을 특정하는 것도 어려웠어요. 당시에는 수사 과정에 많은 어려움이 있었을 것 같아요.

김복준 노상범죄는 야외에서 발생하기 때문에 나중에 증거물을 수집하기가 어려워요. 이 사건의 경우에도 머리 부분과 안면의 손상이 너무 심해서 얼굴을 알아볼 수 없을 정도였어요. 결국 이분 역시 과다출혈로 사망하게 됩니다. 범행 수법은 첫 번째 사건과 똑같아요. 돌로 공격한 다음에 옷을 벗기고 성추행을 했어요. 중요부위를 훼손한 것도 공통점이었어요. 경찰의 입장에서는 성적으로 이상욕구를 가진 범인이라는 사실이 분명해진 것입니다. 그리고 '긴 머리 여성을 노리는 살인마'라는 괴담이 퍼지기 시작했습니다.

김윤희 이런 사건이 발생하면 먼저 피해자 분석을 해요. 처음에는 외모로 판단할 수밖에 없거든요. 그래서 피해자들의 외적인 부분에서 나타난 공통점을 조사하는데 공교롭게도 피해자들이 '긴 머리를 가진 여성'이었던 거예요. 강호순 사건이 일어났을 때에는 '롱부츠를 신은 치마 입은 여성'을 노린다는 말이 있었어요. 외적인 부분들을 먼저 분석하기 때문에 '긴 머리를 가진 여성'이 타깃이 되었다는 '괴담'이 퍼졌을 것이라고 생각합니다.

김복준 나중에 찾아봤더니 11건의 사건과 관련해서 제가 분석한 기록이 있더라고요. 이 사건들의 공통점을 제가 들고다니던 조그마한 수첩에 적어놓은 것이었어요. "1. 심야 2. 혼자 귀가 여성 3. 뒤따라감 4. 인적 없는 골목 5. 길가의 돌 사용 6. 뒷머리 공격 7. 소지품 강취 8. 옷을 벗겨 성추행"이라고 제 수첩에 적어둔 것이 있어서 찾아 왔습니다.

김윤희 그 부분이 포인트이기 때문에 범죄수법, 즉 MO^Modus Operandi라고 할 수 있겠네요. 전반적으로 범죄수법을 적어두신 내용인 것 같아요.

김복준 경기도 경찰청 산하의 모든 경찰들을 상대로 안산에서 발생한 사건의 공통점으로 "1. 심야 2. 혼자 귀가 여성 3. 뒤따라감 4. 인적 없는 골목 5. 길가의 돌 사용 6. 뒷머리 공격 7. 소지품 강취 8. 옷을 벗겨 성추행"이라고 해서 이 내용을 교양했던 것 같아요. 그 내용을 제가 수첩에 적어뒀던 것입니다.

김윤희 신기하게도 실제로 범인들은 '패턴'을 벗어나지 못해요. 심야에 활동하던 범인이 범행시간을 낮으로 바꾸는 경우 많지 않아요. 반대의 경우, 즉 낮에 범죄 활동을 하던 범인이 범행시간을 심야로 바꾸지 않아요. 뿐만 아니라, 여성을 타깃으로 하는 경우에는 계속해서 여성을 대상으로 범행을 하는 경우가 대부분이기 때문에 수법조회를 하는 것이 상당한 효과를 거두게 됩니다. 교수님께서 수첩에 적어둔 8가지도 그런 것의 일부분인 것 같습니다.

김복준 제 수첩에서 찾아본 거예요. 이 시기에 제가 사용했던 수첩을 아직 가지고 있더라고요.

김윤희 경찰들은 1년에 한 번씩 경찰수첩을 받아요. 거기에는 자신이 다룬 사건들에 대한 기록이 있는데 저는 퇴직할 때 모두 소각했습니다.

김복준 저도 상당한 분량의 기록들을 소각했는데 일부 남은 것들 중에 이 사건에 대한 기록이 있더라고요. 제가 30년 가까이 일기를 썼어요.

그 일기장 속에 있는 기록이에요.

김윤희 일기장까지 찾아 보셨어요?

김복준 지금은 펜으로 일기를 기록하지는 않아요. 집에 있는 작은 방에 가면 일기장으로 가득합니다. 제가 일기를 오랫동안 썼어요.

김윤희 교수님께서 너무 힘들 때 본인에게 편지를 썼다고 말씀하셨잖아요.

김복준 네, 제가 저에게 편지를 쓰기도 하고 그랬어요.

사건으로 돌아가서 아무튼 그 수첩에 '은밀한 부위 훼손(엽기적 행각, 범인의 성향과 특징)'이라고 적었더라고요. 두 번째 피해를 당한 여성분은 말씀드린 것처럼 병원으로 옮겼지만 5일 만에 사망했어요. 결국에는 과다출혈로 의식을 회복하지 못했던 거예요. 그래서 경찰은 두 번째로 희생된 여성 신 씨로부터 단서가 될 만한 것을 얻지 못했어요. 그분의 의식 회복을 기원하면서 사건해결에 도움이 될 수 있는 진술도 듣고 싶었을 거예요. 하지만 혼수상태에서 의식을 회복하지 못하고 사망하신 거예요.

김윤희 사건의 설명을 듣고 난 후에 '아니, 그러면 범행을 당한 다음에 살아있는 분들의 증언을 들으면 되는 것 아닌가?'라는 의문을 가지고 있는 분들도 있을 것 같습니다. 물론 그분들의 증언을 들을 수도 있습니다. 하지만 실제로 길에게 가격을 당한 후에 상황을 파악하는 것은 어려운 일이기 때문에 사건이나 범인에 대해 기억하고 있는 내용이 거의 없는 경우가 많아요. 극심한 공포감 속에서는 혼돈상태에 빠지게 되고 어둠, 공격 등의 감각적인 부분만 기억할 뿐, 목격한 사람의 얼굴을 기억하는 것은 굉장히 어려워요.

김복준 더구나 무방비 상태에서 후두부를 둔기로 가격당하면 사물을 제대로 볼 수 있는 상황이 아니에요. 제가 앞서 말씀드린 방위병의 경우처럼 뒤통수를 때렸는데 안구가 튀어나올 정도거든요.

김윤희 실제로 목격을 했다고 하더라도 심야에는 가로등이나 훤히 비치는 불빛이 없으면 얼굴을 정확하게 기억하지 못해요. 키나 체격을 판단하는 정도입니다. 피해자의 경우와는 달리 목격자의 경우에는 사람을 정확하게 목격했는지, 주변에 가로등과 같은 불빛이 있었는지, 또는 다른 종류의 불빛이 주변에 있었는지에 대해서 꼼꼼하게 체크를 합니다.

김복준 네, 그리고 세 번째 사건이 일어납니다. 이 세 번째 사건은 경찰 입장에서는 천재일우의 기회였어요. 6월 19일에 두 번째 범행이 있었고 피해자 분이 사망했잖아요. 그로부터 얼마 지나지 않은 6월 25일 새벽 4시예요. 두 번째 사건의 범행시간도 새벽 4시였잖아요. 그리고 범행 장소도 첫 번째 사건과 두 번째 사건의 근처예요. 서부동과 원곡동 근처인 안산시 신길동이고 주유소 앞길이었어요. 주유소 앞길에서 30대의 여성 변 씨가 돌로 공격을 당했어요. 금품 갈취를 당했는데 현금 20만 원과 10만 원짜리 수표 3장이 있었어요. 그래서 모두 50만 원 상당의 피해를 입었습니다. 그런데 이분은 쓰러진 뒤에 행인에 의해서 빨리 발견이 됐어요. 사고를 당한 후에 구조되었고 중환자실에서 치료를 받아서 다행히 목숨을 구할 수 있었습니다.

김윤희 다행히도 이분이 범인의 인상착의를 기억하고 있었어요.

김복준 그렇습니다.

김윤희 결정적인 것은 아니지만, 허름한 옷차림에 신장이 작은 20대 남성이라고 진술을 했습니다.

김복준 네, 그렇게 진술했어요. 엄청나게 중요한 내용이거든요. 그런데 이 사건, 즉 조금 전에 설명을 드린 6월 25일 새벽 4시에 일어난 사건 직전에 바로 그 지역에서 또 다른 사건이 있었던 거예요. 이것은 정말로 어이가 없어요. 사건 당일인 6월 25일 새벽 2시에 안산시 와동의 상가 1층에 있는 화장실에 30대 여성이 들어가는데 왕리웨이가 따라 들어갔어요. 그때는 망치를 들고 있었어요. 망치로 그 여성을 공격하려고 했는데 실패합니다. 아마 화장실의 공간이 좁아서 공격을 할 수 있는 공간 확보가 어려웠고, 움직임도 여의치 않았기 때문이었을 거예요. 그리고 피해 여성분도 심하게 반항을 했을 것 아니겠습니까? 결국 범행에 성공하지 못하고 도주를 했습니다.

김윤희 왕리웨이 사건에서 망치는 처음으로 등장한 것입니다. 그런데 왕리웨이 같은 경우에는 새로운 범행 수법으로 망치를 사용했는데 결과적으로 실패했잖아요.

김복준 그래서 다시 돌을 사용했던 것입니다. 범행에 실패하고 도주한 당일 2시간 뒤인 새벽 4시에 주유소 앞에서 여성 변 씨를 공격했고 현금 20만 원과 10만 원짜리 수표 3장을 갈취했습니다. 다행히 피해 여성은 목숨을 건졌습니다. 그리고 진술한 내용이 말씀하신 허름한 옷차림에 20대의 신장이 작은 남성이라는 것이었어요. 그런데 경찰에서는 이때까지도 사건을 숨기려고 했어요. 저는 이런 경찰의 관행에 문제가 있다고 생각해요.

'허름한 옷차림의 키가 작은 20대 남성'

김윤희 그런데 수사를 하는 수사진의 입장에서는 연쇄냐 연쇄가 아니냐는 것이 엄청난 압박으로 느껴질 수밖에 없어요. 교수님께서도 잘 아시지만, 언론에 연쇄사건이라는 보도가 나가는 순간부터 수사를 하는 것보다 언론에 대비하는데 더 많은 시간을 소비할 수밖에 없어요.

김복준 언론 보도를 쫓아가면서 수사할 수밖에 없어요. 언론에서 수사 방향을 제시하면서 보도를 이어가거든요. 그런 부분이 있기 때문에 수사 내용을 숨기는 것도 이해할 수 있지만, 이 정도로 심각한 상황에서 사건을 숨기려고 하는 것은 문제가 있다는 생각입니다. 새벽에 여성들이 귀가를 하다가 공격당하는 상황이 이어지고 있었잖아요. 그 문제는 수사상의 편의로 접근하면 안 되는 것이잖아요. 공개했어야 한다고 생각합니다. 실제로 2000년 당시에는 강력사건이 발생하면 숨기기에 급급했어요. 이유는 아시죠. 문책을 받을 것을 염려해서였어요.

김윤희 저도 정남규를 수사하는 과정에 참여했는데 정남규 사건이 연쇄살인사건이라는 사실이 알려진 것은 사건이 발생하고 한참 후의 일입니다. 그것도 언론의 취재를 통해서 밝혀진 내용이었습니다. 유영철의 경우도 마찬가지입니다. 연쇄살인사건 중에서 경찰에서 연쇄살인사건이라고 밝힌 경우는 거의 없어요.

김복준 당시에는 강력사건에 대해서 쉬쉬하는 경향이 있었어요. 그것은 정말 잘못된 관행 때문이었어요. 관내에서 강력사건이 발생하면 이유를 불문하고 사건을 예방하지 못했다고 문책을 했습니다. 경찰서장이나 생활안전 파트에서는 범죄를 예방하지 못했다고 문책을 당했고, 발생한 사건을 빨리 해결하지 못하면 수사 파트에 책임을 물었어요. 높은 자리에 계신 분들은 굉장히 편리해요. 왜냐하면 그분들은 강력사건이 발생하면 범죄예방을 못했다고 관련부서를 징계하고, 적정한 시간 지나서도 범인을 검거하지 못하면 역시 관련부서를 징계를 하면 되기 때문이에요. 그리고 그분들은 그냥 빠져나가는 거예요. 그런 문제적 관행이 있었기 때문에 일선 경찰서에서는 강력사건이 발생하면 숨기기에 급급했던 거예요. 정말 나쁜 관행이었어요. 심지어 절도사건이 빈발하는 농촌지역을 중심으로 농산물이나 소를 도둑맞는 사건이 일정 기준을 초과하면 해당 경찰서장과 파출소장을 징계하는 것까지도 일종의 관행이었어요. 예전에 경찰 수뇌부의 생각하는 방식은 오직 '면피'에 초점이 있었던 것 같아요. 그들의 면피 방식이 수사 시스템에도 작동했던 것이라고 생각해요. 그렇다고 해서 이 사건을 숨긴 경찰의 행동이 바람직하다는 것은 아닙니다. 다만 그런 현실이 있었다는 사실을 설명 드린 것입니다.

김윤희 추가적으로 말씀드리면 '생활안전'은 우리가 이야기하는 지구대나 파출소처럼 지역의 안전을 담당하는 부서를 말합니다. 생활안전이라는 말의 의미를 잘 모르는 분들이 있을 것 같아서 설명 드렸습니다.

김복준 그렇게 사건을 숨기고 있다가 두 번째 사건이 터졌던 것입니다. 두 번째 사건 직전에 상가 화장실에서 미수에 그친 사건이 있었잖아요. 경찰에서도 더 이상은 숨길 수 없어서 세 번째 사건이 발생한 이후부터 공개수사로 전환했던 거예요. 공개수사로 전환하지 않을 수가 없었어요. 지역 언론이나 방송에서 속보로 이 사건이 보도되기 시작했기 때문이에요.

김윤희 이 정도의 사건이 보도되지 않는 것이 더 이상한 일이었을 거예요.

김복준 인터넷 기사도 올라오고 게시 글도 범람하고 있었어요. 어쩔 수 없이 공개수사로 전환했던 거예요. 아마 당시에 경기도 전역의 아파트 단지에서 반상회를 열었을 거예요. 구독자 분들 중에서 혹시 반상회가 무엇인지 모르는 분들도 있을 것 같아요.

김윤희 제가 어렸을 때는 반상회가 있었던 것 같은데, 서울로 온 이후로는 반상회를 한 기억이 없어요.

김복준 지금은 도로명주소로 바뀌었지만, 과거에는 통반 주소를 사용했어요. 그래서 주로 '몇 통 몇 반에 산다.'고 했거든요. 통반 주소에서 '몇 반'에 해당되는, 즉 22통 3반에 거주한다고 하면 3반 거주하는 사람들이 어느 집에 모여서 정보를 공유했는데 그렇게 모이는 것이 반상회에요. 파출소장이나 동사무소의 공무원이 가서 우리 반에서는 어떤 일이 있었고 우리 동네에서는 무슨 일이 있었다는 식으로 반드시 범죄가 아니더라고 공지사항을 주민들에게 전달하는 반상회가 열리고는 했어요.

김윤희 요즘은 지구대나 파출소에서 지역협의회를 개최해서 관련자들이 참여하게 하는 방식으로 바꾸었더라고요. 반상회는 자체의 규모가 작았어요. 지구대에서 개최하는 지역안전협의회 역시 소수의 유지들이 참가해서 관련된 문제에 대해서 상의하는 방식이더라고요.

김복준 당시 반상회의 내용이 밤 시간에 외출을 자제하라는 것이었어요. 방송을 통해서도 보도되었기 때문에 주민들이 느끼는 불안감은 상당히 컸을 것입니다. 그와 동시에 범인을 빨리 검거하지 못하는 경찰에 대한 비난도 가중될 수밖에 없었겠죠. 어찌보면 지극히 당연한 거예요. 경찰의 입장에서는 발등에 불이 떨어진 상황이었어요.

김윤희 특히 퍽치기는 길을 가다가 뒤에서 공격을 당하는 것이기 때문에 마땅한 대처 방법이 없어요. 그래서 굉장히 위험하고 무서운 범죄라고 할 수 있어요.

김복준 세 번째 사건이 발생한 이후에도 그 일대에서 2달 동안에 부녀자 강도 성추행 사건이 7건이나 더 발생했어요. 2달 동안 범인을 잡지 못했는데 그동안에도 사건이 계속해서 발생했던 거예요. 검거를 못했지만 다행인 것은 이후에 발생한 7건의 피해자들이 모두 생존했다는 것입니다. 피해자가 사망한 사건은 저희가 살펴본 2건이 전부였습니다. 피해자들이 목격한 인상착의는 모두 동일했어요.

김윤희 허름한 옷차림에 20대의 신장이 작은 남성, 그리고 몸이 날렵했다는 내용들이 나왔어요.

김복준 경찰 입장에서는 정말로 미칠 노릇이었을 거예요. 안산의 모든 경찰들이 주민들의 '왜 못 잡느냐?'는 성화에 아주 초토화 됐을 거예요.

김윤희 제가 지구대 파출소에서 일할 때 지역에서 사건이 발생하면 주민들이 찾아와서 '왜 못 잡느냐?'고 말씀하시거든요. 굉장히 힘들었을 것 같아요.

김복준 그럼요. 그 부분은 국민의 당연한 권리예요. 세 번째 사건에서 현금과 수표를 빼앗긴 분은 운이 좋았던 거예요. 돌로 내리칠 때 움찔하면서 빗겨 맞았기 때문에 치명타는 피했던 것 같아요. 그래서 그분은 살아남을 수 있었던 것입니다.

김윤희 이분은 사건에 대해서 어느정도 인지를 하고 있었다고 해요. 이미 사건에 대한 소문이 돌고 있었기 때문에 대비한 것일 수도 있어요.

김복준 6월 25일 새벽 2시에 망치로 공격을 했던 사건이 있었고, 같은 날 새벽 4시에 현금과 수표를 빼앗아간 사건이 있었다고 앞에서 저희가 말씀드렸잖아요. 그런데 사실은 그 사건이 일어나기 전인 밤 10시에 사건 하나가 더 있었어요. 6월 24일 밤 10시에 원곡동 주택의 골목길에서 20세의 박 양이 귀가 중에 공격을 받았어요. 그런데 소문이 있었기 때문에 20세의 박 양은 골목길을 걸으면서 경계심을 가졌던 것 같아요. 누군가 자신을 따라온다는 것을 느꼈기 때문에 공격을 받았지만 피하면서 빗겨 맞은 거예요. 그래서 박 양은 현장에서 의식을 잃지 않았고 필사적으로 반항을 했기 때문에 도주할 수 있었던 것 같아요. 범행이 성공을 거두지 못하면서 도주한 여성이 신고한 것까지 합치면 6월 25일, 26일 밤에만 3건의 퍽치기 사건이 발생했던 거예요.

김윤희 이런 것들을 보면 범인의 마음이 급해진 것 같아요.

김복준 맞습니다.

김윤희 돈이 필요했기 때문에 급한 것이든, 자신의 불안 심리 때문에 급한 것이든 무언가에 쫓기고 있다는 것은 범죄의 요인이 됩니다.

김복준 4월 28일과 6월 19일에 피해자가 사망한 범죄 두 건은 이미 설명을 드렸잖아요. 그리고 6월 24일에는 엄밀히 이야기하면 밤 10시에 20세의 박 양을 공격했는데 빗겨 맞았고 대항했기 때문에 도주할 수 있었어요. 밤 10시에 있었던 범죄는 실패했어요. 그리고 다음 날 새벽 2시에 망치를 들고 화장실에 따라 들어갔는데 여기서도 실패했어요. 그리고 새벽 4시에는 범죄에 성공했던 것이라고 할 수 있어요. 범인이 피해 여성으로부터 현금과 수표 세 장을 훔쳐갔으니까요. 그리고 세 번째 여성에게도 나뭇가지를 이용해서 똑같은 방법으로 성추행을 했어요.

김윤희 상황이 이렇게 되면 경찰에서는 수사를 하고는 있지만, 20대 남성이라는 사실만으로는 용의자의 범위를 좁힐 수가 없잖아요. 그리고 범행이 이 일대에서 벌어졌기 때문에 근처에 사는 주민일 것이라고 생각했지만, 그렇다고 해서 수사범위를 확대하지 않을 수도 없거든요. 목격자들의 진술도 있었지만, 생각보다 갈피가 잡히지 않는 상황이었는데, 그때 결정적인 제보가 들어옵니다.

김복준 맞아요. 경찰 입장에서는 6월 25일 세 번째 범행에서 생존했던 여성분이 수표를 가지고 있지 않았다면 이 사건을 해결하는데 상당히 애를 먹었을 거예요. 동일 수법의 전과자 등을 찾아다니면서 수사를 진행했지만, 전혀 단서를 찾지 못하는 상황이었잖아요. 그런데 탈취당한 10만 원 수표의 번호를 파악했어요. 그리고 모든 은행에 그 수표가 돌아오면 즉시 경보를 발령하도록 준비를 해 놓은 상태였어요. 수표는 이서라고 해서 뒷면에 이름과 주민번호, 전화번호를 쓴 후에 은행에서 현금으로 교환을 해 주거든요.

김윤희 저도 이서를 했던 기억이 있어요.

김복준 예전에는 주민등록번호를 그냥 썼어요. 개인정보가 중요하다는 생각이 없었거든요. 예전에는 수배전단에도 주민등록번호가 나와 있었는데, 어린아이가 그 주민등록번호를 이용해서 인터넷 해킹을 해서 문제가 되기도 했잖아요. 그렇게 이서를 한 수표가 은행으로 돌아온 것이에요. 은행에서는 수표가 들어왔다는 연락을 경찰로 했던 거예요. 바로 경찰이 가서 이 수표를 챙깁니다.

김윤희 이제 이 수표가 어디에서 입금이 됐는지를 확인해야죠.

김복준 지문부터 채취하고 이서한 사람의 이름과 연락처를 파악한 다음에 그 수표가 마지막으로 사용된 곳을 찾았어요. 수표의 마지막 사용처는 슈퍼마켓이었습니다. 수표를 슈퍼마켓에서 휴대전화 요금을 지불하는데 사용했어요.

김윤희 슈퍼마켓에서 휴대전화 요금을 냈어요?

김복준 네, 결론적으로 말씀을 드리면 외국인이었기 때문에 선불 폰을 사용했던 것입니다.

김윤희 그렇기 때문에 슈퍼마켓 주인을 찾아가서 '어떤 사람이냐?' 고 물어 봤겠죠. 그랬더니 우리나라 말이 서툴렀는데 외국인 같다는 이야기를 합니다.

김복준 네, 중국인 같다고 했어요. 그 근처에 사는 것 같은데 슈퍼마켓에 자주 온다는 것이었어요. 그렇게 조사를 하는 중에 지문 조회의 결과가 나왔어요. 그 결과를 봤더니 앞서 말씀드린 24세의 왕리웨 이라는 중국 한족 불법체류자였어요.

'내가 다시 어려운 상황에 처하면 어떻게 할지 모르겠다.'

김복준 그런데 이 사건도 프로파일링을 했더라고요.

김윤희 네, 이 사건이 일어났을 때 저를 포함한 프로파일러 1기 생들은 아직 경찰이 아니었어요. 그래서 선배들이 프로파일링을 했을 것이라고 생각해요. 프로파일링의 내용은 "성적 이상욕구가 강하고 소득 수준이 낮은 자로 일정한 직업이 없고 학력이 낮고 대인관계가 원만하지 않은 것 등을 예상할 수 있다."라고 기록되어 있더라고요.

김복준 그리고 "무직자나 노숙자, 또는 단순 노무 종사자일 가능성 많다."고 했기 때문에 왕리웨이의 상황과 상당부분 유사하게 파악하고 있었어요.

김윤희 이렇게 실제로 프로파일링을 했을 때 형사분들은 "그 정도는 누구
나 다 알아."라는 반응을 보이거든요.

김복준 형사들도 이것과 정도의 차이는 있지만 나름대로 비슷하게 생각하
는 부분들이 있어서 그럴 거예요. 프로파일러가 없을 때에는 형사
들도 머릿속으로 프로파일링을 하고 있었어요. 본인은 자신이 하
는 행동이 프로파일링이라는 것을 알지 못했지만, 범인을 예측하면
서 수사를 진행하거든요. 저도 나름대로는 그렇게 프로파일링을
하면서 수사를 했어요. 다만, 그것이 프로파일링이라는 인식은 없
었어요.

김윤희 형사 분들도 나름대로의 프로파일링을 하지만, 프로파일러들은
체계화된 이론들을 이용하고 심리적 부분과 통계 자료 등을 이용
하거든요. 왕리웨이의 경우에는 프로파일링의 내용 중에 상당 부
분이 정확하게 일치했습니다.

김복준 왕리웨이는 7월 10일 밤 9시 30분에 체포되었습니다. 그럼 지금부
터는 왕리웨이에 대해서 알아보겠습니다. 왕리웨이는 1999년에 우리
나라에 왔어요.

김윤희 사건은 2000년에 일어났으니까 1년 전에 우리나라에 왔네요.

김복준 1999년 9월에 전남 목포의 방직공장에 산업연수생으로 입국한 것입
니다. 산업연수생 신분으로 입국해서 근무를 하다가 그곳에서 무
단이탈을 합니다.

김윤희 너무 힘들다는 것이 이유였습니다.

김복준 왕리웨이의 말에 따르면 공장장이 쇠파이프로 때린다고 고용주에

게 말을 했는데 고용주가 이를 암묵적으로 용인하고 사태를 방치해서 이탈했다고 합니다. 이것은 어디까지나 왕리웨이의 이야기입니다. 산업연수생으로 우리나라에 입국하면 지정된 공장에서 일을 해야 해요. 계약기간 동안에는 다른 곳으로 갈 수가 없거든요.

김윤희 계약기간 동안에 다른 곳으로 이탈하면 불법체류자가 됩니다.

김복준 산업연수생이 무단이탈을 하면 사업주들이 불법체류자로 신고를 합니다. 불법체류자가 된 왕리웨이는 당시에 외국인들이 많이 사는 경기도 안산으로 갔습니다.

김윤희 당시에 외국인 노동자들이 안산에 많았어요. 지인도 있고 해서 그곳에 가면 일자리를 찾을 수 있을 것이라고 생각했겠죠.

김복준 왕리웨이는 이미 불법체류자 신분이었고 수배가 된 상황이었기 때문에 안산으로 와서도 제대로 취직을 못합니다. 그래서 공사장이나 식당 등에서 일을 하면서 월세방과 고시원을 전전합니다.

김윤희 공사장이나 식당 같은 일자리를 얻는 것도 쉽지 않아요. 그래서 최소한의 경제적인 문제들도 해결할 수 없었기 때문에 범죄의 길로 들어선 것으로 보입니다. 실제로 퍽치기는 모든 종류의 강도 범죄 중에서도 거의 기술이 필요 없는 범죄이거든요.

김복준 네, 가장 원시적인 범죄이면서 가장 위험한 범죄입니다. 차라리 범죄에 대한 개념을 가지고 있는 범죄자들은 사람을 죽이지는 않아요. 개념 없고 범죄에 무지한 범죄자들은 뒤에서 머리를 가격하면 사람이 죽을 수 있다는 것도 생각하지 못하는 거예요. 어떤 면에서 보면 퍽치기는 살인미수를 적용해야 해요. 피해자가 살아 있어도 단순 강도가 아니라 살인미수를 적용하는 것이 합리적일 것 같아요. 정확하게는 강도 살인미수라고 해야겠죠. 너무나 위험한 범죄이거든요. 실제로 통계를 보더라도 퍽치기 범죄로 인해 사망한 사람의 수가 상당히 많아요. 왕리웨이를 검거한 후에 '왜 사람을 죽였나?' 고 물어봤는데 자기는 피해자들이 죽을 줄은 몰랐다고 이야기했어요. 말도 안 되는 거예요. 그렇게 때리면 죽을 수 있다는 것은 당연하기 때문에 미필적 고의가 성립이 됩니다. 그리고 '왜 범행을 했나?' 고 물어봤을 때에는 자신은 큰돈을 벌려고 중국에서 많은 돈을 써서 한국에 왔는데 생활비가 없어서 범행을 했다고 이야기했어요.

김윤희 왕리웨이는 자신이 무단이탈을 했고 불법체류자가 됐는데, 생활비조차 벌 수가 없어서 범행을 했다고 이야기했어요. 실제로 사건이 모두 11건이라고 했잖아요. 11건의 범죄를 통해서 확보한 돈이 불과 100만 원도 안 됐어요.

김복준 새벽에 길 가는 여성을 퍽치기 해서 무슨 큰돈을 챙기겠어요. 현금 20만 원과 수표 세 장을 챙겼을 때까지는 신났을 거예요. 원래 '꾼' 이라고 하는 범죄자들이라면 수표 세 장은 절대로 사용하지 않았을 거예요. 왕리웨이도 수표를 사용하면 문제가 될 수 있다는 생각을 했던 것 같아요. 한동안 쓰지 않고 가지고만 있었던 것 같아요. 왕리웨이가 계속해서 퍽치기를 했기 때문에 경찰 전체가 총동원되어서 압박을 했잖아요. 일도 못하고 범행을 할 수도 없고 돈은 떨어졌잖아요. 친구의 휴대전화를 빌려서 썼기 때문에 친구로부터 독촉을 당했겠죠. 그렇게 상황이 어려워졌기 때문에 버리지 않고 갖고 있던 수표 한 장을 사용했던 거예요. 이것이 검거에 결정적인 역할을 했어요.

김윤희 생각하면 아찔해요. 수표를 사용하지 않았으면 계속해서 범죄를 저질렀을 것이고 실제로 안산을 벗어나 다른 지역으로 옮겨갔다면 '여행성 범죄'가 될 수도 있었을 것 같아요.

김복준 생각만 해도 끔찍해요. 왕리웨이가 '큰돈을 벌기 위해 한국에 왔다.'고 했잖아요. 그 이야기는 중국에서 산업연수생 신분으로 우리나라에 입국하는 일이 쉽지 않다는 것이잖아요. 나름대로 수속과 절차를 밟는 과정에서 상당한 비용이 필요했겠죠. 그런데 스스로 무단이탈을 해서 불법체류자가 됐어요. 그렇다 보니 중국에 있는 여자 친구와도 소원해졌다고 하는데 그 부분도 스트레스로 작용했던 것 같아요. 나중에 다시 이야기했지만, 왕리웨이는 여성의 신체를 '관음'하는 행위나 가학적인 행위를 통해 성적인 만족을 추구하는 이상한 놈이었어요.

김윤희 그런데 본인은 성도착증이고 실제로는 성생활을 못한다고 했지만, 사실 이런 케이스의 대부분은 성적인 집착이 굉장히 강한 형태라고 할 수 있어요. 실제로 환경적으로만 보더라도 노상이고 범죄를 저지른 후에 자신이 노출될 수 있는 상황인데 자신의 성적인 환상을 실현하잖아요. 이것은 성적으로 굉장히 잘못된 관념을 가지고 있을 뿐만 아니라, 이미 성적으로 각성되어 있다는 이야기거든요.

김복준 그렇겠죠. 정상적인 성관계가 불가능하고 성도착증이 있었기 때문에 자신의 성적 욕구를 해소하기 위해서 그렇게 행동했던 것 같아요.

김윤희 이렇게 검거됐기 때문에 다행이라고 생각해요. 이런 식으로 범죄가 지속되었다면 펙치기뿐만 아니라, 실제로 자신의 성적 활동을 각성시키기 위한 범죄도 진행했을 것이기 때문입니다. 그래서 저는 이 사람 자체가 굉장히 가학적이라는 생각이 들었어요.

김복준 갈수록 진화했겠죠. 가학 행위는 진화가 특징이기 때문이죠.

김윤희 왜냐하면 자극을 느끼기 위해서는 가학 행위가 더욱 강해질 수밖에 없기 때문입니다.

김복준 나쁜 놈이에요. 왕리웨이가 사건 현장에서 나뭇가지를 꺾어서 했다는 행동을 생각하면 정말 어처구니가 없어요.

김윤희 그래서 재판부에서 사형을 선고할 수밖에 없었겠죠.

김복준 나뭇가지로 이상한 행동을 할 때 생존한 여성들이 얼마나 고통 받았겠어요. 조금 전에 말씀하신 것처럼 총 11번의 범행으로 100만 원 정도의 금품을 펵치기한 왕리웨이는 '한국인에 대해 상대적인 박탈감을 느꼈다.'는 이야기를 했어요. 저는 그것이 자신의 범행과 무슨 상관이 있는지를 이해할 수가 없어요. 그리고 '좋은 회사를 구해서 범행을 하지 않으려고 했는데 검거 되어서 아쉽다.'는 이야기도 했는데. 이 부분은 왕리웨이의 뻔뻔함을 그대로 드러내는 것 같아요. 정말 어이가 없더라고요.

김윤희 교수님께서도 잘 아실 거예요. 조서를 받으면서 이들에게 '왜 했나?'고 물어보면 '내가 피해자다. 나는 단지 한국에 돈을 벌어보겠다고 왔다. 많은 비용을 지불하고 한국에 왔고 열심히 살아보려고 했다. 그런데 결과적으로 당신들이 나를 이렇게 만든 것이다. 그리고 나는 마지막 범행을 끝으로 다음부터는 범행을 저지르지 않고 바른 사람으로 살아가려고 했다.'고 하면서 자기들을 합리화해요. 그동안의 범행 패턴을 보면 말도 안 되는 것이잖아요.

김복준 말도 안 되죠. 항상 그런 식이에요. '돈을 벌려고 비용을 들여서 왔다. 그리고 공장에서 열심히 일했는데 공장장이 때렸고, 맞은 것이 억울해서 업주에게 이야기했는데 업주도 무시해서 공장을 나왔다.' 결국 자신의 잘못은 없고 모든 것이 공장장과 업주의 책임이에요. 그리고는 '불법체류자로 있었기 때문에 나는 일할 곳도 없었다. 그런데 한국 사람들은 잘 먹고 잘 사는 것처럼 보여서 화가 났다. 그래서 범행을 했다. 그 범행도 좋은 직장을 얻으면 그만 두려고 했다. 그런데 재수 없게 잡혔다.' 는 것이에요. 이것이 왕리웨이가 말하는 핑계잖아요.

김윤희 정말로 범행을 하지 않을 수 없었던 이유는 경제적 목적이 아니었을 거예요. 왕리웨이는 성도착 때문에 범행을 했던 거예요. 우리가 생각할 때 성도착은 정상적이지 않은 것으로부터 성적 욕구를 느끼고, 또 그것을 정상적이지 않은 방법으로 해소하는 것이에요. 실제로 성도착증 환자들은 물품음란증이나 시체애호증 같은 것, 또는 가학 행위를 통해서 만족을 느끼거든요.

김복준 왕리웨이는 가학 행위를 통해서 만족을 느끼는 부류인 것 같아요.

김윤희 성도착은 중독성이 아주 강하고 고치기도 어려워요. 그들은 삐뚤어진 성적 관념을 가지고 있는데 이를 해소하지 않으면 스스로 불안 증세를 느끼기 때문이에요. 긴장상태가 완화 되지 않는 거예요. 성도착은 긴장을 해소하면 이완되고, 긴장이 해소되었기 때문에 쾌감을 느끼고 그 쾌감 때문에 다시 그 행동을 하는 것이에요.

김복준 그러면서 진화하고 더욱 잔인하게 행동하는 것입니다.

김윤희 그래서 범행이 계속될 수밖에 없어요.

김복준 제가 사건의 구체적인 내용을 일일이 설명하지 않았습니다만 다른 퍽차기 사건들이 있었잖아요. 범행을 당했지만 생존한 분들의 진술을 보면 왕리웨이는 모든 피해 여성들에게 그런 행동을 했어요.

김윤희 아마 그랬을 거예요.

김복준 여성의 중요 부위를 공격하는 행동을 했습니다. 정말 나쁜 놈이에요. '좋은 직장 얻어서 범행을 하지 않으려고 했는데 재수 없게 걸렸다.'고 대답을 했기 때문에 기자들이 다시 물어봤어요. '그러면 상황이 안 좋아지면 또 할려고 했나?'라고 물었어요. 그랬더니 왕리웨이가 '그것은 내가 어려워지면 어떻게 할지 모르겠다.'라고 했어요. 기자들의 질문에 '어려워지면 내가 어떡할지 모른다.'는 것은 정말로 무서운 이야기에요.

김윤희 정말로 자기 편의적인 발언인 것 같아요.

김복준 그렇습니다. 그나마 어마어마하게 비난을 받은 안산경찰서와 더 나아가서 경기도 경찰청의 강력반을 투입해서 수사했던 사안인데요. 다행히 10만 원 수표를 사용했기 때문에 검거할 수 있었어요. 죄명은 강도 살인이잖아요. 거기에 강도 살인미수 등의 죄도 추가되어 있었겠죠. 검거 후에 신속하게 재판을 진행했는데 2000년 12월 8일 수원지방법원 형사 1부에서 1심 판결이 내려졌는데 재판장이 백○○ 판사입니다. 그분이 강도 살인으로 사형을 선고했어요. "개인의 탐욕과 성적 호기심을 충족하기 위해서 무고한 부녀자들의 생명과 안전을 잔혹하게 짓밟음으로써 피해자들과 유족들에게 회복할 수 없는 충격과 고통을 줬다. 사회 공공의 안전과 질서에 심각한 위험을 초래했기 때문에 사형을 선고한다."라고 했어요. 사형선고를 했는데 속이 시원했어요. 그리고 왕리웨이가 항소했습니다. 정말 기가 막히는 것은 항소를 한 이유입니다. 왕리웨이가 중국에 있을 때 익사할 뻔한 일이 있었다고 해요. 물에 빠져서 죽을 만큼 힘들었다고 합니다. 중국에서 있었던 그 사고의 후유증이 있었다는 거예요. 사고 후유증 때문에 몸 상태가 좋지 않았다는 것인데 결국 심신미약이라는 이야기예요. 심신미약인데 더구나 불법체류자로 지내다 보니 후유증이 심해졌다는 이야기를 하면서 항소했습니다.

심신미약과 '만들어진' 트라우마

김윤희 제가 면담을 하면서 정말 많이 느낀 것이 있어요. 범죄자들을 면담하면 이들은 자기가 어릴 때 겪었던 트라우마를 이야기해요.

김복준 어떻게든 만들어요.

김윤희 네, 많이들 만들어요. 제가 프로파일러로 일을 시작했을 때는 면담 과정에서 그런 이야기를 들으면 '저 사람들도 힘들었구나.' 라는 생각했어요. 하지만 경력이 쌓이잖아요.

김복준 '항상 똑같은 이야기를 하는구나.' 라는 생각이 드시나요?

김윤희 네, 똑같아요. 패턴이 똑같아요. 먼저 원망하는 대상이 있어요. '내가 부모만 아니었다면……' 이라고 하는데 특히 어머니가 많아요. 연쇄살인범 대부분이 어머니와의 관계가 좋지 않았다고 하는데 실제로 어머니와의 애착관계가 사회적 관계나 애정관계 형성에 영향을 미친다고 하거든요. 그래서 그런지 이들의 대부분은 엄마가 원망의 대상이에요. 비난의 내용에도 패턴이 있어요. 주로 아버지는 아주 완고했는데 나를 엄격하게 훈육했다고 하는 것이 대부분이에요. 그러면 아버지를 미워할 것 같잖아요. 그런데 바로 다음에 자신을 어머니가 방임했다고 해요.

김복준 그 부분이 더 사무치는 거예요.

김윤희 나의 어머니는 나를 방치했다. 아버지로부터 나를 보호하지 않았다고 하거든요. 이야기를 듣다보면 아버지를 싫어하는 것 같은데 결과적으로는 어머니에 대해서 더 많은 불만을 가지고 있어요. 어머니와의 애착 관계가 제대로 형성되지 않았기 때문에 여자 친구들과도 원만한 관계를 형성하기 어려워요. 그런데 여성과의 관계가 잘못된 후에는 특정한 한 사람을 미워하거나 증오하는 것이 아니라 자신의 증오대상이 여성 전체가 되어 버리더라고요.

김복준 어떤 면에서는 엄마로부터 시작된 것이네요.

김윤희 면담을 진행하다 보면 자기 자신을 합리화하는 부분이 굉장히 많은데 스스로를 그 합리화하는 틀에 끼워 맞춰요. 결국에는 자신도 인생의 피해자라고 주장하는 것이 대부분이에요.

김복준 이 주제와는 관련이 없는데 군대를 다녀온 사람들은 느낄 거예요. 군대에서는 이름만 들어도 눈물 나는 것이 엄마에요. 군대생활을 할 때에는 '어머니'라고 하면 눈물이 나거든요. 아주 힘들게 훈련을 하거나 기합을 받은 다음에도 모두 세워놓고 어머니와 관련된 노래를 부르게 하면서 눈물을 쏟게 만들어요. 우리들에게 어머니라는 존재는 언제든 어디서든 애틋하고 그리운 존재인데 범죄자들에게는 어머니가 그렇게도 이용된다는 것이 서글픕니다. 저도 나이가 들어가면서 알게 되었어요. 예전에는 저도 아버지보다는 어머니에 대한 그리움이 많았어요. 아버지가 어머니를 가볍게 나무라는 소리만 들어도 '우리 아버지는 왜 엄마한테 함부로 하지.'라는 생각을 하면서 아버지에 대해 적지 않은 증오심을 느낀 적도 있어요. 그런데 세월이 가고 저도 어느 정도 나이가 되니까 요즘은 아버지를 생각하게 되더라고요. 저는 아버지와 가깝지 않았어요. 막내아들인데도 아버지와 목욕탕 한번을 같이 간 적이 없어요.

김윤희 아, 정말요.

김복준 그렇게 했던 제가 아들이 있어서 함께 목욕탕에 가고 싶다고 생각을 하거든요. 웃기는 것 같아요. 그런데 군대생활하면서 제대 말년에 휴가를 나왔다가 복귀를 해야 하는데 목욕을 하고 싶더라고요. 목욕을 가려고 하는데 아버지께서 '나도 목욕 가려고 하는데 같이 갈래?' 라고 하시더라고요. 저는 아버지와 함께 목욕을 가는 것이 내키지 않았지만 그렇게 말씀하시니까 어떨결에 '가시죠.' 라고 했어요. 아마 철이 들어서 처음으로 아버지와 목욕탕에 함께 갔던 것 같아요. 목욕탕에 가서는 떨어져서 목욕을 했어요. 가능하면 아버지와 붙어있지 않으려고 했는데 어느 순간에 주위를 봤더니 아들 같은 사람이 아버지 같은 사람의 등을 밀어주더라고요. 양심이 조금 꺼리더라고요. 그래서 '에이. 나도 때나 한번 밀어드려야겠다.' 는 생각으로 아버지 옆에 가서 등을 밀었는데 가슴이 아팠어요. 그때 아버지의 삶의 무게를 처음으로 봤어요. 제 아버지께서도 엄청 풍채가 좋으셨거든요. 그런데 거북이등처럼 껍질만 남아있는 앙상한 어깨를 보고 많이 울었어요. 아버지라는 개념이 내 머릿속에서 바뀐 순간입니다. 신해철의 〈아버지〉나 인순이의 〈아버지〉노래를 들으면 지금도 눈물이 나요. 나이가 들어가니까 아버지에 대한 개념도 달라지고 아버지 생각이 나더라고요. 어머니 이야기를 하다가 쓸데없이 아버지 이야기를 했네요. 사건과는 무관하기 때문에 다시 원위치 해야 할 것 같아요.

김윤희 다수의 범죄자들이 그렇게 합리화한다는 이야기이고요. 실제로 합리화하는 범죄자들도 있고, 또 어머니의 학대와 방임 속에서 연쇄살인범이 됐다는 사람도 있어요. 이런 환경 자체도 중요하지만, 더욱 중요한 것은 이런 것들을 인지하고 어떻게 자신들이 극복하느냐, 그렇지 않으면 상황을 합리화하면서 부정적인 것들을 키워 가느냐에 대한 판단인 것 같아요.

김복준 네, 다시 항소 이야기로 돌아가겠습니다. 앞에서 말씀드린 것처럼 물에 빠졌던 사고의 후유증이 있었는데 불법체류자로 불안한 생활을 하면서 후유증이 심해졌다. 그래서 자신은 심신미약의 상태였다는 거예요. 거기에 더해서 저녁만 되면 누가 나를 때리고 벌레가 온몸을 물어뜯는 것 같아서 밖으로 뛰쳐나갔다. 그리고 누군가를 공격함으로써 답답함을 해소했다. 이상한 충동을 느꼈고 견딜 수 없어서 그랬다는 거예요. 이것이 말이 되나요?

김윤희 교수님, 그런데 이렇게 말하는 범죄자들이 의외로 많아요.

김복준 그러면 '저녁만 되면 벌레가 나를 물고 뛰어나가서 누군가를 공격해야 답답함이 해소됐다.' 는 말은 왕리웨이가 다른 범죄자들을 참고한 것인가요?

김윤희 저도 처음에는 의문을 가졌어요. 신기하게도 전혀 만난 적 없는 범죄자들이 서로 아주 유사한 이야기를 하거든요. 망상이죠. 일종의 망상인데 자기를 공격하거나 아니면 뛰쳐나가거나 누구의 삶을 보고 싶다는 등의 충동이 일어나는 거예요. 그것의 진위여부를 파악하는 것은 어렵지만 이런 이야기에는 일정한 패턴이 있어요. '내부에서 충동이 일어나거나 공격당하는 영상이 떠올랐는데 밖으로 나가서 누군가를 공격하고 나면 해소된다.' 는 것은 연쇄살인범을 비롯한 많은 범죄자들이 실제로 이야기하는 패턴이기는 해요.

김복준 사실인지는 모르지만 왕리웨이도 이렇게 이야기하는데, 이것은 결국 자신이 심신미약이나 심신상실의 상태에서 범행을 했다는 이야기잖아요. 이 부분을 재판부가 간과했기 때문에 다시 심판해 달라는 것입니다. 그래서 항소를 합니다.

김윤희 이 부분은 구치소에 가면 항상 들을 수 있는 이야기일 것 같아요.

김복준 김윤희 프로파일러의 말씀을 듣고 보니 구치소에 가면 이렇게 이야기하는 놈들이 아주 많을 것 같긴 하네요. 왕리웨이는 중국인인데 어떻게 패턴이 똑같을까요? 중국도 사람이 사는 곳이기 때문에 비슷한가 봐요.

김윤희 실제로 망상을 갖거나 환상을 보는 범죄자들도 있고, 그런 충동을 느끼는 범죄자들도 꽤 많아요. 하지만 저는 이 부분 자체가 심신 미약이 될 수는 없다고 생각해요. 범죄를 저지른 이유가 충동적인 부분에 있다고 하더라도 자신이 그 충동을 제대로 조절하지 못한 것에 대해서는 책임이 있다고 생각하기 때문이에요.

김복준 그렇죠. 충동은 누구나 있어요.

김윤희 그런 것까지 심신미약으로 인정한다면 거의 모든 범죄가 심신미약의 상태에서 저질러졌다고 봐야 할 수도 있어요. 실제로 그 부분은 확인할 수 있는 부분이 아니에요. 무엇보다 중요한 사실은 정신적인 문제를 판단할 때에도 엄격한 기준이 있다는 것입니다. 어느 정도 지속되었는지, 스스로 통제를 할 수 없는 상황이 반복되었는지 등을 반드시 확인을 합니다. 그래서 저는 일회성이거나 단편적인 면만을 확인한 후에 심신미약을 인정하거나 허용한다는 것은 문제가 있다고 봅니다.

김복준 결국 자신이 심신미약 상태에서 저지른 범죄이기 때문에 1심의 사형은 부당하니 감형해 달라고 하면서 항소를 한 것이잖아요. 중국에 의뢰해서 왕리웨이의 전과를 조회했더니 폭력 전과가 하나 있었어요. 하지만 중국에서는 강력 범죄를 저지르지 않았습니다. 아무튼 항소심에서도 1심의 판결이 유지됐습니다. 제가 생각해도 감형을 해 주면 안 될 것 같아요. 판사가 "범행 동기나 방법이 인간성을 찾아볼 수 없을 정도로 비열하고 잔인하다."는 이야기를 하면서 항소심에서도 사형을 선고했습니다. 걸어가는 사람의 뒤통수를 둔기로 공격해서 금품을 탈취하고 그 와중에 여성들의 옷을 벗기고 이상한 변태 행위를 했다는 것은 정말로 비열하고 잔인한 것입니다. 고문보다 심한 행동이에요.

김복준 그리고 심신미약을 주장했지만, 정신감정 기록을 보면 '우울증이 있지만 사리판단에 영향 미칠 정도는 아니다.'라고 나와 있습니다. 그래서 2001년 6월 12일 고등법원에서 제5 형사부 이○○ 부장판사도 원심을 유지해서 사형이라고 판결을 했습니다.

김윤희 이 사건은 교수님께서 방송의 첫 부분에서 말씀하신 것처럼 범인이 최초의 외국인 사형확정자라는 점에서 특별한 사건입니다. 그리고 이 사건 때문에 국민의 알 권리와 수사과정에서의 수사기밀 유지라는 부분이 충돌하는 상황에서 어떻게 대처할 것인지에 대한 이야기도 나눌 수 있었습니다.

비공개 수사원칙과 정보의 공개 사이에서

김복준 분명히 말씀드리지만, 경찰이 사건을 감추려고 했던 것은 잘못한 것입니다. 경찰에서 그때그때 필요한 정보들을 사실대로 알려주지 않기 때문에 사건에 대한 괴담이 만들어지는 거예요. 범인을 검거하지 못해서 발생하는 문제보다 괴담이 만들어지고 그로 인해 훨씬 더 심각한 문제들이 발생하는 경우도 있습니다. 특정 사건으로 인해 국민들이 경찰을 불신하고 불안감이 증폭되는 문제는 경찰의 책임일 수도 있거든요. 저는 빨리 공개수사로 전환을 하고 경각심을 높이는 것이 올바른 대처라고 생각해요.

김윤희 비공개수사 원칙을 옹호하는 분들은 '이렇게 수사 과정이나 수사 기법을 공개적으로 이야기하면 모방 범죄가 발생할 수 있다.'는 말씀을 하시거든요. 물론 수사 과정이나 수사기법을 공개하는 것 때문에 모방 범죄가 발생할 수는 있습니다. 하지만 가장 중요한 것은 국민들의 안전이거든요. 이 사건에서도 생존한 분들을 보면 어떤 면에서는 범인에 대한 소문을 들었기 때문에 최악의 상황을 피한 것이라고 할 수 있어요.

김복준 네, 그렇습니다. 긴장을 하고 있는 상태였기 때문에 최악의 상황을 피할 수 있었던 것입니다.

김윤희 사건이나 범인의 특징을 인지하고 있느냐 그렇지 못하느냐에 따라 범죄에 대한 대비는 아주 큰 차이가 있어요. 실제로 찰나의 순간이 짧아요. 범죄에 대한 대응이나 준비는 예방의 효과는 물론 이 사건에서 나왔던 것처럼 사람의 생명을 구할 수도 있습니다. 그래서 수사의 효율성이라는 측면도 있겠지만, 예방이라는 차원에서도 공개하는 것이 바람직하다고 생각합니다.

김복준 20세의 박 양도 반상회에서 이 이야기를 들었어요. 그래서 늦은 밤에는 골목길을 피하고 싶었지만, 할 수 없이 골목길을 지나야 하는 입장이었던 거예요. 사건에 대한 이야기를 들었기 때문에 골목길을 가면서도 주위를 살폈고, 누가 다가오는 것을 눈치채고는 공격할 때 움찔해서 빗겨 맞았던 것입니다.

납치사건의 경우에는 '크리티컬 타임' 전까지는 수사기밀을 유지하고 감추는 것이 원칙입니다. 하지만 이렇게 무작위로 공격하는 사건의 경우에는 사람들의 경각심을 높이기 위해서라도 빨리빨리 공개하는 것이 바람직하다고 생각합니다. 이제는 경찰도 패러다임을 바꿔야 해요.

김윤희 특히 지금은 사건을 숨길 수도 없어요. 어디서 무슨 사건이 발생하면 '우리 지역에서 무슨 사건이 있었어요.'라고 해서 SNS를 통해서 즉시 알려지기 때문입니다. '맘카페' 같은 경우에는 시시콜콜한 정보까지도 하나하나 올라오거든요.

김복준 수사기밀이라고 말하면서 숨기면서 수사하는 시대는 끝났어요. 그리고 사건의 내용을 숨기면서 수사하는 관행에는 일부지만 언론도 일조한 측면이 있어요. 사건이 일어나면 언론에서 일방적으로 그 사건을 몰아가기도 해요. 자신들이 추정한 방향으로 수사를 옮겨갈 수밖에 없도록 하는 것입니다. 언론도 사명감을 가져야 하고 책임감도 느껴야 해요.

아무튼 이 사건은 항소심을 거쳐서 대법원까지 갔습니다. 대법원에서도 "동일한 방법으로 피해자를 물색하고 공격해서 금품을 강취하고 성추행하고 도주했다. 이 사건의 구체적인 행위에 대한 용서의 여지가 전혀 없다."라고 밝혔습니다. 그리고 원심의 판결을 그대로 확정합니다. 왕리웨이는 공식적으로 2001년 9월 14일 대법원에서 사형이 확정됐습니다. 현재 교도소에 수감 중에 있습니다. 혹시 외국인 교도소가 어디에 있는지 아세요?

김윤희 아니오, 저는 모릅니다.

김복준 청주 교도소입니다. 청주 교도소에 외국인 교도소가 있기 때문에 왕리웨이도 현재 그곳에 수감 중입니다. 저는 이런 것이 맞는지 잘 모르겠어요. 교도소에다 이런 사람들을 데려다 놓고 아까운 예산을 사용하고 있잖아요. 불법체류자 사건이라고 하면 대표적인 사람이 누군지 아시죠? 한국에 입국해서 불법체류자로 머물다가 참혹한 강력범죄를 저지른 대표적인 인물이 오원춘입니다. 오원춘 사건은 지난번에 다룬 것 외에도 따로 이야기하고 싶은 내용이 있습니다. 오원춘 사건에 대해서 이제는 밝혀도 될 것 같은 내용이 있는데 기회가 되면 오원춘 사건에 대해서 첨언하는 시간을 마련해 보겠습니다.

김윤희 불법체류자와 관련해서는 최근에 카자흐스탄 사람이 우리나라에서 어린아이를 해치고 출국해 버린 사건이 있었어요. 그 사람도 불법체류자였는데 불법체류자도 벌금을 내거나 자진출국을 하겠다는 의사를 밝히면 불법체류자 신분임에도 불구하고 출국을 허용하는 것이 문제가 됐거든요. 이 부분에 대해서도 보완할 방법을 강구하고 있다고 합니다.

김복준 본인이 자진출국의 의사를 밝혔다고 하더라도 조사를 해야 합니다. 일정 부분 불법체류한 것에 대해 벌금 등을 받고 출국을 허용하는 것보다는 일단 검거한 후에 국내에서 저지른 범행의 유무에 대해서 확인할 필요가 있습니다.

김윤희 그런 제도가 없어서 이 사람은 다음 날 출국할 수 있었어요.

김복준 그렇습니다. 자진출국의 형식으로 카자흐스탄으로 돌아갔어요. 그 사람은 인터폴에 수배해서 구속되었어요. 범인인도조약에 따라 구금인도 요청이 받아들여질 때까지 현지에서 구속 상태로 있어야 합니다. 저희 방송에서 영화 《집으로 가는 길》 등의 이야기를 하면서 그동안 외교부에서 일을 못한다고 비난을 많이 했잖아요. 그런데 이번에는 외교부에서 일을 굉장히 열심히 하셨더라고요. 카자흐스탄에서 사법부 등과 협력해서 범인이 스스로 한국으로 돌아오게 만들었어요. 이 사람이 돌아올 수밖에 없었던 이유는 그의 누나도 불법체류자로 한국에 들어와 있었기 때문입니다. 그런데 누나가 여권과 옷까지 챙겨서 출국을 도왔잖아요. 그 일과 관련해서 한국에 있는 누나를 검거했고 출입국보호소에 구금을 했기 때문에 부담을 느꼈던 것 같아요. 그래서 자수한 것입니다. 오원춘 이야기를 하다가 다른 사건으로 옮겨갔네요.

김윤희 죄송해요.

김복준 아닙니다. 외국인 강력범죄라고 하면 오원춘이 먼저 생각 나실 것입니다. 오원춘이라고 하면 저는 사형선고 후 1주일 이내 항소장을 제출해야 한다는 형사소송법 2편 2장 358조가 생각이 납니다. 그리고 저희가 다룬 불법체류 외국인 강력범죄로는 양주 여중생 살인사건의 '빌리가스 준패럴'이라는 필리핀인이 있습니다. 이 사건은 제가 취급했던 사건입니다. 그리고 오늘 다룬 왕리웨이 사건까지 외국인에 의해서 우리 국민들이 희생당한 사례가 몇 건 있었어요.

김윤희 네, 그래서 오늘은 왕리웨이 사건을 다뤄봤습니다. 교수님 혹시 더 이야기하실 것이 있으신가요?

김복준 특별한 것은 없습니다. 최초의 외국인 사형수가 왕리웨이라는 사람이고, 현재 수감 중에 있다는 것을 말씀드렸습니다.

김윤희 오늘은 왕리웨이 사건을 다뤄봤고요. 이 사건을 통해서 외국인 불법체류자 문제도 다시 한번 확인할 필요가 있다는 생각이 들었습니다. 그리고 공개수사의 원칙과 관련된 부분도 다뤄봤습니다. 수고하셨습니다.

김복준 네, 수고하셨어요.

대한민국 살인사건 3

초판 1쇄 발행 2021년 7월 20일

지은이 김복준 · 김윤희
기획 박동민
책임편집 박일구
디자인 S design
펴낸이 강완구
펴낸곳 써네스트   브랜드 우물이있는집

출판등록 2005년 7월 13일 제2017-000293호
주소 서울시 마포구 망원로 94, 2층 203호 (망원동)
전화 02-332-9384   **팩스** 0303-0006-9384
홈페이지 www.sunest.co.kr
ISBN 979-11-90631-28-0(04330)

     979-11-86430-90-3 세트